"十三五"国家重点出版物出版规划项目

中国经济治略丛书

"一带一路"沿线国家科技创新合作研究

Research on the Science and Technology Innovation Cooperation of Countries along the Belt and Road

马志云 著

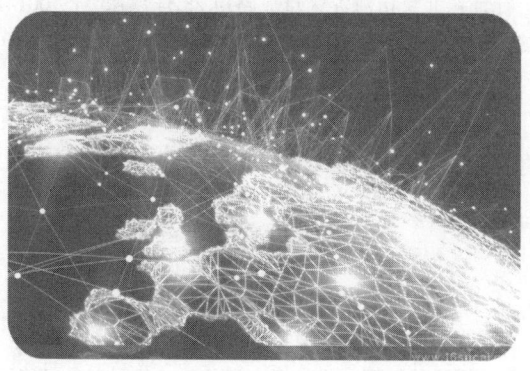

中国财经出版传媒集团

经济科学出版社
Economic Science Press

图书在版编目（CIP）数据

"一带一路"沿线国家科技创新合作研究/马志云著. ――北京：经济科学出版社，2023.4
（中国经济治略丛书）
ISBN 978-7-5218-4684-3

Ⅰ.①―… Ⅱ.①马… Ⅲ.①"一带一路"-国际科技合作-研究 Ⅳ.①F113.2

中国国家版本馆 CIP 数据核字（2023）第 064914 号

责任编辑：徐汇宽
责任校对：王苗苗
责任印制：张佳裕

"一带一路"沿线国家科技创新合作研究

马志云 著

经济科学出版社出版、发行 新华书店经销
社址：北京市海淀区阜成路甲 28 号 邮编：100142
总编部电话：010-88191217 发行部电话：010-88191522
网址：www.esp.com.cn
电子邮箱：esp@esp.com.cn
天猫网店：经济科学出版社旗舰店
网址：http://jjkxcbs.tmall.com
北京季蜂印刷有限公司印装
710×1000 16 开 15 印张 270000 字
2023 年 4 月第 1 版 2023 年 4 月第 1 次印刷
ISBN 978-7-5218-4684-3 定价：68.00 元
（图书出现印装问题，本社负责调换。电话：010-88191545）
（版权所有 侵权必究 打击盗版 举报热线：010-88191661）
QQ：2242791300 营销中心电话：010-88191537
电子邮箱：dbts@esp.com.cn）

编 委 会

顾　问： 陈志钢　史清华　范子英
主　任： 杨国涛
副主任： 高桂英　黄立军　张会萍
委　员：（以姓氏笔画为序）
　　　　　马晓云　马艳艳　仇娟东　王雅俊　东　梅
　　　　　冯　蛟　石　荣　朱丽娅　陈军梅　陈清华
　　　　　杨彩玲　杨韶艳

总 序

2017年5月，经宁夏回族自治区教育厅、财政厅批准，理论经济学获批宁夏回族自治区一流学科建设项目，成为自治区立项建设的18个一流学科之一。理论经济学一流学科设计了4个学科发展方向：开放经济理论与政策、财政金融理论与政策、人口资源环境与可持续发展、消费者行为理论与政策。学科发展方向适应当前和未来国家和地方经济建设和社会发展需求，在人才培养、科学研究和社会服务等方面形成鲜明特色。

理论经济学一流学科建设目标是：根据中国特色社会主义经济建设的现实需求，坚持马克思主义为指导，借鉴现代经济学发展的成果服务于中国实践。通过五年建设，一是基本达到理论经济学一级学科博士学位授权点申请基本条件；二是在第五轮学科评估中，理论经济学教育部学科排名显著上升。为实现该建设目标，主要采取如下措施：第一，创造良好的工作环境和学术环境，积极引进人才，培育研究团队成长，积极申报人才和创新团队项目；第二，紧密围绕学科发展方向，瞄准对学科发展具有前瞻性、长远战略性的重大理论及现实问题开展研究；第三，建立跨学科、跨部门的开放型科研组织形式，营造既能有效促进协同攻关，又能充分发挥个人积极性的科研氛围，形成团队合作与自由探索相结合的管理机制；第四，开展国际国内合作研究和学术交流活动，形成有影响的学术高地。

理论经济学一流学科自获批以来，凝聚了一支结构合理、素质良好、勤奋敬业的研究团队，凝练了精准的研究方向，正在开展较为系统、深入的研究，拟形成了一批高质量系列研究成果。经理论经济学一流学科编委会的精心组织、认真甄别与仔细遴选，确定了《中国区域经济增长效率集聚与地区差距研究》《村级互助资金与扶贫贴息贷款的减贫机制与效应比较研究》《资产扶贫理论与实践》等12本著作，作为理论经济学一流建设学科首批系列学术专著。

系列丛书的出版，凝结了宁夏大学经济学人的心血和汗水。尽管存在诸多不足，但"良好的开端就是成功的一半"，相信只要学者们持之以恒，不断耕耘，必能结出更加丰硕的成果。

系列丛书的出版，仰赖经济科学出版社的鼎力支持，承蒙经济科学出版社王娟女士的精心策划。现系列学术著作将陆续面世，衷心感谢他们的真诚关心和辛勤付出！

系列丛书的出版，希望求教于专家、同行，以使学科团队的研究更加规范。真诚欢迎专家、同行和广大读者批评指正。我们将努力提升理论和政策研究水平，引领社会和服务人民。

杨国涛
2017年12月于宁夏大学

CONTENTS 目录

第1章　绪论 / 1

　　1.1　研究背景与意义 / 1
　　1.2　国内外研究综述 / 6
　　1.3　研究范围界定 / 19
　　1.4　研究内容与技术路线 / 21
　　1.5　主要创新点 / 24

第2章　"一带一路"沿线国家科技创新合作理论基础及分析框架构建 / 26

　　2.1　"一带一路"沿线国家科技创新合作的理论基础 / 26
　　2.2　"一带一路"沿线国家科技创新合作的研究方法 / 31
　　2.3　"一带一路"沿线国家科技创新合作的分析框架 / 33
　　2.4　本章小结 / 37

第3章　"一带一路"沿线国家科技发展及创新合作总体特征研究 / 38

　　3.1　研究思路与数据说明 / 38
　　3.2　"一带一路"沿线国家科技发展阶段及政策演变 / 40
　　3.3　"一带一路"沿线国家科技竞争力及其比较 / 56
　　3.4　"一带一路"沿线国家科技创新合作状况及特征 / 68
　　3.5　本章小结 / 79

第4章　"一带一路"沿线国家科学创新合作及影响因素研究 / 81

　　4.1　研究思路与数据说明 / 81
　　4.2　"一带一路"沿线国家科学合作总体情况 / 87

4.3 "一带一路"沿线国家科学合作网络特征 / 99
4.4 "一带一路"沿线国家科学合作运行要素特征 / 107
4.5 "一带一路"沿线国家科学合作影响因素 / 114
4.6 本章小结 / 122

第5章 "一带一路"沿线国家技术创新合作及影响因素研究 / 124

5.1 研究思路与数据说明 / 124
5.2 "一带一路"沿线国家技术合作整体特征 / 127
5.3 "一带一路"沿线国家技术合作网络特征 / 138
5.4 "一带一路"沿线国家技术合作运行要素特征 / 145
5.5 "一带一路"沿线国家技术合作影响因素 / 153
5.6 本章小结 / 161

第6章 "一带一路"沿线国家创新主体合作模式研究 / 162

6.1 研究框架和数据说明 / 162
6.2 "一带一路"沿线国家企业科技合作模式 / 164
6.3 "一带一路"沿线国家科研机构科技合作模式 / 174
6.4 "一带一路"沿线国家基地科技合作模式 / 181
6.5 本章小结 / 187

第7章 推进"一带一路"沿线国家科技创新合作的政策建议 / 189

7.1 "一带一路"沿线国家科技创新合作的主要问题 / 189
7.2 "一带一路"沿线国家科技创新合作的政策建议 / 193

第8章 结论与展望 / 202

8.1 研究结论 / 202
8.2 研究不足与展望 / 204

参考文献 / 205
附录 / 222

第 1 章

绪　　论

1.1　研究背景与意义

1.1.1　研究背景

（1）经济全球化趋势下逆全球化势力抬头，世界经济走势出现不确定性。经济全球化是人类超越国界，进行跨国贸易、资本流动、技术服务等一系列活动的过程。自冷战结束以来，人类前所未有地将整个世界快速连接起来。然而，全球化受其本质影响，在对世界经济发展、科技进步起到正向作用的同时，又加剧了不平等和导致各种危机的出现，在这种双重效应的作用下，如果其负面影响不断扩大，则最显著的因素是全球治理的不适应和不对称[1]。不确定的全球化加快了极端思想和民粹主义的再起，主流政治对社会问题的不重视或怠慢在日积月累之下演变为危机。深陷危机的发达资本主义国家面临以中国为代表的发展中大国崛起的双重压力，出现了贸易保护主义、再工业化、右翼势力抬头等一系列逆全球化的应对策略[2]。2018 年是全球经济进入"新平庸时代（New Mediocre）"①的第 10 个年头，美国与以中国为首的新兴市场发生了有史以来规模最大的贸易争端，新兴国家作为抵制逆全球化的重要力量，在出台各项应对政策的同

---

①　2014 年 10 月 2 日，国际货币基金组织（IMF）总裁拉加德在美国乔治敦大学演讲时提出。

时，加快本国经济结构调整以保护本国利益。全球主要经济体间的贸易摩擦增加了世界经济形势的不确定性。新兴经济体提升应对这种不确定性的能力，主动参与和推动"新全球化"显得尤为迫切[3]。

（2）以西方国家主导的全球治理体系亟待变革，新兴市场和发展中国家在国际事务中的民主诉求愈演愈烈。如果将当今世界秩序看作主权国家合作与霸权治理的混合体，那么，当前全球治理中一国利用其强大权力优势压制他国或干预他国内政的霸权治理已难以为继。亨利·基辛格（Henry Kissinger, 2014）[4]认为合理秩序应该权力均势，这种理念倾向于建立一个权力多极的世界，并希望通过这种权力均势及东西方的摩擦协调建立一个普遍接受的规则体系[5]。当然，要实现这种普世的全球治理体系，各国国内治理，即国家治理首先要做好。各权力主体应建立起一个通力合作的全球治理模式。新兴市场和发展中国家在20世纪后期积极推进了本国民主化改革，虽然在这一过程中陷入了不同程度的民主化困境，但民主化诉求愈演愈烈，一些新兴市场和发展中国家的崛起，体现在他们推动本国治理的同时，参与全球治理的心声不断增强，而在一些国际事务中的民主诉求难以保证，迫使他们探索构建一套"去中心化"的治理体系。而"一带一路"倡议正是中国努力参与全球治理，建立新型国际关系，贡献中国智慧的有力尝试。

（3）世界范围内新一轮科技革命和产业变革欣然升起，世界经济结构和竞争格局正在重塑，世界各国间科技创新交流与合作成为各方科技实力提升的重要途径。人类文明发展至今，伴随着一轮又一轮的科技革命，从最早的蒸汽机代替手工劳作到当前的互联网时代给人类生活带来的极大便利，再到未来的人工智能、大数据、合成生物、先进材料、新能源等技术交叉融合对传统产业的巨大冲击，世界范围内的新一轮科技革命和产业变革已悄然兴起，大科学时代正在到来，科技创新已从过去的单领域发展到如今的多领域深度融合发展，科技创新更加复杂和充满不确定性。从历史发展情况来看，新的科技进步对世界经济发展和竞争格局的影响是深远的，大致表现在对发达国家的影响、对发展中国家的影响、对发达国家与发展中国家间的影响。未来科技竞争中，那些积极采取各项变革努力提升科技水平进而缩小与科技强国水平差距的国家，将在科技革命浪潮中立于不败之地[6]。一直以来，世界各地的研究者普遍认为科技交流与合作能够为研究者提供思路方法、资源等，使得相关科技进步效率更高[7]。相对而言，发展中国家寻求科技交流合作的愿望更加迫切，但在国际科技交流活动高度集中在欧美等发达国家间的背景下，发展中国家很难参与到其主导的战略性或前沿性技术网络中去[8]。但从发展中国家实际的科技需求来讲，积极寻求与其他国家的科技合作（包括与发达国家和发展中国家间的合作），促进科技资源向本国流动，进一步避免科技发展边缘化应该成为不二选择。

（4）各国相继制定了科技发展计划，发展中国家和转型经济体对提升自身科技实力需求迫切。在上述新一轮科技革命和产业变革、新业态、新商业模式的大背景下，包括发达国家在内的许多国家均意识到科技对经济社会促进的巨大作用，纷纷制定了符合本国发展需要的科技计划。德国《2020高技术战略》中提出了工业4.0项目；英国《产业战略：建设适应未来的英国》聚焦新技术变革，应对未来挑战和实现经济变革[9]；美国在人工智能、精准医疗等新兴领域抢占制高点；日本每年制定《科学与技术创新综合战略》，从人才、科技基础条件、机制保障等方面重视科技发展；俄罗斯制定《联邦科学技术发展战略》等。发展中国家和一些转型经济体在自身发展过程中受自身科技实力和发达国家技术转移转让中不合理要求的限制，对提升自身科技能力建设等方面需求迫切。技术领先国家对技术落后国的技术援助短期内无法改变世界技术不平衡性，技术落后国长期依赖技术领先国将不利于其长远发展[10]。南南合作、金砖国家合作等国际科技合作机制应运而生。

（5）中国对外科技援助成效显著，在国际科技合作中提供中国方案受到关注和欢迎。中国作为最大的发展中国家，近年来在经济社会发展、科技实力、人力资本等方面得到了长足发展，但依然与欧美日等发达国家存在较大差距，在部分技术领域依然受制于人。在上述背景下，中国一方面加强同发达国家间的科技合作，紧跟技术前沿，另一方面积极开展与其他发展中国家间的技术交流与援助，发挥着大国应有的担当。如中国与东南亚、非洲等地区的国家在农业、医疗等方面的合作与应用，中国与中东国家在新能源、水资源利用等方面的合作。在这种优势互补的合作中，一批新的研究成果得到转化应用，这些成果又最终通过技术转让等形式间接地促进了技术接受方的科技水平。为了促进与发展中国家或转型经济体科技合作的稳固持续发展，稳步推进"一带一路"倡议实施，中国在宁夏、广西、云南分别设立了中国-阿拉伯国家技术转移中心、中国-东盟技术转移中心、中国-南亚技术转移中心，与斯洛伐克合作设立中国-中东欧国家技术转移中心，为区域科技创新一体化发展提供了平台支持，对先进适用性技术需求对接、配套服务、政策咨询等提供支撑。2018年9月，中非合作论坛北京峰会召开，习近平主席提出，未来在八大领域加强合作，共建中非命运共同体。而这些合作领域未来更加强调对青年人才的建设和能力的培育或扶助。在对外科技合作实践中，注重双方充分的沟通，使技术供给与需求更加精准对接。以一些科技合作样板国家或重点项目为支点，使中国对"一带一路"沿线国家科技合作援助宣传和辐射效益最大化，得到沿线国家关注和认可。

（6）传统国际科技合作形式面临诸多问题和挑战，探索新的行之有效的合作模式成为共识。在前沿或新兴技术领域，国际科技合作资源和要素主要在技术领先的发达国家间流动。在一些适应性技术方面（如应对气候变化），科技合作主要以南北或南南科技交流与援助的形式进行。虽然跨国公司研发全球化为发展中国家带来了机遇，但发展中国家依然很难融入其主导的核心技术网络中去。作为超过50亿人口的发展中国家，如果在其工业化进程中一味地效仿其他发达国家的做法，可能会重蹈发达国家工业化后人口经济过快增长而资源加速短缺、生态环境恶化等负面影响的覆辙。值得庆幸的是，各发展中国家科技界领袖已经认识到了这一点，他们开始将科技创新合作放在了优先发展的战略位置。许多发展中国家自然资源优越，区位优势明显，但在与其他发达国家以往的合作中绝大部分收益流向了后者。发展中国家在寻求科技合作过程中，如何依靠各方要素禀赋，提升自身科技实力，缩小与发达国家科技差距，成为发展中国家关注的焦点。中国作为发展中国家的一员，科技发展走在了其他发展中国家的前列，中国科技在不同领域正经历着"跟跑、并跑、领跑"的三跑并存阶段。发展中国家均面临着经济发展过程中的不平衡、不可持续等问题，中国科技创新在支撑经济结构、经济增长方式转变等方面的实践经验，对其他发展中国家具有一定的参考价值。为此中国在推进"一带一路"倡议中制定了《推进"一带一路"建设科技创新合作专项规划》，本着共商共建共享的原则，期望与"一带一路"沿线国家在实践中探索新的科技合作模式。

1.1.2 研究意义

基于以上研究背景，本书认为当前全球经济增长速度缓慢，发展趋势出现不确定性，但经济发展对科技创新依靠程度不断提升。科技创新要素流动使全球资源配置发生深刻变化。"一带一路"倡议是探索提高全球资源配置效率的中国方案。"一带一路"沿线国家以发展中国家和转型经济体为主，在传统的西方全球资源配置模式下，这些国家被边缘化。新一轮的科技革命和产业变革对"一带一路"沿线国家既是挑战又在很大程度上带来机遇。如何在此过程中通过积极参与全球科技创新交流与合作，依靠后发优势，缩小与其他技术领先国差距是沿线国家迫切考虑的问题。本书试图对"一带一路"沿线国家科技创新合作的现状进行详细分析，进而归纳沿线国家在开展科技合作过程中的主要模式，通过分组内和分组间各国科技合作模式对比和当前合作模式问题分析，以期能够按照不同合作情境构建更为适宜的科技创新合作模式，供沿线国家参考。因此，本书研究具有以下三个方面的意义。

（1）政治意义。"一带一路"倡议是中国同沿线国家一道积极参与全球治理的努力所在，旨在构建一个互惠互利的人类命运共同体，是对传统全球化再平衡的新型全球化。在关键核心科技被美日欧等发达国家封锁的背景下，"一带一路"沿线国家科技创新合作提升自身科技实力是避免被进一步边缘化的重要举措。相关技术受制于人不但不利于本国经济发展，而且会危及到国家安全。"一带一路"沿线国家加强在科技等方面的创新合作，共同面对来自自身的问题和外部的挑战，不仅有利于推动世界秩序的变革，而且对维护世界和平与可持续发展意义重大。

（2）理论意义。经济全球化以来，资源和生产要素在全球自由流动，极大地促进了世界经济的发展，也为少数发展中国家追赶发达国家带去了机遇，但整体来看，依靠科技进步发达国家和其主导的跨国公司在此过程中成为最大的受益者。"一带一路"倡议是一种新全球化理论。以往全球化过程中科技合作在提升各方科技实力上发挥了重要作用，但也使一些发展中国家与发达国家技术差距不断拉大，被边缘化趋势明显。"一带一路"沿线国家如何在新一轮科技革命和产业变革大趋势下开启科技创新合作新模式是本书研究的重点，本书将对以往国际科技合作理论进行梳理，在多个新理论分析框架下，探索影响"一带一路"沿线国家科技创新合作的内外部因素，尝试提出能够促进科技与产业、经济、文化等深度融合的更具创新性的合作模式。

（3）现实意义。科技是第一生产力，发达国家利用先进的科技完成了工业化，发展中国家科技水平相对落后，以往的科技合作中，发展中国家受其能力等多方面因素限制多处于合作的从属地位。如何利用科技创新合作过程中的技术溢出效应，完成吸收、模仿、再创新的顺利转变，进而最大限度地在合作过程中受益是一个现实的研究问题。"一带一路"沿线国家科技能力参差不齐，梳理这些国家以往的科技合作模式及其需求，能够更贴合实际地制定在新形势下各国科技合作的新机制。对"一带一路"沿线国家依靠科技进步加速经济结构转型和经济增长方式转变具有现实意义。

1.2 国内外研究综述

1.2.1 国际科技竞争力评价的研究

国外关于科技竞争力的研究由来已久，除了一些学者开展了大量相关研究工作外，一些组织或机构对特定国家科技竞争力进行定期评价，如表1-1所示。经济合作与发展组织（Organization for Economic Cooperation and Development，OECD）是较早尝试建立评价一国科技能力指标体系的组织之一，他们考虑从科技投入与产出的两个维度度量一国科技实力，科技投入主要包括科技人力资本、科技活动支出两方面，科技产出则包括科技论文、专利等[11]。这一体系为后来人们评价一国或某一区域科技竞争力奠定了基础。美国国家科学委员会（National Science Board，NSB）每两年发布《科学与工程指标》，对美国科技水平现状及与其他主要国家的差距进行对比分析，在指标体系选择上更加强调系统性和突出时空维度[12]。世界经济论坛（World Economic Forum，WEF）、瑞士洛桑国际管理发展学院（International Institute for Management Development，IMD）和世界知识产权组织（World Intellectual Property Organization，WIPO）是开展国际科技竞争力研究最具权威的国际机构。它们从全球科技竞争关系的整体角度出发，考虑科技竞争力构成的主要要素，全面系统地设计了有关评价一国科技竞争力或创新能力的指标体系。其研究成果被世界范围内广泛应用，影响深远[13-16]。同时，欧洲理事会、科睿唯安、澳洲智库"2thinknow"等机构或组织也进行了国家竞争力的相关研究。

表1-1　　世界主要机构发布关于国家竞争力研究成果及其特点

研究成果	研究单位	单位性质	发布周期（年）	指标要素
全球竞争力报告	WEF	非官方国际性组织	1	基础条件、效能提升、程序成熟度
世界竞争力年鉴	IMD	教学科研机构	1	经济运行、政府效率、企业效率、基础设施
全球创新指数	WIPO、康奈尔大学、欧洲工商管理学院	教学科研机构	1	制度环境、人力资本、基础设施、市场成熟度、商业成熟度、创新产出
科学技术和工业记分牌	OECD	政府间国际经济组织	2	知识经济、数字转型、学术实力、创新能力
欧洲创新记分牌	欧盟委员会	区域性国际组织	1	企业外部创新绩效的主要驱动因素、公私研发创新投入、企业层面的创新活动、企业创新效果
科学与工程指标	NSF、NSB	美国非正式组织	2	教育、科学工程实验室能力、R&D趋势与国际合作、学术研究、工业技术与全球市场环境、国民对科技的理解与态度
全球创新城市指数	2thinknow	咨询机构	1	文化资产、人文基础设施、市场网络化
全球创新报告	科睿唯安	咨询机构	1	12个主要行业的创新情况

资料来源：笔者整理。

国内研究中，学者们对国际竞争力的研究更加细化，从中国整体科技竞争力到政策、教育、区域竞争力、产业等多个方面展开了研究。吴辰（2004）[17]通过对历年IMD《世界竞争力年鉴》对中国科技的评价的指标情况分析，得出我国科技竞争力优劣势，进而认为我国科技竞争力的提升除了依靠科技投入（经费和人力）外，还应该通过在科技政策、研究环境、人才培育、企业创新等方面的提升实现。2008年武汉大学出版社出版了《科技出版国际竞争力研究》一书，该书依据JCR指标，对我国科技期刊国际竞争力进行了评价,并与日本、印度两国做了对比分析[18]。王珏(2010)[19]也使用了同样的方法对中国科技期刊的国际竞争力进行了定量分析,找出了我国科技期刊发展的问题并提出解决方案。

除了对我国科技出版物国际竞争力的研究外,学者们还对我国科研机构的国际科技竞争力进行了研究。王碧云(2016)[20]对中国大学科技创新能力进行了评价,并提出了提升中国大学科技成果质量的创新策略。丁敬达和邱均平(2010)[21]较早提出了高校科技竞争力评价方法,并根据武汉大学关于高校科技竞争力评价指标体系,构建了一种对指标尤其是权重优化的思路和方法。邱均平和马凤(2012)[22]基于《世界一流大学与科研机构学科竞争力评价》评估结果分析认为,中国要建设世界一流大学除了由点带面建设一流学科外,还应在热点和原创性研究方面下功夫。在科技政策方面,李兴伟(2006)[23]认为科技政策影响中国国际竞争力,科技政策应该从科技投入、科技人力资源、科技管理模式、科技研发环境和提升创新能力几个方面进行改进。李庆(2017)[24]认为国家自主创新示范区间科技创新政策的交流与合作、政策竞争力强的示范区的政策转移都能够提升示范区竞争力。

一些学者还对国外部分科技强国的科技政策演进及其对我国的启示进行了研究。李春景和杜祖基(2006)[25]得出芬兰经济体完成由大量消耗自然资源到知识和信息经济的转变是由于政府对R&D稳定持续的投入、发达的教育系统、知识传播和技术转移渠道的畅通、发达的传统和技术基础设施等条件的整体效应。王艳(2000)[26]认为第二次世界大战后美国科技政策对科技、经济的促进源于其科技政策的及时反馈与调整、政策实施的法律保障、政策的配合及其连续性、政策对军企合作研究的促进等。王忠福(2010)[27]通过对俄罗斯科技体制转型过程中的问题与经验分析认为,科技体制转型国家的科技创新动力由政府主导向市场拉动的转变应该协调有序,制度创新营造创新环境,科技人才激励机制、军民融合等都是促进科技创新的重要因素。

在产业竞争力方面,学者较多关注高新技术或产业科技竞争力的评价。杨武和田雪姣(2018)[28]对中国高技术产业科技创新水平与产业发展水平进行驱动效应测度,认为中国高技术产业科技创新质量不高,资源分配不均、但发展势头较强,竞争力激烈。郑代良(2011)[29]认为增强中国高新技术产业科技实力应优化科技资金投入占比、加大产品出口和优化科技创新环境。由雷(2017)[30]系统梳理了国内学者对产业科技竞争力评价的指标与方法，认为评价指标选取多借鉴WEF和IMD等机构做法，但由于这些机构部分指标难以量化等缘故，学者们使用的差异较大，但总体均包含研发投入与产出，在评价方法上多运用聚类分析、因子分析、结构方程、钻石模型等方法。

综上所述，国际科技竞争力研究学者多通过对一国或某一区域科技竞争力的评价，分析其科技发展的优劣势，最后提出相应的改进措施。WEF和IMD作为国际公认的科技竞争力评价机构，其评价指标被学者广泛采纳和改进，学者针对不同研究对象对指标的选取有所不同，在某些软指标方面如何量化还需进一步研究。但总体而言，科技竞争力评价指标包含了科技投入和产出两大部分。

1.2.2 国际科技创新合作的动因研究

美国政治学家汉斯·摩根索（Hans Morgenthau）在其经典著作《国家间政治》（Politics Among Nations）一书中指出国家利益是其政治活动的核心，不受时空限制[31]。著名国际关系学家肯尼斯·华尔兹（Kenneth Waltz）也在其书《国际政治理论》（Theory of International Politics）中认为每个国家在国际事务中均期望能以更为符合自身利益的方式行事[32]。这些思想代表了现实主义对于国家间交往的动因认识，他们认为两国交往的主要动因是存在共同利益，而这种利益要么是权力最大化，要么是国家安全。如果一国还不够强大，落后于他国，则其在不断提升自我能力的同时，会为了自身利益而寻求与他国合作。亚力山大·温特（Alexande Wendt）则认为两国间合作不仅在于其自身利益的实现，还包括他们对合作伙伴的忠诚和彼此认同[33]。马克思认为早期资本主义国家以世界为工厂，利用先进技术为世界生产和提供产品是一种分工合作的市场关系[34]。列宁在尝试社会主义建设方面，认为无论与资本主义还是社会主义国家合作，只要是优秀的文明成果、先进的科学技术、有利于社会主义发展就是必要的[35]。国外学者对科技创新合作动因有较深的认识。比弗和罗森（Beaver and Rosen, 1979）[36]认为国际科技合作是分工协作形式，它能够在专业知识获取、科研人员交流方面起到重要作用。布莱斯（Price, 1986）[37]认为国家科技合作能够分散科研过程中的经济负担。肖特（Schott, 1998）[38]认为国家间科技水平差距，是技术落后国寻求合作的驱动力。瓦格纳（Wagner, 2005）[39]分析归纳出资源、数据和思想共享是国际科技合作的动因。

国内学者对国际科技合作动因的研究还较少，主要从国家、区域、机构或企业等层面展开。在国家层面，郭关玉（2012）[40]认为新中国自成立以来，为了维护和平与发展，不断地开展对外交流与合作。与欧盟合作的动因在于经济全球化的压力及中欧经济利益互补性、建立多极世界及维护世界和平与自身安全的共同利益。赵德森等（2015）[41]认为中国对东盟技术转移存在着供需两个层面的动因，即技术供应方在国家、产业、企业层面的内在驱动和技术需求方在农业、资源利用等方面的迫切需求。谢舜和刘凯（2016）[42]认为中国与印度尼西亚开展科技合作的动因来源于对外部挑战的共同应对、各自国内发展阶段的需要、区域公共产品供需关系。同时认为强化这种动因的加速实现应该在合作环境（知识产权等软环境）、合作主体（企业参与）、合作机制（科技中介的协调）、合作要素（人力开发、联合实验室等）等方面着手努力。丁仕潮（2014）[43]指出中国研究型大学国际化动因应该从内部和外部推动力考虑，内部动因包括文化需要、自身发展需要，外部动因包括社会发展需要、利益驱动。王黎萤和张迪（2019）[44]对中小型科技企业技术合作网络在地理邻近、社会邻近、技术接近方面的影响情况进行研究，认为各因素影响程度不一，影响差异较大。苗红等（2014）[45]对企业国际科技合作动因从内部和外部影响进行了分析，认为企业运行模式固化、人才引进和晋升机制缺失或不科学、基础设施建设不均衡是影响国际科技合作的内部动因，而区域环境的好坏、国家资金投入力度等因素是国际科技合作的外部动因。

综上所述，人们对国际科技创新合作动因的认识可以归纳如下：一方面，从国际科技合作动因的内部影响来看，寻求合作方总是在察觉到自身某一方面劣势存在时希望得到与目标合作方的合作，而目标合作方往往会根据寻求合作方的具体情况及其对自身的利弊程度选择是否与其合作。我们可以把这种合作看作优势互补型的合作。另一方面，从合作动机的外部影响来看，如果合作双方均意识到某项科技合作对彼此合作有利，或由于科技发展需要（如技术攻关、技术联盟等），合作双方都有意通过合作加快某项新技术理念在社会中的实施应用，进而推动社会进步。我们把这种合作视为一种优势加强型合作。

1.2.3 国际科技创新合作的影响因素研究

以往研究中，学者们对国际科技合作的影响因素主要考虑各方的经济基础、社会环境、政治基础、文化背景、区域位置、语言差异等。夏玛（Shyama，2004）[46]认为发展中国家和发达国家企业间的科技合作是一个博弈的过程，他们都试图能找到最合适的伙伴，使得自己利益最大化。发达国家企业更看重发展中国家企业的知识技能，而发展中国家企业对技术需求更为迫切，可能通过技术购买、技术的市场应用前景宣传等达到合作的目。学者们认为知识密集型组织的聚集有利于创新[47-48]，原因是这些组织可以相互启发和寻找灵感[49-50]。因此，人们将地理邻近看作是集聚的一种表现，认为邻近的组织有更多的非正式会晤或切磋的机会，这为他们之间创新合作奠定了基础[51]。也有学者认为地理邻近能够影响双方合作，但对有效的组织间相互学习似乎作用不大[52]。技术差距，组织结构、组织文化、表现力、语言等因素在组织间交流学习起到关键作用[53]，这些因素影响双方开展合作创新的频率和密度[54]。阿梅达等（Almeida et al.，2009）[55]对欧洲各国科学合作研究的模式进行了研究，发现科学合作除了受双方间的相似性、地理位置、文化影响外，相关研究的强弱、稳定持续政策支持、规划与投入也是影响合作的重要因素。布朗和采尔（Braun and Glanzel，1996）[56]对于东欧国家科技合作情况进行分析，发现这些国家科技合作对其政治经济走势反应敏感。对小国家间的科技合作，索尔斯多蒂尔（Thorsteinsdóttir，2000）[57]研究发现小科学系统受资金限制很难主导持续合作。但能参与到其他合作体系，原因是他们拥有一些其他合作者所需的资料。

国内研究中，学者对国际科技合作影响因素从不同国别、领域或行业进行了研究。童婷和孙辉（2018）[58]分析了世界各国尤其是中国同拉美地区科技合作现状，认为相关双边合作取得积极进展在于各国的共同利益、双方战略协作、资源互补、合作潜力等因素的驱使。陶蕴芳和李慧（2008）[59]认为中国与西方国家科技合作面临着跨文化交际问题，指出在磨合中前进不可避免。尹希果等（2013）[60]认为对于欠发达地区，人力资本、开放和接纳程度对国际科技合作起到正向作用，良好且稳定的政策和法律环境是促成合作的关键因素。任孝平等（2020）[61]针对新时期国际科技合作面临的挑战，提出应在政策引导、人才资源吸引流动与配置、平台建设、企业合作、配套条件等方面着力布局。路亚洲（2012）[62]通过对中美农业科技合作影响因素的实证分析，认为中国农业科技的进步、中国农产品关税、中国农业R&D投入、农业资源差异等对农业科技合作影响较大。

综上所述，国际科技合作的影响因素来源于包括内部、外部和市场环境的多个方面，某些因素的共同作用对国际科技合作产生影响。但根据合作主体的具体情况，影响他们开展合作的因素有所侧重。一些被认为的关键因素可能因为合作主体或环境改变而不显著。

1.2.4 国际科技创新合作的测度方法与指标

大科学时代，很多重大科研成果的涌现均伴随着交叉融合、协作共享的合作形态[63]。包括发展中国家在内的各国均意识到国际科技合作的重要性，学者们对国际科技合作的研究也因此增多，而如何测度国际科技合作成为开展研究的关键所在。纵观近年来国内外研究情况，国际科技合作的测度方法大致分为科学计量、社会网络、案例研究、问卷调查等。

1.2.4.1 国际科技合作测度方法

科学计量研究国际科技合作的基本假设是国际合著论文及合作专利特征能够反映国际科技合作关系[64-66]。正是基于此假设，学者们应用科学计量学方法对国际科技合作模式等进行了深入探索。同时，随着结构化数据库的完善和开放、研究工具的开发和共享，科学计量研究正借助大数据挖掘分析方法和工具使其与计算机科学、统计学、数学等更具交叉性。1961年，普莱斯在其著作《巴比伦以来的科学》中首次以科学杂志、文献等的统计分析论证了科学知识的指数增长情况，为科学计量学方法诞生奠定了基础[67]。之后，尤金·加菲尔德（Eugene Garfield）作为创始人之一建立了《科学引文索引》（SCI）数据库、《科学计量学》（Scientometrics）期刊，为科学计量学提供了数据和交流平台。已故科学家赵红州先生在20世纪80年代对科学计量学概念及其研究问题进行了界定，开辟了我国科学计量学研究的先河[68-69]。比弗和罗森（1979）[70]最早利用了国际合著论文对国际科技合作情况进行分析。梅林和佩尔森（Melin and Persson，1996）[71]利用合作论文对国际科研机构合作情况进行研究，他认为科技政策与国际合作相辅相成。同时，他也认为合著论文是衡量国际科技合作的重要指标。我国学者刘云等（1997）[72]较早研究了我国基础科学国际合作的特征。在应用科学计量进行统计分析的同时，学者们还会使用一些其他方法与之配合进行科技关系研究，杜博等（Okubo et al., 1992）[73]用一致性因子分析和最小生成树分类的方法对98个国家和地区主要学科领域国际合作论文特征进行了分析，总结出了各国（地区）合作情况的差异及国际合作认知结构改变过程。梅可斯和基奥帕（Melkers and Kiopa，2010）[74]为了研究国际科技合作背后的关系情况，使用了第三方调查数据对合作者关系进行了更深层次的挖掘，认为科研人员国际化流动为国际合作关系建立带来更多可能。同时，一些学者利用科学计量与社会网络相结合的方法对机构或国家层面的拓扑结构[75]、科研机构合作的影响因素[76]、科研人员变迁[77]等方面进行了研究。在专利合作方面，OECD对全球专利统计分析的结果表明，全球合作专利数量正不断上升[78]。辛塞拉和莱因希尔德（Cincera and Reinhilde，2006）[79]对比利时发明专利的合作情况进行分析，认为其技术通过跨国公司溢出效应明显。辛格（Singh，2008）[80]研究了跨区域合作研发对企业创新质量的影响，认为跨区域创新是一种整合各自优势技能的行为表现，体现在多元化的研发团队上。刘凤朝等（2012）[81]对中国专利国际合作渠道和模式进行了分析，认为中国仅拥有少量跨国专利权，国际化模式根据合作发明比例和跨国专利权比例两方面的高低情况分为三类。王元地等（2013）[82]构建了如表1-2所示的3×3分析矩阵，从而对中、德、日、韩的创新体系国际化从自主创新、合作创新和技术引进3种路径进行分析，认为中国全球化介入程度在不断提升，创新路径向本国自主研发转变。按照这种识别方法可将相应合作模式按专利拥有者不同归纳为内源主导、共同主导和外源主导3种。王文平等（2014）[83]分析了金砖五国专利合作特征，认为金砖国家专利合作活跃，但存在专利合作程度差异大、专利权控制能力差等问题，专利合作倾向受专利产出、地理、政治、历史等因素影响。

表1-2　　　　　　　　国际专利合作模式识别矩阵

路径	模式／所有人／发明人	内源主导 本国拥有	共同主导 本国和外国共同拥有	外源主导 外国拥有
自主研发	本国发明人	A1	B1	C1
合作研发	本国和外国发明人	A2	B2	C2
引进研发	外国发明人	A3	B3	C3

资料来源：王元地、刘凤朝：《国家创新体系国际化实现模式与中国路径——基于中、德、日、韩的案例》，载《科学学研究》2013年第1期。

1.2.4.2 国际科技合作测度指标

尼奥斯和贝隆（Niosi and Bellon，1994）[84]以跨国公司 R&D、战略联盟、技术转移、技术贸易、研发人员流动五个指标对美日欧国际技术合作情况进行量化分析。盖莱克（Guellec，2001）[85]在对 OECD 国家专利技术国际化的实证研究中构建了"本国发明人—外国申请人、本国申请人—外国发明人、本国—外国联合发明人"型专利在一国总专利数量中的份额的测度指标，证实了各国技术研发国际化趋势明显，但国际化程度差异较大。玛和李（Ma and Lee，2008）[86]在研究国际专利合作趋势时构建了合作发明指标和合作专利权指标，认为技术合作全球化已经进入新阶段。索尔顿和贝里马克（Salton and Bergmark，1979）[87]、斯内特和索卡尔（Sneath and Sokal，1973）[88]提出了计算国家、机构或作者等合作强度的方法，后来学者称之为索尔顿指数（S_{xy}）和贾卡德指数（J_{xy}），被广泛应用于国家或区域间、科研机构或科学家间合作倾向的研究中。其计算公式为：

$$S_{xy} = C_{xy} / \sqrt{C_x C_y} \tag{1.1}$$

$$J_{xy} = C_{xy} / (C_x + C_y - C_{xy}) \tag{1.2}$$

式（1.1）和式（1.2）中，C_{xy}表示 x 和 y 两者合著的论文数，C_x、C_y表示 x，y 的国际合著论文总数。卢利宁（Luukkonon，1993）等[89]对式（1.1）和式（1.2）进行了应用，并提出正确测度国际科技合作关系要考虑同时选取绝对指标和相对指标，他认为绝对指标可以判断合作网络中的中心或边缘合作者，而相对指标可以忽略合作者强弱或大小等因素，仅体现合作关系强度。浦墨等（2015）[95]对国际科学计量研究现状进行了综述分析，认为国际科技合作分析指标大致可分为经典指标、数量复合指标和 H 类复合指标三大类，部分指标总结如表 1-3 所示。

表 1-3　　　　　国际科技合作部分测度指标

指标类型	指标名称	指标含义
经典指标	论文数量	合著论文数量
	论文占比	合著论文占总论文数量
	论文被引	合著论文的总被引频次
	篇均被引	合著论文总被引与其论文数量之比

续表

指标类型	指标名称	指标含义
数量复合指标	国际合作强度	表征国际合作的倾向，即合作频率高的团体
	高被引论文数	表征论文得到同行的认可，论文的质量较高
	国际合作广度	一国国际合作的国家数量
	双边合作强度	国际合作中两国合作占全部合作的比例
	国际合作积极程度	一国作为通讯作者合著论文占全部合著论文的比例
	国家科学系统优势	一国作为第一作者合著论文占全部合著论文的比例
H类复合指标	通过国际合作提升的影响力增量	通过国际科技合作提升的影响程度
	合作均衡度	国内合作与国外合作的相对均衡程度

资料来源：浦墨、袁军鹏、岳晓旭，等：《国际合作科学计量研究的国际现状综述》，载《科学学与科学技术管理》2015年第6期。

社会网络与科学计量学结合分析往往是以后者数据为支撑对社会单元结构关系进行分析。研究指标包括点度、接近和中介中心性，核心、边缘、小世界、凝聚子群等指标，这些指标已在不同学科领域交叉运用。纽曼（Newman, 2001）[90]通过测量科学家的点介数来确定其影响力，他发现高影响力的科学家往往伴随着高的集聚性和小世界性，同时科学合作具有传递性。克雷奇默（Kretschmer, 2004）[91]运用几何距离对科学合作网络中高产科学家的分布情况进行了研究，认为高产科学家在网络中往往具有较短的几何距离且来自较大的网络子集，科学家自身条件的相似性对合作产生积极影响。韩涛和谭晓（2013）[92]在对中国科学研究国际合作的测度研究中，绘制了中国科学国际合作网络图，并应用社会网络分析中的点度中心势指标对中国国际科学合作位置进行测度，认为中国正从合作网络边缘位置向核心位置逼近。王继民等（2017）[93]以社会网络中的核心—边缘和小世界结构对"一带一路"沿线国家科研合作网络演进情况进行了分析。张明倩和柯莉（2018）[94]以网络活动节点数、连接数、网络密度、网络中心势和网络集聚系数为指标，对沿线国家专利合作网络中的结构特征进行年度分析，并对各国合作的影响因素进行了实证研究。

综上所述，目前国内外学者主要从国家、机构、科学家三个层面，借助一些经典指标或复合推导指标,以科学计量、社会网络、案例或问卷调查等方法对一国或某一地区国际科技合作进行解析。但绝大多数研究者以论文为数据载体进行研究,以专利、项目、会议、联合实验室等为分析载体的国际科技合作研究还较为少见[95]。

1.2.5 国际科技创新合作的绩效研究

人们往往认为国际科技合作无论是对合作者技能提升还是对全球科技资源的有效配置均起到促进作用。莱德斯多夫等（Leydesdorff et al.，2013）[96]研究发现全世界几乎所有的国家均已参与到全球科研合作网络中。一方面这是全球化趋势的必然结果,另一方面也足以说明各国对开展科技合作的现实需求。研究者与其他个人或组织建立良好的合作关系,能更加快捷地获取新的资源[97]、掌握新的技能和知识[98]。一般认为国际科技合作的绩效主要表现在:对一国科技水平的促进、对个人或组织机构研究能力的提升、对资源共享和分配的调节、对科技产出成果影响力的提升等。

格兰泽等（Glänzel et al.，1999）[99]研究了欧洲与发达国家、转型经济体和发展中国家间的科研合作情况,认为这种合作不仅对欠发达国家有益,而且对高度工业化国家同样不可小觑。博兹曼和利利（Bozeman and Corley，2004）[100]对科学家科技合作中获取和配置科技人力资本的方式进行了调查研究,认为合作研究能够积累研究者人脉、知识等资源,人们往往更愿意选择与自己处于一个研究团队或领域的研究者合作,而国际合作更多地倾向于获得巨额资助,以共同分担研究成本。国内外学者对国际科技合作提升产出成果质量方面的认识是一致的,莱塔和察伊莫维奇（Leta and Chaimovich，2002）[101]对巴西合作研究的论文数据进行了分析,结果显示无论其与科技大国还是与小国合作,均对论文的整体影响力有极大的提升作用。马志云等（2018）[102]对中国科学基金资助的创新群体的科研产出情况分析时认为,创新研究群体科研国际合作对其产出论文的质量影响较大,但非国际合作高质量论文数量也较大,说明创新研究群体整体国际竞争力得到了极大提升。

同时,国际科技合作对创新能力、经济水平、技术转移、知识扩散等方面的促进作用也是国际科技合作绩效研究的主要指标。侯健敏等（2010）[103]认为研发合作和技术转移对区域创新能力具有显著影响,主要表现在知识创造能力、知识获取能力、企业技术创新能力、创新环境和创新绩效。凯瑟琳（Catherine，2009）等[104]对欧洲15国的197个地区的产学研合作情况进行了分析，认为产学研合作有助于提高区域在新兴阶段和生命周期增长阶段的技术创新能力，但在技术生命周期的后期阶段不再明显。内加萨（Negassi，2009）[105]对国际研发溢出效应对企业经济绩效和创新绩效的影响进行了实证研究，认为国际研发溢出效应要比国内研发溢出效应大得多，主要表现在企业从外部获取知识进行生产和创新，同时也有助于资本积累和长远就业。泽田等（Sawada et al.，2012）[106]认为对外开放、技术合作援助、外国直接投资均能促进技术从发达国家向发展中国家扩散，且贡献力度依次递减。他同时指出技术合作是发展中国家技术追赶的重要途径。

综上所述，国内外关于国际科技合作绩效的研究主要从合作过程对双方或一方科技实力的提升、对科技资源不均衡情况下的有效配置、对现有科技的发展和创新、对经济社会发展的有效促进、对知识和人力资本的积累等方面展开。以往的研究认为，国际科技合作对上述方面有着重要积极影响，且这种影响是双向的，一些技术落后者通过技术合作达到技术追赶效应，而技术强者则在此过程中获得了研究不可或缺的要素支持。

1.2.6 研究述评

现有研究对国际科技竞争力、科技合作动机及其影响因素、科技合作测度及其指标等进行了深入研究，这些研究为本书奠定了基础，提供了思路。但通过对这些研究的整理，本书也发现了一些不足和问题，本书建立在对这些不足的补充或完善之上，并从研究问题出发，以期为"一带一路"沿线国家科技合作模式选择提供思路。

（1）关于发展中国家，尤其是"一带一路"沿线国家科技现状、国家科技合作动向、影响等还缺乏系统的研究。以往对国际科技合作的研究，人们多关注发达国家间（北北合作）或者发达国家与发展中国家间（北南合作）的合作，而忽视了发展中国家与发展中国家间的合作（南南合作）。从国际科技合作的动因来看，技术落后国更加渴望通过与技术领先国的合作，以实现本国的技术追赶，另外受技术保护或技术接受能力限制，一些关键适用性技术研究无法开展是降低北南合作效率的关键因素之一。由于研究资源、要素等高度集中在发达国家内部，北北合作往往是研究者认识前沿的窗口。"一带一路"沿线国家绝大多数是发展中国家或转型经济体,要使科技发展创新成为转变"一带一路"沿线国家经济发展方式的重要支撑,就必须深入了解沿线国家科技发展现状、问题等,系统研究总结以往这些国家国际科技合作的经验,探寻更适合沿线国家开展科技合作的模式。

(2) 国际科技合作的动因往往较多,但人们总是从相互利益的角度考量,忽视了合作双方的情感或兴趣交流,或是未站在一个更高的全局角度研究双方合作的必要性。人们总是将国际科技合作的动因归咎于双方利益的平衡,忽视了双方资源禀赋所带来的资源合理配置效益。同时,某些国际合作往往由具有较高科学素养、共同科学追求和兴趣相投的科学家牵头完成。他们开展的合作可能是为解决某一人类面临的重大关键性问题,而研究成果将受益于全世界。"一带一路"倡议前所未有地将国家合作提升到了构建人类命运共同体的层面上,这种合作是新形势下各国发展的必然选择,也是以往合作形式无法比拟和替代的,将是未来学者研究的热点。

(3) 影响一国国际科技合作因素中,不应忽略对那些科技实力较低国家开展国际科技合作的内部环境、条件(如政治稳定、国家安全等)的研究。一国国际科技合作往往受外部和内部因素共同影响,前人研究往往过多关注两种类型因素中的一种。在内部影响因素中,研究者开展合作的环境、条件是否满足应该得到关注。"一带一路"沿线国家科技实力均相对落后,一些国家甚至连年战火,内部环境恶化,合作双方如何在充分了解彼此科技需求、科技壁垒等情况下,开展国际合作应该成为相关研究的重点。同时,这种对于技术落后国而言带有援助色彩的合作是否应该在知识产权、技术成本等方面给予让步或平衡值得探讨。

(4) 受数据收集等限制,以往对国际科技合作的测度主要以国际科学合作的论文和技术合作的专利为主,研究手段还较为单一。科学计量之所以成为研究国际科技合作的重要方法,是由于全球研发合作数据的公开、共享和结构化呈现。这种数据能够通过不同国别研究者的数据可视化共现,从侧面反映国际合作的存在,过去一直被认为是研究国际科技合作较为科学的手段。然而一些国际科技合作可能以合作项目(共建科技园区、技术培训、联合实验室等)等形式开展,并未表征在合作发表的论文或申请的专利数据上。因此,以往的国际科技合作方法和指标略显单一,如何利用以往结构化数据指标,从实际项目合作、经贸往来等方面综合测度国际科技合作的一般特征,是学者需要克服的困境之一。

(5) 人们对国际科技合作绩效评价研究还没有一个统一的认识,仅仅认为某些适宜其实际情况的指标结果得到改善即达到了一定的效应。较少研究对国际科技合作的绩效做了实证研究。以往研究往往将某种或某一类绩效评价指标得到改善或恶化看作是其开展国际科技合作后的表现效果。本书认为一种或一类指标的变化可能影响其他评价指标的结果,因此对于国际科技合作绩效研究应该综合考虑各个具体指标在关切权重变化情况下的实际含义。"一带一路"沿线国家更加重视对国际科技合作的绩效评价,期望在合作中的利益最大化,而如何平衡远期绩效和短期绩效对整个科技合作的影响,是需要解决的关键问题。

1.3 研究范围界定

1.3.1 研究对象界定

"一带一路"倡议是一个开放的合作机制,"一带一路"沿线国家没有一个具体的限定,中国欢迎更多的国家加入"一带一路"合作机制中来,本着"共商、共建、共享"的原则,在新形势下为全球治理出谋划策。因此,本书研究的对象是包括中国在内的"一带一路"沿线国家,但为了研究方便,我们对"一带一路"沿线国家做了具体划定。同时考虑到数据的可获得性,本书各章节对"一带一路"沿线国家的选取可能存在些许差别,这是由于一些国家可能受国内环境恶化、科技实力较弱影响而未参与国际科技合作或国际科技合作数量还较少,不具备研究价值。具体而言,本书首先对"一带一路"沿线国家进行界定,主要依据中国一带一路网(https://www.yidaiyilu.gov.cn/)中"国际合作"栏目下的"各国概况"目录中的国家而定,即本书选取的"一带一路"沿线国家以与中国签订了"一带一路"相关合作协议的国家为主。我们按照各国地理位置对其进行了进一步划分,具体如表1-4所示。各章节依据研究内容和数据获得情况又具体选定了适宜的研究国家,具体如表1-5所示。

表1-4 按区域划分的"一带一路"沿线国家

洲	区域	国家[国家代码]
亚洲	东亚	蒙古国[MNG],中国[CHN],韩国[KOR]
	西亚	沙特阿拉伯[SAU],以色列[ISR],土耳其[TUR],伊朗[IRN],卡塔尔[QAT],阿联酋[ARE],也门[YEM],阿曼[OMN],科威特[KWT],黎巴嫩[LBN],约旦[JOR],巴勒斯坦[PLE],巴林[BHR],叙利亚[SYR],伊拉克[IRQ],阿富汗[AFG],格鲁吉亚[GEO],阿塞拜疆[AZE],亚美尼亚[ARM]
	南亚	印度[IND],巴基斯坦[PAK],孟加拉国[BGD],斯里兰卡[LKA],马尔代夫[MDV],不丹[BTN],尼泊尔[NPL]
	中亚	哈萨克斯坦[KAZ],吉尔吉斯斯坦[KGZ],塔吉克斯坦[TJK],乌兹别克斯坦[UZB],土库曼斯坦[TKM]
	东南亚	新加坡[SGP],马来西亚[MYS],印度尼西亚[IDN],缅甸[MMR],泰国[THA],老挝[LAO],柬埔寨[KHM],越南[VNM],文莱[BRN],菲律宾[PHL],东帝汶[TLS]
美洲	北美洲	萨尔瓦多[SLV],多米尼加[DOM],格林纳达[GRD],哥斯达黎加[CRI],多米尼克[DMA],安提瓜和巴布达[ATG],特立尼达和多巴哥[TTO],巴拿马[PAN]
	南美洲	巴西[BRA],智利[CHL],苏里南[SUR],委内瑞拉[VEN],乌拉圭[URY],圭亚那[GUY],玻利维亚[BOL],厄瓜多尔[ECU]
欧洲	欧盟	波兰[POL],立陶宛[LTU],爱沙尼亚[EST],拉脱维亚[LVA],捷克[CZE],斯洛伐克[SVK],匈牙利[HUN],斯洛文尼亚[SVN],克罗地亚[HRV],罗马尼亚[ROU],保加利亚[BGR],马耳他[MLT],奥地利[AUT],葡萄牙[PRT],塞浦路斯[CYP],希腊[GRC]
	东欧	俄罗斯[RUS],乌克兰[UKR],白俄罗斯[BLR],摩尔多瓦[MDA],波黑[BIH],黑山[MNE],塞尔维亚[SRB],阿尔巴尼亚[ALB],北马其顿[MKD]
非洲	北非	埃及[EGY],苏丹[SDN],南苏丹[SSD],利比亚[LBY],突尼斯[TUN],阿尔及利亚[DZA],摩洛哥[MAR]
	东非	埃塞俄比亚[ETH],索马里[SOM],吉布提[DJI],肯尼亚[KEN],坦桑尼亚[TZA],乌干达[UGA],卢旺达[RWA],布隆迪[BDI],塞舌尔[SYC]
	西非	毛里塔尼亚[MRT],塞内加尔[SEN],冈比亚[GMB],几内亚[GIN],佛得角[CPV],塞拉利昂[SLE],科特迪瓦[CIV],加纳[GHA],多哥[TGO],尼日利亚[NGA]

续表

洲	区域	国家［国家代码］
非洲	中非	乍得［TCD］，喀麦隆［CMR］，加蓬［GAB］，刚果（布）［COG］
	南非	赞比亚［ZMB］，安哥拉［AGO］，津巴布韦［ZWE］，莫桑比克［MOZ］，纳米比亚［NAM］，南非［ZAF］，马达加斯加［MDG］
大洋洲	大洋洲	萨摩亚［WSM］，纽埃［NIU］，巴布亚新几内亚［PNG］，新西兰［NZL］，斐济［FJI］

资料来源：根据中国一带一路网整理，更新日期为 2020 年 10 月。

表 1–5　　　　　各章节研究对象界定

研究章节	研究对象（国家）	选取依据
第 3 章	99 个沿线国家	国际公认科技评价机构研究囊括
第 4 章	136 个沿线国家	国际科技合作论文发表覆盖
第 5 章	136 个沿线国家	国际专利合作申请覆盖
第 6 章	企业、科研机构和高等院校、基地	沿线国家科技合作主体或中介平台
第 7 章	划类别（收入、区域）的 136 个沿线国家	前文延续、总结

1.3.2　数据范围界定

由前文综述可知，国内外测度国际科技合作的方法以合著论文和合作专利的科学计量为主。因此，本书分析数据包括代表"一带一路"沿线国家科学合作的国际合著论文数据和代表技术合作的国际合作申请专利数据。但为了更准确地反映各国国际科技合作规律，本书将合作项目、技术援助等纳入数据收集范围。在时间范围上，考虑到时间对科学产出论文和技术产出专利质量影响的滞后性，本书将数据收集时间范围推后 2 年，限定在 2009 年至 2018 年的十年内。

1.4　研究内容与技术路线

本书在当前科技创新合作相关研究的基础上，依据科技合作、经济增长、可持续发展等研究框架下相关理论支撑，探究"一带一路"沿线国家科技创新合作的典型特征、一般模式等。具体而言，依据科技创新合作评估理论和效应模型，构建"一带一路"沿线国家科技创新合作模式分析框架；依据权威的全球竞争力和创新能力评价机构相关研究结论，分析"一带一路"沿线国家科技创新能力和竞争力特征和科技创新合作状况问题等；从科学和技术两个维度分析"一带一路"沿线国家科技合作的一般特征、网络特征、合作模式、影响因素等。依据上述分析结果，通过问卷、访谈等形式实地调研"一带一路"沿线科技合作参与者在技术合作形式、合作深度、合作影响、合作困境、未来合作方向等方面的具体表现。最后针对性地提出若干促进沿线国家科技创新合作的政策建议。

本书分为8章完成，第1章绪论；第2章"一带一路"沿线国家科技创新合作理论基础及分析框架构建；第3章"一带一路"沿线国家科技发展及创新合作总体特征研究；第4章"一带一路"沿线国家科学创新合作及影响因素研究；第5章"一带一路"沿线国家技术创新合作及影响因素研究；第6章"一带一路"沿线国家创新主体合作模式研究；第7章推进"一带一路"沿线国家科技创新合作的政策建议；第8章结论与展望。主要研究内容如下：

（1）"一带一路"沿线国家科技创新合作模式分析框架。在相关理论研究支撑下，分析"一带一路"沿线国家科技合作形式、动因、影响等，并从科技合作模式、影响因素、验证分析维度构建沿线国家科技合作分析框架。

（2）"一带一路"沿线国家科技竞争力和创新能力状况，科技创新合作状况。按照"引进—消化—吸收—再创新"科技发展模式，归纳演绎"一带一路"沿线国家科技发展阶段。根据现有权威机构评估报告结果，从不同维度分析沿线国家科技竞争力和创新能力状况，并从反映科技合作指标中抽取分析合作状况。总结"一带一路"沿线国家科技创新问题障碍等。

（3）"一带一路"沿线国家科学创新合作及影响。从科学产出的角度，分析沿线国家科学合作模式及影响，从合作规模、影响力、主导从属等指标分析合作的整体特征，从合作网络的角度依据社会网络分析法研究沿线国家合作网络特征，并从多个角度研究科学合作数量、强度、影响力的影响因素。

（4）"一带一路"沿线国家技术创新合作及影响。从专利产出的角度，分析专利合作申请的特征、规模、影响等，从专利合作网络的角度分析合作者合作圈子的变化特征、权力分布、合作趋势等。从多个角度验证影响技术合作的主要因素。

（5）"一带一路"沿线国家科技创新合作实证研究。依据以上方面分析，能够在定量合作模式判断等方面取得一定研究基础，此处对科技合作主体进行问卷调查和实地调研，以对相关研究结果进行对比、验证和解释分析，以期找出影响沿线国家合作主体间科技合作的主要问题、障碍、趋势、未来可能方向等模式选择支撑要素。

（6）促进"一带一路"沿线国家科技创新合作的政策建议。从不同收入维度、区域维度提出各国共性的促进合作的政策建议。并针对中国同不同收入国家和不同区域开展好科技合作分别提出若干建议。

依据上述研究内容，构建本书研究的技术路线如图 1-1 所示。

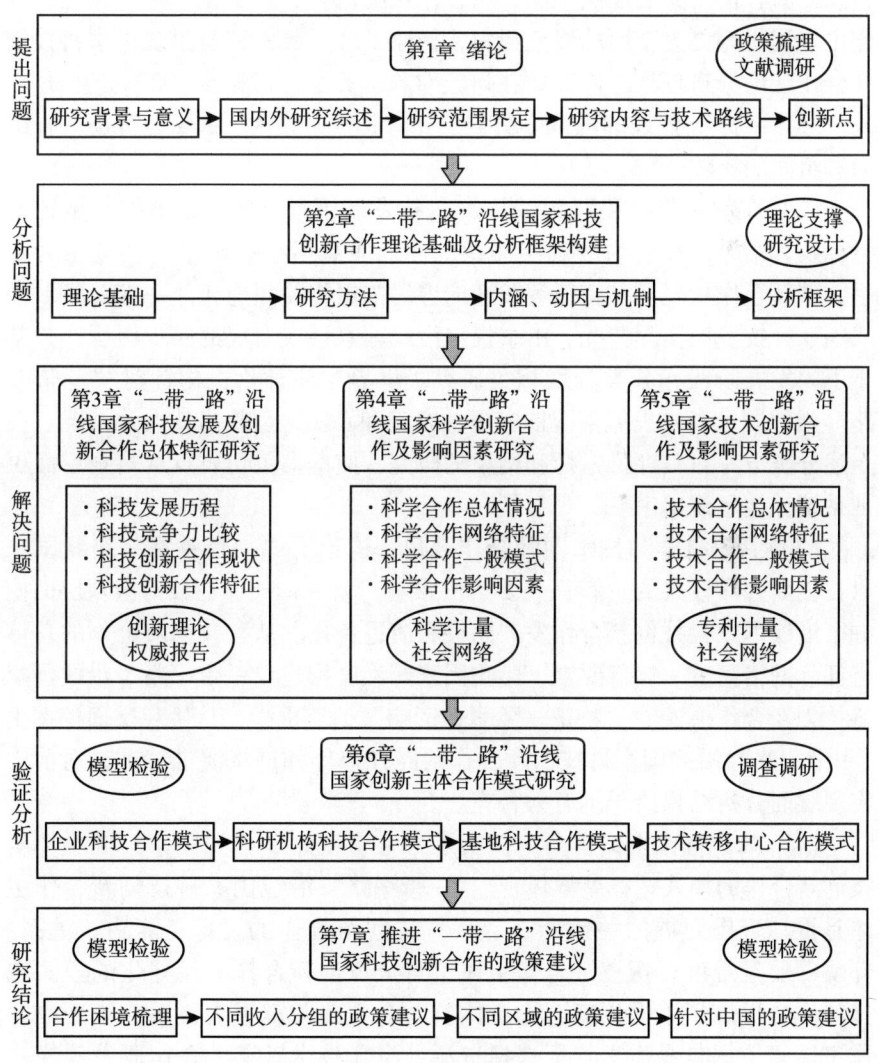

图 1-1　技术路线

1.5 主要创新点

（1）在新理论视角下构建了更为全面的理论分析框架。基于科技创新合作的热点理论，从科技创新合作的动因、影响、评价和绩效方面，依据科技创新合作研究的成熟方法，从合作状况梳理、科学技术维度探究、合作主体调研等更为全面的研究视角，构建了"一带一路"沿线国家科技创新合作理论分析框架。同时，在研究对象选择上，对截至2020年10月加入"一带一路"倡议的国家全覆盖，并对其按照收入、区域等分类进行组内和组间的比较研究。

（2）在"一带一路"沿线国家科技发展历程判定下，依据权威评价指标及其结果，在较为宏观层面系统性地厘清了沿线国家科技竞争力水平、创新合作状况及其特征等关切内容。依据相关理论和"一带一路"沿线国家科技发展实际情况，本书提出沿线国家科技发展的四步历程，并基于不同发展阶段，分类开展相关研究。世界主流评价机构针对"一带一路"沿线国家科技发展情况能够更加客观和真实地反映出其大致情况。在上述分类下，对其评价指标和结果的研究，使本书关切要点从宏观层面更加系统性地呈现出来。

（3）基于科学和技术国际合作视角，构建了"一带一路"沿线国家科技创新合作模式的"特征—要素—影响"研究框架，在较为微观层面挖掘了沿线国家科技创新合作发展路径和演进特征。从科技创新合作的总体特征、网络演变、运行要素、影响因素等维度构建"一带一路"沿线国家科技创新合作模式的"特征—要素—影响"研究框架，从微观层面挖掘出"一带一路"沿线国家科技创新合作的路径差异和网络演进特征，对前文宏观层面分析结果给予了有力补充。

（4）基于合作主体视角，探明了"一带一路"沿线国家不同主体科技创新合作的模式选择差异体现。"一带一路"沿线国家科技创新合作主体是推动合作开展的关键所在。从科技创新合作的资源、能力、关系、环境等要素维度，探究了合作主体参与全球创新合作中差异化的模式选择特征。提炼了不同创新合作主体参与合作的关键影响要素，表现在合作主体间依据自身需求特征选择资源共享、技术转移、合作研发等模式方面。

（5）基于问题导向，提出了不同分析维度下更具针对性的"一带一路"沿线国家科技创新合作的战略选择和政策建议。按照收入、区域等分析维度，根据相应维度的分析结论，针对性地提出了"一带一路"沿线国家科技创新合作的战略选择和政策建议。同时，针对上述维度着重对中国同"一带一路"沿线国家开展科技创新合作中的问题、障碍等提出相应政策建议。相关政策建议具有独立的可操作性，对不同维度的主体重叠同样适用。

第 2 章

"一带一路"沿线国家科技创新合作理论基础及分析框架构建

2.1 "一带一路"沿线国家科技创新合作的理论基础

2.1.1 新经济全球化

自 2008 年以来,以西方发达国家主导的经济全球化发展放缓,发展中国家对世界经济更加开放、贸易更加便利和自由、反对单边主义等的呼声愈发高昂,各国对经济全球化健康稳定发展充满期待。世界经济发展进入调整期。相关研究表明,适应新变化和做出正确调整应该从摆脱对发达经济体市场依赖、开拓新兴消费市场和依靠科技进步带动产业升级的比较优势搭建三个方面着手。

关于经济全球化的未来发展,中国正在做出自己的答卷:"一带一路"引领新经济全球化走向成熟。孙希有(2015)[107]提出流量经济新论,认为"一带一路"倡议是促进全球经济要素流动、全球化深入发展的重大战略。陈文玲(2017)[108]认为"一带一路"是全球化的新理念、新载体,是构建新型国际合作关系的有力尝试。王跃生(2017)[109]指出,旧的全球化是"中心—外围"的美式全球化,新经济全球化是开放、均衡、多极化、可持续的。

总之,新经济全球化要求全球经济环境持续改善情况下,在现有国际秩序基础上，秉持互惠共赢、合作共商的原则，坚定奉行多边主义，不断推动全球治理体系稳步改革，切实提升新兴市场国家和发展中国家话语权和分享全球经济发展红利机会。本书依据新经济全球化理论，一方面分析"一带一路"沿线国家科技创新合作的均衡、多极化特征，另一方面在该理论框架下提出沿线国家科技创新合作政策建议。

2.1.2 开放创新理论

创新驱动发展是加快转变经济发展方式，提高国家综合国力和竞争力的重要举措。以往创新中对自主创新和合作创新的强调源于各国对全球发展形态、合作状况的把握。随着经济全球化的新特征、新变化出现，创新要素、资源等的全球化发展，开放创新成为创新发展的重要形式。开放创新的概念最早由切斯布洛（Chesbrough）于2003年提出[110]，之后开放创新成为国内外创新管理领域学者研究的热门话题。从相关研究来看开放创新理论包含了以下三大内涵。

（1）创新要素有序流动。随着新经济全球化的不断深入，全球价值链分工和贸易自由逐渐清晰，以人才、资金、设备、数据为主的创新要素在各国间自由有序流动成为趋势。科技创新人才尤其成为各国争夺的对象，而有序的人才流动是一种市场表现，其长远发展与一国市场需求、科技资源配置等密切相关。

（2）创新资源合理配置。创新要素的有序流动，有效地扩张和延伸了全球创新网络，极大地改变了以研发成本、人力资本、知识产权为主的创新资源全球配置格局，使一国科技资源供给和需求得到有效平衡，这为创新资源匮乏的发展中国家带来了希望，发展中国家只有积极融入全球创新网络，才能在深入变化的国际格局中，有机会提升国际创新合作水平和竞争力。

（3）科技创新联动合作。随着全球生产分工的进一步细化，生产要素不断优化，各区域、各国协调联动开展创新活动愈加频繁。各国应该本着科技创新活动共商、共建、共享的原则进行在创新要素和创新资源上的联动合作。优化资源利用率，提高科研生产效率，进而促进各国科技创新能力提高，为世界的全面发展作出贡献。

本书依据开放创新理论，按照其内涵的三大主要内容，构建了"一带一路"沿线国家科技创新合作理论分析框架，并在下文沿线国家科技创新合作水平的判定指标、模式特征、影响因素等方面分析中着重考虑开放创新可能产生的交互效应。

2.1.3 新增长理论

20世纪80年代,随着强调资本积累和社会各阶层贡献作用与分配法则的古典经济学,被以罗默和卢卡斯等人(Romer and Lucas et al.,1985)为代表的强调经济增长的内生性的新古典经济学继承和发展,内生经济增长模型成为解释新增长理论的主要成果。内生增长模型强调知识、人才、技术、创新对经济增长的贡献。学者对新增长理论的研究大致分为以下几个方向。

(1) 知识外溢的内生增长。罗默1986年提出其第一个内生增长模型,强调知识和人力资源的递增收益对生产可持续增长的作用[111]。

$$Y_i = F(k_i, K, x_i), \quad K = \sum_{i=1}^{N} K_i \qquad (2.1)$$

式(2.1)中,Y为生产能力,k为生产所需的知识,x为生产要素投入(人力资本等),K为知识总量,N为厂家数量。卢卡斯、斯托基和阿尔温(Lucas,Stokey and Alwyn,1993)的研究同样认为厂家要素投入增加是知识存量积累的过程,在这种存量"外溢效应"发挥作用时,资本边际产出率持续大于贴现率,促使生产递增。

(2) 技术创新的内生增长。1990年,罗默作为对一个增长模型的补充,提出了技术创新溢出促进经济增长的第二个增长模型[112]。该模型需要三个经济部门完成。

研发部门:$A(t+dt) - A(t) = \delta H_A(t) A(t) dt$ (2.2)

中间品部门:$\dot{K}(t) = Y(t) - C(t), \quad K = \eta \sum_{i=1}^{A} x_i$ (2.3)

最终品部门:$Y(H_Y, L, x) = H_Y^\alpha L^\beta \sum_{i=1}^{\infty} x_i^{1-\alpha-\beta}$ (2.4)

最终得到均衡状态下的增长率:$g = \delta H - \dfrac{\alpha r}{(\alpha + \beta)(1 - \alpha - \beta)}$ (2.5)

式(2.4)和式(2.5)中,H_Y表示生产所需人力资本投入数,r为利率。可以看出,最终的增长情况与研发部门生产率δ具有正相关关系。赫尔普曼和豪伊特(Helpman and Howitt,2006)认为创新和发明已经成为企业有意投入的要素,同时,技术垄断在新技术出现前利润得到释放,也促使创新不断持续，经济增长有了长足的动力[113]。

（3）经济开放的内生增长。相关研究认为各国贸易政策对促进世界经济持续发展起到关键作用。同时，博伦斯坦等（Borensztein et al.，1995）[114]、阿吉翁和豪伊特（Aghion and Howitt，1998）[115]认为全球贸易自由化、便利化能够使发展中国家从中获得知识外溢效益，实现跨越式发展，原因是贸易开放能够极大地影响一国技术吸收能力。格罗斯曼和赫尔普曼（Grossman and Helpman，1991）[116]认为发展中国家通过对发达国家设备的进口能够从中获得学习机会。霍姆斯等（Holmes et al.，2001）[117]认为贸易自由化、便利化能够使各国增强竞争意识，投入更多的资金在产品研发上。赵文军等（2012）[118]的实证研究也表明贸易开放程度与FDI技术溢出呈正相关。

本书在对"一带一路"沿线国家科技创新合作影响效应的分析中，依据新增长理论，重点关注科技创新合作知识外溢吸收、技术创新带动、经济开放进步等对各国经济社会发展带来的正向作用。

2.1.4 包容性增长理论

2007年亚洲开发银行首次提出包容性增长的概念，主要内容是经济增长需要能创造出高增长的生产性就业、社会机遇不平等风险降低、能为弱势群体带来扶持的缓冲性安全网。包容性增长不仅表明了各国经济增长内部的机会平等性，同时也强调国家间在经济发展中的公平性、平等性，强调国际贸易的便利性、自由化，反对贸易保护主义、单边主义。

早期关于包容性增长理论研究的论文多停留在对理论的概念、意义、实施建议上，随着包容性增长的指标、度量方法、影响因素等逐渐清晰，有关包容性研究的实证应用和具体测度开始兴起。张勋和万广华（2016）[119]对农村基础设施促进经济包容发展做了实证研究，认为基础设施建设能够改善农村内部分配，同时人员经验丰富和教育水平高对来自基础设施建设的获益最大。文雁兵（2015）[120]认为包容增长在我国区域减贫方面具有差异性。陈红蕾和覃伟芳（2014）[121]利用中国省际包容性全要素的估算值对中国经济包容性增长进行了测度，发现外资利用、要素构成、收入差距、经济开放程度、基础设施等与全要素生产率呈现正相关，而经济发展水平、产业结构则呈现负相关。杨永聪和申明浩（2015）[122]认为我国各地区外贸包容性增长速度慢于贸易规模扩大速度，应该通过区域创新着力推动外贸质量提升,通过区域产业联动,带动区域经济发展能力。乔治等(George et al., 2012)[123]同样认为发展中国家应该通过创新带动本国包容性发展。

包容性增长理论较多用于研究一国内部国民如何公平合理地分享经济发展成果。但在全球视野下,包容性增长在促进协调发展、共同发展上同样起到巨大作用。包容性增长能够为更多低收入国家经济发展指明方向,在应对全球共同挑战方面,各国可以平等、公平地开展合作。本书按照包容性增长理论的内涵,依据世界经济论坛对全球各国包容性发展指数的判定,分析沿线各国科技创新合作在此理论框架下的影响水平。

2.1.5 人类命运共同体理论

2012年,党的十八大明确提出"人类命运共同体"理念,主张世界各国和平发展和共同发展。随后习近平总书记在多个外交场合谈及国际社会"命运共同体"思想,并对其内涵进行了深入的阐释。2018年,"推动构建人类命运共同体"写入我国宪法序言部分,人类命运共同体理念成为新时代中国外交关系的战略性指导思想。

人类命运共同体思想的提出,是建立在对世界多极化、经济全球化、社会信息化、文化多样化深入发展的全球形势的判断之上。各国联系紧密、向往和平,世界的不确定性和不稳定性风险增大,人类面临的重大问题和共同挑战增多,促使全球治理体系和国际秩序变革不断推进。同时,人类命运共同体思想求同存异,主张文明互鉴,合作共赢,在促进世界和平发展上具有重要意义。

自人类命运共同体理论提出到成熟,国内学者在其理论探讨方面做了大量研究。邵发军(2017)[124]对其思想来源和当代价值意义做了分析。胡鞍钢和李萍(2018)[125]提出了构建人类命运共同体的中国方案。李爱敏(2016)[126]对人类命运共同体的理论本质、内涵和中国实践进行了阐释。关于人类命运共同体思想的理论支撑研究已经较为成熟。在实践应用方面,中国提出"一带一路"倡议是构建人类命运共同体的强劲动力和伟大实践。"一带一路"合作是共商、共建、共享的合作,"一带一路"不是另起炉灶,而是合作对接、优势互补,不是拉帮结派,而是开放包容、合作共赢。本书研究的科技创新合作既建立在上述理论内涵之上,又体现在人类命运共同体理论下的科技合作共同体上。本书旨在通过研究,期望发掘贴合沿线国家实际的科技创新合作模式选择，使得科技成为促进沿线各国发展、应对全球挑战的有力工具。相关研究过程和政策选择在人类命运共同体理论框架内展开。

2.2 "一带一路"沿线国家科技创新合作的研究方法

2.2.1 科学计量研究法

科学计量的主要特征是利用各种数学或统计学方法对科研活动过程（科研投入、科技实施过程、科研产出）及其管理中相关问题进行定量研究，以期揭示相关科研活动的规律，制定相应应对策略[127]。由于科学计量是科学学的重要分支，因此，科学学的研究问题成为科学计量研究的主要内容。近年来学者应用科学计量法研究的科学问题主要包括一国科技竞争力情况、科研投入效率、相关学科研究趋势和未来方向、学科交叉合作、科研绩效等。

随着信息化水平的不断提升，科学计量研究法的数据来源也从传统的纸质出版物向电子化数据转变。当前，这些电子化数据的来源包括各种网络数据的收集、相关机构的结构化数据库等，主要包括各种网络挖掘数据、Web of Science (WOS) 数据库、Scopus 数据库、工程索引 (EI) 数据库、世界知识产权局 (WIPO) 专利数据库以及美国、欧洲专利局 (USPTO、EPO) 数据库等。电子化数据的发展使得研究者面临的数据量激增，一方面增加了研究者处理数据的难度，另一方面也为相关科学问题的解决提供更加系统和全面的大数据支撑。为此，研究者开发了专门的数据处理工具，如美国佐治亚理工学院艾伦·波特 (Alan Porter) 教授开发的 Vantage Point (VP)、汤森路透旗下的 Thomson Data Analyzer (TDA)、陈超美团队开发的 CiteSpace 等，实现了对大量数据的处理和可视化。

本书利用科学计量研究法，并基于 WOS 数据库的科学论文数据和 WIPO 数据库的技术专利数据，对"一带一路"沿线国家科技合作情况进行深度挖掘，以期从科学和技术两个维度反映"一带一路"沿线国家国际科技合作的一般模式。

2.2.2 社会网络研究法

社会网络研究法认为社会是一个复杂的巨大网络,通过对这些网络结点和结点间关系进行研究,可以系统反映网络的一般结构和具体属性特征。数学方法(矩阵代数、概率统计)、图论、计算机编程等研究手段为社会网络分析奠定了量化基础。社会网络研究的角度非常广泛,主要包括网络中心性、凝聚子群分析、社会网络关联性、核心—边缘分析和网络结构对等性等。

社会网络研究法的主要数据来源是建立行动者关系网络,即建立关系网络的图和矩阵的形式化表达;或通过已有的关系网络进行行动者影响研究,即行动者之间的关系如何影响其他行动者或整个网络;抑或网络环境如何影响某个行动者,网络和行动者被看作变量(自变量或因变量)。科学学研究运用了社会网络研究法,对科学和技术研发网络关系进行了研究,揭示了研发者(科学论文著作人和技术专利发明人)之间的关系"模式"如何影响其他研发者或整个研发网络的"结构"属性。建立研发者网络主要通过科学合著论文和技术合作专利数据实现。UCINET 是社会网络分析的主要工具,同时在 NetDraw、Pajek、Mage 等软件的配合下,能够使研究结果可视化。

本书利用社会网络研究法,基于"一带一路"沿线国家科学和技术合作数据建立合作网络,对各国在网络中的位置及其对整个网络的作用进行了研究,以期了解"一带一路"沿线各国在网络中的结构特征和关系模式。

2.2.3 计量经济学方法

计量经济学是以数理统计和经济学的方法论为基础,建立经济计量模型,定量分析实际经济问题的一门交叉学科。从现有研究来看,学者对计量经济学的研究主要从理论改进和经济应用两个方向展开。前者主要研究计量经济模型方法的提出、优化和发展;后者则偏重于在相关计量理论的指导下,以实际数据和适宜的模型方法研究相关经济规律。

古典回归是计量经济学最为常用的一种分析手段。可以进行分析的数据包括时间序列、面板数据、横截面数据等。本书研究中,涉及数据主要以时间序列和面板数据为主。本书用到的计量经济学模型包括以下四种。

（1）二次指派程序回归（QAP 回归）。该模型能对矩阵间关系进行相互影响研究，研究过程中无须关注变量质量的独立性。由于本书合作数据多为矩阵关系，因此，用 QAP 回归对科技合作影响因素进行分析。

（2）空间计量模型。本书用到的空间计量模型有全局空间自相关指数（Global Moran's I）、局部空间自相关指数（Local Moran's I）和广义 G 统计量（General G Statistic），这些模型对"一带一路"沿线国家科技合作的空间演化特征提供了技术支撑。

（3）知识生产函数模型。它是研究研发投入与科技产出对生产率增长贡献程度的一种计量方法。本书运用知识生产函数模型构建"一带一路"沿线国家合作主体技术合作模式的影响模型。

（4）负二项回归模型。对于非线性函数模型，负二项回归具有较强的适用性。本书利用负二项回归模型对合作主体科技合作影响因素进行测算。

2.2.4 实证研究法

实证研究是探究事物本质规律的一种常用方法。它是对以往价值判断的完善和补充，强调事物发展的内在因素和普遍联系，是认识客观世界的重要工具。实证研究对结论进行经验判断和实际检验，主要步骤包括研究对象分析、研究条件设定、研究假设提出、分析验证假设。

本书针对"一带一路"沿线国家科学合作的形式，在定量研究相关模式特征的基础上，提出实证研究的对象、假设，并对其进行验证。实证研究的数据收集通过案例、问卷调查、访谈等手段获取。在保证可靠真实的情况下，对相关假设进行选定模型下的验证分析。

2.3 "一带一路"沿线国家科技创新合作的分析框架

2.3.1 "一带一路"科技创新合作内涵

（1）科技创新合作的内涵。人们对创新一词的初期认识往往停留在创造新的东西上，但创新还有其特殊内涵所在。本书认为创新还具有其经济学意义，即创新是对各种生产要素进行有效改进组合后实现更大经济价值的市场活动。科技创新合作包含了科学创新合作和技术创新合作，科学创新合作回答的是通过什么样的合作方式解决的问题是什么和为什么，而技术创新合作是通过各方努力对问题如何解决给出方案。因此本书从科学和技术两方面出发分析其创新合作的主要规律。

（2）"一带一路"科技创新合作要素。本书认为科学问题挑战、技术供需识别、合作模式选择、互惠共赢发展是"一带一路"科技创新合作的要素所在。共同面临的科学问题或制约一国发展的关键性问题往往是科学研究关注的焦点，是促成各方科学合作的关键。同时，对问题和解决思路的掌握，需要寻求解决问题的方法或技术，而有效的技术供需识别是双方合作的前提。不同国家、科研机构、企业在不同环境下实施的合作方式具有差异，合作模式选择是保障合作顺利进行的关键。"一带一路"科技创新合作应该创新合作机制、提升合作质量、协调各方关切、实现互惠共赢发展。当然，上述要素执行关键还在于人，"一带一路"创新人才培育同样是科技合作的关键所在。

2.3.2 "一带一路"科技创新合作动因

（1）共同应对全球挑战的需要。"一带一路"沿线国家绝大多数是发展中国家或低收入国家，面临的全球性问题更为严重，对解决问题的需求更为迫切。当前，"一带一路"沿线国家主要面临的全球性问题有气候变化、粮食安全、疾病多发、恐怖主义盛行、单边主义和霸权主义滋扰等。沿线国家只有通过科技创新合作提升科技应对挑战的能力，才能化险为夷。同时，一些全球性挑战仅仅依靠单边力量无法化解，各方合作，共同应对是大势所趋。

（2）实现各国经济社会可持续发展的需要。"一带一路"沿线国家面临的国内经济发展问题具有相似性，科技创新带动各国经济社会发展成为共识。经济结构调整与产业结构升级作为各国发展战略陆续出台。通过科技创新合作实现科技进步是国家可持续发展的内在要求。

（3）科技要素流动抢抓机遇实现跨越式发展的需要。在新一轮科技革命孕育待发、经济全球化趋势不可逆转的国际背景下，科技要素不断流动。"一带一路"沿线国家应该抢抓机遇，创造有利于科技要素流入的环境，为本国科技竞争力提升创造机会。良好的科技要素流动，能够使那些抢抓机遇的国家实现"蛙跳"式进步，进而得到跨越式发展。

（4）各区域国家协调联动优势互补的需要。"一带一路"沿线国家通过科技创新合作能够协调各方优势，实现联动发展。这不仅体现在区域间的联动合作，还体现在区域内依靠资源禀赋，实现互惠共赢。例如，区域间依靠先进技术优势解决对方困扰问题，区域内寻找相似问题已有经验等。

（5）科技资源优化配置分解风险的需要。"一带一路"沿线国家对科技资源的需要与日俱增，沿线国家遇到的共同问题已经步入大科学时代解决的范畴，各国科技合作需要解决资源配置问题，而这种协同配置机制，能有效地化解或分散问题研究失败的风险，各国能够在集中力量攻克难题上作出共同的但有差异性的贡献。

2.3.3 "一带一路"科技创新合作运行机制

（1）科研机构科技创新合作。目前"一带一路"科技合作中，科研机构间合作占据绝大部分。这种合作更趋于各国科研需要或兴趣相投。科研机构主要包括大学、国立科学院、专业领域研究所等。它们是沿线国家科技创新合作的主要参与者和推动力。科研机构科技创新合作更倾向于研究一国关切的重大问题、面临的主要困难和有待探索的科学问题。

（2）国际组织科技创新合作。国际组织在促进"一带一路"沿线国家科技创新合作上起到重要的桥梁作用。包括国际组织对沿线国家的各项评估、问题发现等，是引起全球关注和重视的主要媒介，有利于寻求适宜的科技创新合作对象。同时，国际组织框架下的技术转移转让能够使低收入国家以较为廉价的成本获取更为适宜的技术支持，起到改善低收入国家生存环境和提升技术能力的作用。

（3）技术转移中心科技创新合作。国际技术转移中心是各国科技合作主要中介服务机构，是供需双方科技对接的支撑平台。"一带一路"沿线国家科技创新合作离不开各大技术转移中心支持，包括各中心建设的技术服务信息平台、中心点对点的科技转移项目，有利于将更多先进适应性技术转移至具有迫切需求的国家。

（4）联合实验室科技创新合作。联合实验室是科研机构科技创新合作更高水平下的产物。联合实验室能够更有针对性地开展相关科学问题研究、技术攻关，是科技资源合理配置、科技要素有序流动下各国依据资源禀赋开展科技创新合作的有效尝试，也为双边合作中科技人才交流、经验学习、成果转化搭建了平台。

(5) 产业园科技创新合作。科技园区建设是中国推动"一带一路"倡议实施中的重点内容。科技园区建设作为两国科技合作的典范，具有科技项目示范、成果经验推广的作用。科技园区能够鼓励高技术企业内生外延式发展，促进各国科技创新资源协同发展。产业园区发展需要做到顶层设计到基层沟通、机制建设到主体培育、开放创新到重点合作的全方位考虑。

(6) 企业科技创新合作。企业是"一带一路"建设的主体，也是主要的推动者，以企业为主推动沿线国家科技创新合作能够使企业获得更多互补性知识、管理经验、风险等，有助于提升企业整体国际竞争力。同时企业间的科技创新合作应用性更强，合作效益更为直接。

2.3.4 "一带一路"科技创新合作分析框架

依据前文"一带一路"沿线国家科技创新合作的内涵、动因、运行机制的理论研究，本节按照"一带一路"沿线国家科技创新合作到底有哪些，他们的合作归根于怎样的目的，如何推动他们实现符合双方意愿的合作等议题，构建从模式到影响再到合作选择的分析框架，如图2-1所示。按不同收入分组、不同区域归类研究各国科技创新合作的差异性特征。

(1) "一带一路"科技创新合作模式。本书首先从沿线国家科技竞争力现状、创新能力差异入手，了解沿线国家科技发展状况，之后寻找反映国家科技创新合作的指标，探索其全球范围内合作能力情况。通过科学论文产出、发明专利申请视角衡量其合作网络特征、共性和差异化合作模式等。

(2) "一带一路"科技创新合作影响。对上述模式的影响因素分别从科学合作影响、技术合作影响、机构企业基地合作影响三个方面建立测度模型方法，寻求影响相关科技合作的主要因素，以期为进一步合作消除制约。

(3) "一带一路"科技创新合作选择。在厘清相关合作方式、合作影响等前提下，针对不同收入类型国家科技创新合作选择、不同区域国家科技创新合作选择、科研机构、企业、科技园区科技创新合作选择方面给出方案思路。

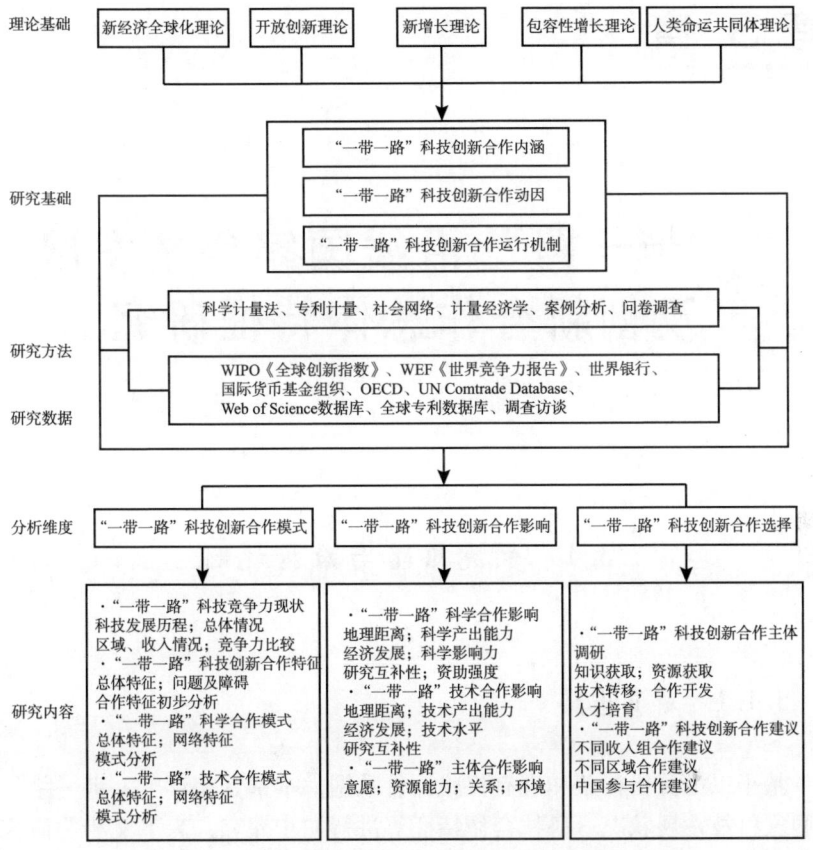

图 2-1 "一带一路"沿线国家科技创新合作分析框架

2.4 本章小结

本章旨在探索本书研究的理论支撑、方式方法、分析框架。首先，梳理了适宜"一带一路"科技创新合作分析的理论基础，认为在全球化背景下，沿线国家应该秉持开放包容的合作政策，以科技创新合作带动人类命运共同体构建。其次，本章对"一带一路"科技创新合作主流的度量方法进行说明，并对下文用法进行阐述。最后通过分析"一带一路"科技创新合作的内涵、动因和运行机制，构建适合下文研究的理论分析框架。

第 3 章

"一带一路"沿线国家科技发展及创新合作总体特征研究

3.1 研究思路与数据说明

3.1.1 研究思路

基于以上分析框架和现有权威评价数据，本章旨在对"一带一路"沿线国家科技发展状况、科技合作特征等进行初步探究，为下文相关研究的深入展开奠定基础。具体而言，首先本章总结了"一带一路"沿线国家科技发展的三个阶段，并对相应阶段各国的科技发展政策进行梳理，以便从宏观层面分析沿线各国科技动向。其次分析沿线国家科技竞争力适宜的要素构成，并据此研究沿线国家科技竞争力状况及其差异特征。最后结合前述发展差异，对"一带一路"沿线国家科技合作中可能存在的问题、合作障碍和合作特征进行初步分析。整个研究过程围绕以下四个问题展开。

（1）"一带一路"沿线国家科技发展阶段如何，有何差异？

（2）"一带一路"沿线国家科技发展所处阶段主要政策有哪些，科技发展是否得到重视？

（3）"一带一路"沿线国家科技竞争力处于何种水平，表现出哪些差异性？

（4）"一带一路"沿线国家科技创新合作的整体情况如何，主要问题和障碍体现在哪些方面？

3.1.2 分析模型

基于开放创新理论、新增长理论、新经济全球化等理论基础,本节从"一带一路"沿线国家科技发展阶段、科技竞争力和创新能力、科技创新合作水平等维度,对应上述研究问题,按照对象确定、阶段划分、指标选定、分析验证的研究思路,寻找问题解决方案。相关指标选定过程中,着重考虑在新经济全球化理念下,科技开放创新强调的要素资源流动配置及其联动效应。同时,知识、技术、经济的内生动力同样不容忽视,具体理论框架如图3-1所示。

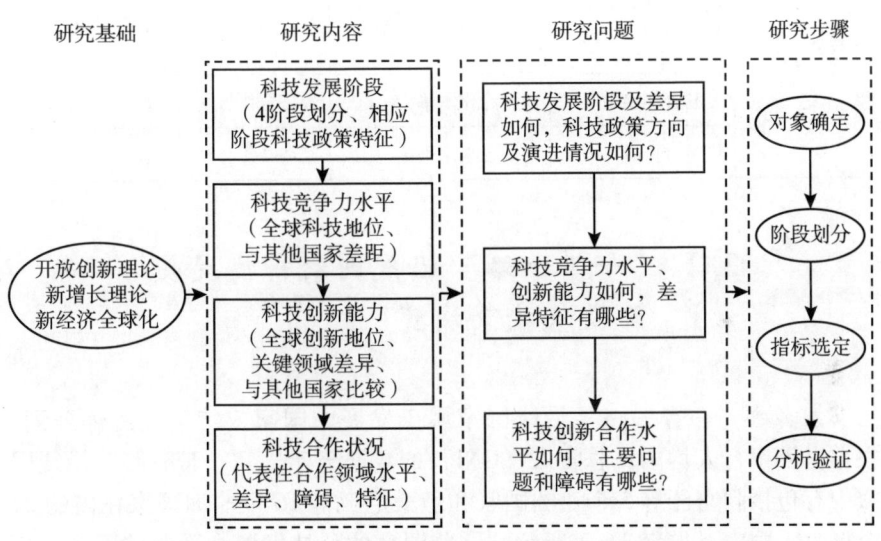

图3-1 "一带一路"沿线国家科技发展及合作特征理论分析模型

3.1.3 数据说明

现有权威机构评价或统计数据涵盖了大部分"一带一路"沿线国家,相关数据从宏观或整体层面对沿线国家科技发展状况、竞争力水平、创新能力、对外合作情况等进行了描述。本章选取部分与科技创新发展、科技国际合作等联系较为密切的统计指标,通过对指标数据挖掘研究"一带一路"沿线科技发展与合作整体状况。具体项目及其数据来源如表3-1所示。

表3-1　"一带一路"沿线国家科技发展及合作特征度量说明

项目类别	项目名称	项目解释	数据来源
科技发展阶段	技术合作使用费	技术依赖与主导情况	世界银行
	技术合作捐助	技术势差水平	世界银行
	政策文本	科技发展的政策方向	商务部、中国一带一路网
科技竞争力	竞争力指数	全球科技竞争力水平	世界经济论坛
	创新指数	全球科技创新能力	世界知识产权组织
科技创新合作	外国直接投资	科技引进扩散	国际货币基金组织
	高科技和ICT服务进出口	高科技依赖与影响	联合国商贸数据库、世界银行
	专利合作申请	技术合作水平	经济合作与发展组织
	科学合作研究	科学合作水平	经济合作与发展组织

3.2 "一带一路"沿线国家科技发展阶段及政策演变

大多数"一带一路"沿线国家属于发展中国家或转型经济体阵列,根据世界银行人均国民总收入(GNI)的数据统计①,"一带一路"沿线国家中有包括阿富汗等5个亚洲国家和坦桑尼亚等16个非洲国家在内的21个低收入国家,如表3-2所示。这些国家的科技发展水平参差不齐,所处的发展阶段也不尽相同。马克思技术创新理论认为技术创新具有一贯性和历史性,即历史技术发展路径对现有的技术创新轨迹产生影响[128]。熊彼特科技创新理论和内生增长理论也认为科技进步对长期经济增长的路径产生影响[129-130],且这些影响关系具有相互性,如图3-2所示。因此,本书将"一带一路"沿线国家科技发展阶段与各国经济收入水平一一对应。

---

① 资料来源:世界银行公开数据,按图表集法衡量的人均国民总收入GNI(现价美元)。

表3-2　世界银行国家收入划分下的"一带一路"沿线国家分类情况

收入状态分组	"一带一路"沿线国家［两位代码］
低收入国家	也门［YE］、叙利亚［SY］、尼泊尔［NP］、阿富汗［AF］、塔吉克斯坦［TJ］、南苏丹［SS］、埃塞俄比亚［ET］、索马里［SO］、坦桑尼亚［TZ］、乌干达［UG］、卢旺达［RW］、布隆迪［BI］、塞内加尔［SN］、冈比亚［GM］、几内亚［GN］、塞拉利昂［SL］、多哥［TG］、乍得［TD］、津巴布韦［ZW］、莫桑比克［MZ］、马达加斯加［MG］
中低收入国家	蒙古国［MN］、巴勒斯坦［PS］、印度［IN］、巴基斯坦［PK］、孟加拉国［BD］、斯里兰卡［LK］、不丹［BT］、吉尔吉斯斯坦［KG］、乌兹别克斯坦［UZ］、印度尼西亚［ID］、缅甸［MM］、老挝［LA］、柬埔寨［KH］、越南［VN］、菲律宾［PH］、东帝汶［TL］、萨尔瓦多［SV］、玻利维亚［BO］、乌克兰［UA］、格鲁吉亚［GE］、摩尔多瓦［MD］、埃及［EG］、苏丹［SD］、突尼斯［TN］、摩洛哥［MA］、吉布提［DJ］、肯尼亚［KE］、毛里塔尼亚［MR］、佛得角［CV］、科特迪瓦［CI］、加纳［GH］、尼日利亚［NG］、喀麦隆［CM］、刚果（布）［CG］、赞比亚［ZM］、安哥拉［AO］、巴布亚新几内亚［PG］
中高收入国家	中国［CN］、土耳其［TR］、伊朗［IR］、黎巴嫩［LB］、约旦［JO］、伊拉克［IQ］、马尔代夫［MV］、哈萨克斯坦［KZ］、土库曼斯坦［TM］、马来西亚［MY］、泰国［TH］、多米尼加［DO］、格林纳达［GD］、哥斯达黎加［CR］、多米尼克［DM］、苏里南［SR］、委内瑞拉［VE］、圭亚那［GY］、巴西［BR］、罗马尼亚［RO］、保加利亚［BG］、俄罗斯［RU］、白俄罗斯［BY］、阿塞拜疆［AZ］、亚美尼亚［AM］、波黑［BA］、黑山［ME］、塞尔维亚［RS］、阿尔巴尼亚［AL］、北马其顿［MK］、利比亚［LY］、阿尔及利亚［DZ］、加蓬［GA］、纳米比亚［NA］、南非［ZA］、萨摩亚［WS］
高收入国家	韩国［KR］、沙特阿拉伯［SA］、以色列［IL］、希腊［GR］、卡塔尔［QA］、阿联酋［AE］、阿曼［OM］、科威特［KW］、塞浦路斯［CY］、巴林［BH］、新加坡［SG］、文莱［BN］、安提瓜和巴布达［AG］、特立尼达和多巴哥［TT］、巴拿马［PA］、智利［CL］、乌拉圭［UY］、波兰［PL］、立陶宛［LT］、爱沙尼亚［EE］、拉脱维亚［LV］、捷克［CZ］、斯洛伐克［SK］、匈牙利［HU］、斯洛文尼亚［SI］、克罗地亚［HR］、马耳他［MT］、奥地利［AT］、塞舌尔［SC］、纽埃［NU］、新西兰［NZ］

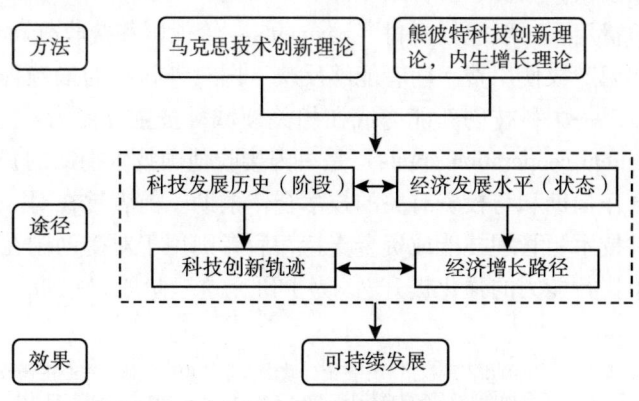

图3-2　科技发展与经济增长关系模型

纵观世界科技发展历史和发达国家工业化进程中的经验，科技落后国实现技术进步无一不"站在巨人的肩膀上"，他们大量引进他国成熟技术，在不同的发展时期，经过消化、吸收和再创新的不同阶段，提升了科技落后国自主创新能力，既节约了研发成本，又提高了创新效率。因此，本书依据前文论述，按照世界银行对各国经济收入状况的分类，并参照陈安国和周立（2002）[131]对发展中国家技术成长历程的划分，相应地总结出了不同经济发展状态下"一带一路"沿线国家科技发展的4个阶段，即：科技引进与依附阶段、科技消化与模仿阶段、科技吸收与追赶阶段以及科技创新与超越阶段，如表3-3所示。

表3-3　按世界银行国家分类的"一带一路"沿线国家发展阶段

科技发展阶段	收入状态分组	评判依据	"一带一路"沿线国家
科技引进与依附	低收入国家	人均 GNI ≤ 1 025 \$	阿富汗、坦桑尼亚等21国
科技消化与模仿	中低收入国家	1 026 \$ ≤ 人均 GNI ≤ 3 995\$	印度、越南、巴布亚新几内亚等37国
科技吸收与追赶	中高收入国家	3 996 \$ ≤ 人均 GNI ≤ 12 375\$	中国、南非、巴西等36国
科技创新与超越	高收入国家	人均 GNI > 12 375 \$	韩国、沙特、波兰等31国

注：收入状态评判标准为世界银行2019年数据。

知识产权使用费（charges for the use of intellectual property）是各国在技术转让或授权，软件、设备或零件等一切具有知识产权归属产品交易过程中产生的费用，一般包括支付（payments）给他国和接收（receipts）来自他国的知识产权使用费。前者能够反映一国对外科技的依赖程度，而后者则能够体现一国科技创新能力或在相关领域科技主导能力①。技术合作捐助（technical cooperation grants）是一国接收他国技术捐助的费用，包括独立技术合作捐助和与投资有关的技术合作捐助。前者旨在对一国能力建设方面提供技术、管理技能或资金支持，后者则用于对受助国在某一具体投资项目中执行能力的强化提升②。为了研究这一阶段"一带一路"沿线

---

①　相关解释参考了中国知识产权报对中南财经政法大学知识产权研究中心主任曹新明的采访，报道内容详见国家知识产权局网站媒体观点栏目 http：//www.sipo.gov.cn/mtsd/1120434.htm。
②　相关解释参考了世界银行对技术合作捐助（technical cooperation grants）概念的定义。

国家科技发展特征，本书分析了各国知识产权使用费及技术合作捐助费的变化情况，如表3-4至表3-7所示。需要指出的是，受公开数据时间范围的影响，本书设定知识产权使用费数据时间为2017年，技术合作捐助费数据时间为2016年，各国GDP为2017年数据，GNI为2016年数据。同时，由于部分国家观测年份数据缺失，本书根据其历史年份数据特点，选择了诸如加权移动平均法、灰色模型、指数平滑法、线性回归法等预测方法，对观测年份数据进行预测处理。为了最大限度地保证预测数据的可靠性，本书设定预测数据年份不超过3年，历史观测数据不少于6年，否则按缺失处理。具体预测模型如式（3.1）至式（3.4）所示。

$$\text{加权移动平均法：} \hat{y}_{t+1} = \frac{\omega_1 y_t + \omega_2 y_{t-1} + \cdots + \omega_N y_{t-N+1}}{\omega_1 + \omega_2 + \cdots + \omega_N}, \quad t \geq N \quad (3.1)$$

式（3.1）中，$\hat{y}_{t+1}$表示$t+1$时期预测数，ω_i为$t-i+1$时期实际值y_{t-i+1}的权重。

$$\text{灰色模型：} x^{(1)}(t+1) = \left[x^{(1)}(1) - \frac{u}{a} \right] e^{-at} + \frac{u}{a}, \quad \frac{dx^{(1)}}{dt} + ax^{(1)} = u \quad (3.2)$$

式（3.2）中，a、u为常数。

$$\text{指数平滑法：} \hat{y}_{t+1} = S_t^{(1)} = \alpha y_t + (1-\alpha)\hat{y}_t \quad (3.3)$$

式（3.3）中，S_t表示t时期的平滑值，y_t表示t时期实际值，$\hat{y}_t$表示t时期预测值，α是平滑常数，$0 \leq \alpha \leq 1$。

$$\text{线性回归法：} y = \sum_{i=1}^{n} \omega_i x^i + b \quad (3.4)$$

式（3.4）中，ω_i为权重，b为常数。本节计算中原始数据均为非负值且具有较强指数规律的用式（3.2），原始数据具有明显线性特征的用式（3.4），原始数据缺失较多时用式（3.1），其他类型使用式（3.3），计算结果带有"约"字即为相应预测值。

3.2.1　科技引进与依附阶段

"一带一路"沿线国家中有21个低收入国家，无一例外均被联合国认定为最不发达国家。这些国家经济状况、国内环境、自然条件等均相对较差，科技水平受经济发展状况制约而表现严重落后。本书之所以将这些"一带一路"沿线国家所处的科技发展阶段定义为科技引进与依附阶段，原因是他们所处的科技发展阶段以外国技术援助或技术、设备购买为主要特征,并长期依附于发达国家或技术成熟的其他国家。同时,这一阶段的"一带一路"沿线国家科技需求多以适应性技术为主,如为应对日益严峻的气候变化问题,各种适应性技术的推广与应用等。

由表3-4分析可知,这一阶段的"一带一路"沿线国家还未建立起有效的科技发展体系,一些国家疲于解决国内矛盾(叙利亚、阿富汗、南苏丹等),民生、基础设施等亟待改善。部分国家处于战后重建或基础设施修缮阶段。政府部门出台了相应政策或规划引导经济向积极方向发展。相关文件大多考虑了本国资源禀赋,强调在自然资源开发、农业、基础设施领域等加速发展。基础设施与经济发展相互影响的关系在各国表现突出,各国总体规划和相关专项政策将着力于交通、电力、通信、卫生等领域基础设施建设,而相关领域科技能力建设是各国亟待解决的问题。同时,可以看出这一阶段无论是在知识产权使用费支付还是接收方面数值均较小甚至没有相关记录,收支差额处于逆差状态,数值也相对较小,而技术合作捐助费占国民收入份额则相对较大,这说明这一阶段各国科技发展以少量引进和大量依托他国科技捐助为主。

表3-4 "一带一路"沿线低收入国家知识产权使用费收支、技术合作捐助和科技政策情况

国家	IP_RP（现价美元）	IP_P/GDP（%）	TCG/CNI（%）	科技发展相关政策或规划	政策或规划强调的主要发展领域
也门	约 -4 800 000	0.0264	0.1376	降低进口关税、颁布投资法、优先领域降低税收	能源、渔业、交通、通信
叙利亚	缺失	缺失	缺失	缺失	缺失
尼泊尔	缺失	缺失	0.6034	调整产业政策、吸引外资、五个财年发展规划	水电、交通、农基、旅游、矿业
阿富汗	约 -167 851	0.0009	2.4451	国家转型和发展战略、打造交通枢纽	资源开发、基础设施(交通、通信)
塔吉克斯坦	约 -37 090	0.0005	0.2380	2030年前国家发展战略、2021~2025年中期发展规划	矿产、基础设施(排水给水、建筑、交通)

续表

国家	IP_RP（现价美元）	IP_P/GDP（%）	TCG/GNI（%）	科技发展相关政策或规划	政策或规划强调的主要发展领域
南苏丹	约 -2 397 973	0.0826	2.3129	水电站、生物质、太阳能发电项目、基础设施建设运营商业化的规章制度	石油、农业、基础设施（道路、饮水、卫生）
埃塞俄比亚	-2 373 766	0.0034	0.3244	增长与转型计划（GTP-Ⅱ）（农业-工业）	农业、工业化、基础设施、可再生能源
索马里	缺失	缺失	缺失	缺失	缺失
坦桑尼亚	-1 642 662	0.0038	0.4871	坦桑尼亚国家发展愿景2025、电力系统总体规划（2016）、2015年坦桑尼亚能源政策	农业、基础设施（铁路、港口、电力）、工业（矿产、能源）、旅游、人力资源、信息通信
乌干达	-16 045 790	0.0680	0.5053	2040年愿景发展战略、2015～2020年国家发展规划	农业技术和设备、旅游业、工业基础设施、人力资源
卢旺达	缺失	缺失	1.0589	2020远景规划	信息通信、航运
布隆迪	5 180	0.0001	1.9764	减贫增长战略规划、电站、公路、铁路建设规划	农业基础设施、交通、电力（水电、太阳能）
塞内加尔	-919 459	0.0371	1.0206	非洲发展新伙伴计划	基础设施、海洋技术、农业
冈比亚	缺失	缺失	2.3373	缺失	缺失
几内亚	约 -1 144 488	0.0069	0.6270	经济发展规划	水电站、给水排水、农业灌溉系统
塞拉利昂	2 002 245	0.0245	2.1101	繁荣议程	电力、供水、道路
多哥	约 -114 972	0.0024	0.6436	减贫计划、2013～2017年促进经济增长和增加就业战略规划、2013年多哥远景规划	农业、交通基础设施（道路、港口）、电站建设、饮用水

续表

国家	IP_RP（现价美元）	IP_P/GDP（%）	TCG/GNI（%）	科技发展相关政策或规划	政策或规划强调的主要发展领域
乍得	缺失	缺失	0.1583	2020展望、国家贸易战略	农牧业、基础设施（医疗卫生、教育科学）
津巴布韦	-17 556 354	0.1123	0.4159	津巴布韦经济发展战略、可持续社会转型议程	矿业、农业、基础设施（给水排水、信息通信、电力、交通）
莫桑比克	约-15 615 001	0.1266	1.1466	五年发展计划、旅游发展战略计划	农业、旅游服务、基础设施（公路）
马达加斯加	-15 438 186	0.1649	0.6210	国家发展计划、总统紧急项目计划	能源、交通、电信

注：IP_RP表示知识产权使用费收支差（现价美元），IP_P/GDP表示知识产权使用费（支付）占GDP比重（%），TCG/GNI表示技术合作捐助占GNI比重（%）。
资料来源：根据世界银行相关数据计算及中国一带一路网、投资指南整理而来。

3.2.2 科技消化与模仿阶段

处于这一阶段的"一带一路"沿线国家经济水平有了一定的提升，无论是引进技术的规模，还是技术本身的先进程度都有了较高的要求，以满足日益旺盛和多样化的本国需求。其主要特征是引进技术总量和费用总额不断提升，由以往的成套装备购买向引进部分设备、零部件或设计及部分技术相结合转变。各国开始重视对相关技术的研究，主要以对引进技术的知识掌握为目标，开始按照技术领先国的技术成长路线模仿（全盘式照搬或稍加改动）相关技术，如对相关技术或设备的组合使用，相关设计工艺的模仿等。

表3-5的结果表明，各国发展政策相对上一阶段更加明确，置身于全球化或区域一体化进程之内，相关国家还制定了更具战略性的发展方案，以更加开放的姿态直面发展挑战。科技发展领域主要集中在基础设施建设和如何提升其运行效率上。对相关技术的需求更具选择性，科技对生产效率和利用效率的促进被逐渐重视。相关政策强调从粗放型资源开发向深加工、提升产品附加值方向转变。在资源利用、生产管理等方面逐渐注

重效率，相关技术的应用往往以独立的模仿和实验为主。因地制宜的发展政策，往往能够使一些技术在应用中不断扩散和被发展，为后期技术创新作出铺垫。

表3-5 "一带一路"沿线中低收入国家知识产权使用费收支、技术合作捐助和科技政策情况

国家	IP_RP（现价美元）	IP_P/GDP（%）	TCG/GNI（%）	科技发展相关政策或规划	政策或规划强调的主要发展领域
蒙古国	-14 697 117	0.1366	0.7773	千年发展目标整体发展政策、2007~2021发展规划、"发展之路"项目	地质勘查技术与装备、基础设施建设（大通道）、火力发电、煤化工
巴勒斯坦	缺失	缺失	缺失	缺失	缺失
印度	-5 855 777 133	0.2508	0.0158	季风计划	基础设施、汽车、健康
巴基斯坦	-217 000 000	0.0744	0.0966	2030展望、中巴经济走廊、电力、电信政策	能源、基础设施、水电、火电
孟加拉国	-25 366 588	0.0102	0.0875	五年规划	基础设施（电力、铁路）
斯里兰卡	缺失	缺失	0.0810	2025发展战略、中期经济发展规划、最低成本长期电力扩张计划2018~2037	航空运输、港口码头、电力能源
不丹	-257 462	0.0111	1.0308	缺失	缺失
吉尔吉斯斯坦	-4 496 984	0.0701	0.9018	国家稳定发展战略	农业、电力、矿产
乌兹别克斯坦	缺失	缺失	0.0535	中长期经济发展规划、现代化通信和道路—运输基础设施规划、2017~2021五大优先领域发展行动战略	资源开发、增加农业附加值的技术设备、太阳能利用、铁路电气化、道路维护设备

续表

国家	IP_RP（现价美元）	IP_P/GDP（%）	TCG/GNI（%）	科技发展相关政策或规划	政策或规划强调的主要发展领域
印度尼西亚	-1 802 638 236	0.1824	0.0434	全球海上支点战略	农业、渔业
缅甸	-20 169 334	0.0325	0.3321	经济发展纲领	技术人才培育、电力、能源、港口
老挝	缺失	缺失	0.6996	变陆锁国为陆联国	矿产、水电、农业
柬埔寨	-12 144 257	0.0624	0.7060	四角战略 2015~2025工业发展计划	专业技术人力资源、交通（公路）、能源开发（发电与电网）、提升产品附加值
越南	缺失	缺失	0.1686	两廊一起、越南经济社会发展战略、5年经济发展规划	能源、电力、排水给水、电子商务、轨道交通
菲律宾	-793 621 365	0.2585	0.0443	2040愿景、2017~2022年菲律宾长期发展目标	农业、旅游、基础设施
东帝汶	约-32 822	0.0011	2.4096	2011~2030年国家发展战略规划	基础设施（电力电网、道路、能源）、农业、石油
萨尔瓦多	-77 985 445	0.5569	0.1164	农业发展	农业
玻利维亚	-80 908 193	0.2809	0.2237	2016~2020年经济社会发展规划	能源（油气、矿业）、交通、电力
乌克兰	-358 000 000	0.3834	0.3532	国家工业发展规划（2013~2020）、2020年战略	信息技术利用、能源
格鲁吉亚	-24 358 791	0.1629	0.5006	格鲁吉亚2020经济社会发展规划、格鲁吉亚制造计划	教育、医疗、人力资源、交通物流
摩尔多瓦	-14 640 000	0.2501	0.9847	2020国家发展战略、2022交通与物流战略、2030能源战略	教育、能源、基础设施（公路、铁路改造）、电网改善

续表

国家	IP_RP（现价美元）	IP_P/GDP（%）	TCG/GNI（%）	科技发展相关政策或规划	政策或规划强调的主要发展领域
埃及	约-254 500 000	0.1081	0.0479	2015~2030长期经济发展规划、苏伊士运河走廊开发	油气勘探、风能、太阳能
苏丹	缺失	缺失	0.0496	五年经济改革规划	基础设施（新能源、电网、道路、通信）、人才培育、科研提升
突尼斯	13 637 529	0.0452	0.3968	2016~2020五年规划	铁路、港口、地区平衡发展
摩洛哥	-125 930 957	0.1210	0.2464	2014~2020加速工业发展计划	汽车工业、电子、航空工业、纳米、微技术和生物技术
吉布提	缺失	缺失	0.7272	2015~2035远景、2015~2019年加快经济发展与促进就业战略	物流、信息、海水淡化、地热利用
肯尼亚	-138 298 740	0.2761	0.3223	2030远景规划	能源、公路、铁路、港口、通信
毛里塔尼亚	约-1 061 724	0.0211	0.4747	基础设施、农业发展	交通基础设施、通信、渔业
佛得角	-6 110 295	0.3508	1.1043	2016~2021施政方针	基础设施、农业、渔业
科特迪瓦	-1 405 171	0.0055	0.1799	2020发展规划（新兴国家）	缺失
加纳	缺失	缺失	0.3587	基础设施建设	基础设施
尼日利亚	约-252 424 282	0.0672	0.0759	经济恢复与发展计划	农业、电力、石油化工
喀麦隆	-4 441 928	0.0141	0.3815	经济增长与就业战略（2010~2020）	能源、建筑、交通、信息

续表

国家	IP_RP（现价美元）	IP_P/GDP（％）	TCG/GNI（％）	科技发展相关政策或规划	政策或规划强调的主要发展领域
刚果（布）	缺失	缺失	0.2506	未来之路计划、五年规划	农业、教育、基础设施、矿产
赞比亚	约 -2 287 736	0.0089	0.3786	2030 远景	农田灌溉、教育、能源
安哥拉	-269 372 605	0.2265	0.0306	五年规划	农业、水利水电（水坝、电站、电网）
巴布亚新几内亚	缺失	缺失	1.2176	2050 愿景、2010~2030 巴布亚新几内亚发展战略规划	人力资源、电力、渔业生产加工

注：IP_RP 表示知识产权使用费收支差（现价美元），IP_P/GDP 表示知识产权使用费（支付）占 GDP 比重（％），TCG/GNI 表示技术合作捐助占 GNI 比重（％）。
资料来源：根据世界银行相关数据计算及中国一带一路网、投资指南整理而来。

3.2.3 科技吸收与追赶阶段

这一时期各国经济形势持续好转，技术引进的主动权得到极大提升，整体技术水平有了明显进步，在部分技术领域有了长足的发展，但与其技术引进国相比，依然相距甚远，虽然与技术引进国开展了一定的技术合作，但依然无法参与到其主导的关键技术研发活动中去，合作关系多以共性技术从属合作关系为主。经过前期技术成长路径的探索，国家层面对科技体制机制建设、科技人才培育与研发体系构建、知识产权开发应用与保护等方面得以重视。技术引进向优化科技资源配置、提升技术产品附加值等有利于国家创新发展的方向转型。科技吸收与追赶的主要方式有技术合作、共建联合实验室、跨国企业并购、技术许可和技术服务等。

表 3-6 表明，各国政策除了强调完善基础设施外，更加强调国家可持续和绿色发展。对可再生能源、信息技术、新材料等高新技术的支持力度增大，依靠科技创新促进产业结构转型升级成为共识，一些国家在优势科技领域实力已达到世界同类技术水平，相关政策加大了对这些领域的支持力度。同时，各国发展政策更加注重区域一体化和协同发展，涉及技术包括山地道路桥梁修建、电力运输、智慧港口、给排水等。同时，国家数

字化、智能化成为各国政策着力发展的重点。相关技术上，一方面引进消化吸收国外相关技术加以应用，另一方面一些短板技术领域依靠自主研发得到缓解，但基础研究滞后，原始创新匮乏是困扰各国的共性问题，也是政策引领解决的重点方向。

表3-6 "一带一路"沿线中高收入国家知识产权使用费收支、技术合作捐助和科技政策情况

国家	IP_RP（现价美元）	IP_P/GDP（%）	TCG/GNI（%）	科技发展相关政策或规划	政策或规划强调的主要发展领域
中国	-23 881 891 697	0.2342	0.0042	创新驱动发展	高新技术、卡脖子技术
土耳其	-758 000 000	0.0901	0.0209	五年发展计划	能源、交通
伊朗	缺失	缺失	0.0199	五年计划、20年发展愿景规划	油气开采与加工、电力
黎巴嫩	810 791	0.0716	0.1824	经济社会改革方案	电力、交通、通信
约旦	13 239 436	0.0531	0.4173	2025愿景	ICT发展
伊拉克	-2 046 785	0.0010	0.0429	国家发展计划	油气、电力、交通
马尔代夫	-3 278 667	0.0713	0.1953	经济多元化发展战略、五年发展规划	机场、港口建设、石油勘探、可再生能源利用
哈萨克斯坦	-115 680 159	0.0730	0.0245	光明之路、10年发展战略、五年计划	工业加工、原子能、可再生能源、交通、通信
土库曼斯坦	缺失	缺失	0.0278	土2018~2024年国家社会经济发展规划	天然气、清洁能源、交通运输
马来西亚	-1 541 172 904	0.5811	0.0115	新经济模式、经济转型计划、五年计划、2050国家转型计划	商务服务、油气能源、知识密集型产业
泰国	-4 179 250 000	0.9404	0.0195	泰国4.0	高附加值产业（生物技术、纳米技术、材料技术、数字技术）

续表

国家	IP_RP（现价美元）	IP_P/GDP（%）	TCG/GNI（%）	科技发展相关政策或规划	政策或规划强调的主要发展领域
多米尼加	-113 200 000	0.1491	0.0415	2016~2020施政目标、数字化多米尼加计划	供水、电子信息与通信
格林纳达	-8 958 361	0.8022	0.1822	2030战略、国家出口战略	能源
哥斯达黎加	-624 115 037	1.0938	0.0470	2015~2018国家发展计划、基础设施发展规划	交通
多米尼克	-707 960	0.1259	0.0841	2012~2020低碳气候恢复发展战略	地热
苏里南	-12 299 764	0.3761	0.0961	稳定与复兴计划	石油、黄金开采、道路、桥梁
委内瑞拉	-353 134 738	0.0732	0.0037	2013~2019国家发展规划、2016~2019玻利瓦尔经济计划	农业、油气开发、电力
圭亚那	-10 794 486	0.9665	0.2600	愿景2020	基建、绿色发展
巴西	-4 569 656 092	0.2536	0.0109	投资伙伴计划、中长期国家发展计划2020	人才培育、基础设施、信息、农业、轻工业
罗马尼亚	-822 424 505	0.4223	0.0000	2015~2018经济趋同计划	石油化工、机械、汽车
保加利亚	-127 370 000	0.3107	0.0000	2020中长期发展规划	培育人才、基础设施（公路、铁路）、农业、信息
俄罗斯	-5 239 720 000	0.3791	0.0000	欧亚经济联盟、2020创新发展战略	农业、核能、航天材料
白俄罗斯	-124 600 000	0.2882	0.1026	2030战略	机械、石化、电子
阿塞拜疆	-43 300 976	0.1063	0.0694	2020展望	非油气产业、农业
亚美尼亚	缺失	缺失	0.2699	2014~2025战略、可持续发展战略	人力资本开发、能源、供水

续表

国家	IP_RP（现价美元）	IP_P/GDP（%）	TCG/GNI（%）	科技发展相关政策或规划	政策或规划强调的主要发展领域
波黑	2 855 185	0.0482	0.4291	波黑发展战略	电力、道路、通信
黑山	-4 621 023	0.1075	0.2006	基础设施升级	基础设施
塞尔维亚	-189 088 467	0.5774	0.2308	2025投资计划	信息技术、教育、就业
阿尔巴尼亚	-2 141 289	0.1007	0.6081	国家发展和一体化战略	交通、能源、给排水、信息通信
北马其顿	-43 574 438	0.4707	0.2463	基础设施、农业	基础设施、农业
利比亚	缺失	缺失	0.0897	基础设施	基础设施
阿尔及利亚	-188 498 286	0.1111	0.0815	五年规划、新经济增长模式、2030远景计划	电力、水利、铁路、通信
加蓬	缺失	缺失	0.1780	新兴加蓬	职业教育、木材加工、农业现代化
纳米比亚	-2 144 971	0.0182	0.3165	2030远景、国家发展计划	人力资源、自然资源保护、卫生、港口、铁路、知识信息和技术
南非	-2 003 840 309	0.6075	0.0375	2030国家发展规划	公路、铁路、电力、港口
萨摩亚	-2 296 158	0.2844	2.8140	2016~2020农业发展计划	农渔业、先进农机设备

注：IP_RP表示知识产权使用费收支差（现价美元），IP_P/GDP表示知识产权使用费（支付）占GDP比重（%），TCG/GNI表示技术合作捐助占GNI比重（%）。

资料来源：根据世界银行相关数据计算及中国一带一路网、投资指南整理而来。

3.2.4 科技创新与超越阶段

技术引进贯穿一国技术成长全过程，它极大地缩短了技术落后国技术发展历程并减少了技术研发带来的高额支出[132]。通过不同层面、不同领域、不同形式和不同结构的技术引进，到消化吸收再创新（适应），各国在某些技术领域已能够接近其他技术领先国,技术开发、运用与保护具备了一定的自主操作能力。但核心技术受制于人是处于这一发展阶段国家最大的短板。而解决这一困局的最佳方法是各国主动全面提升其科技创新能力,这里的科技创新能力包含了本书所述的吸收创新能力和自主创新能力,其中后者是攻克关键技术的必由之路。

由于本书以高收入国家划分科技创新与超越阶段,因此,这一阶段既包含科技发达的欧盟国家成员国,也包含一些经济实力强悍的中东国家。由表 3-7 可知,部分国家依靠良好的国内环境,较快地实现了科技强盛目标,完成了工业化,政策长期在工业制造、清洁能源、医疗服务等领域发挥引导作用。但这些国家基础设施往往过于陈旧,亟须完善。经济强国,往往依靠引进他国先进技术和自主研发等实现科技超越,这些技术往往以国内需求为特征,具有较强的适应性。本书认为依靠强大的经济基础,实现科技飞跃与创新,抑或依靠先进的科技维持经济强盛是这一阶段各国科技发展的主要表现。

表 3-7　"一带一路"沿线高收入国家知识产权使用费收支、技术合作捐助和科技政策情况

国家	IP_RP（现价美元）	IP_P/GDP（%）	TCG/GNI（%）	科技发展相关政策或规划	政策或规划强调的主要发展领域
韩国	-2 115 600 000	0.6045	0.0000	新北方、新南方、5年规划	民生、公平、能源、铁路、港口
沙特阿拉伯	缺失	缺失	0.0000	2030 愿景、国家转型计划	非石油产业设备、可再生能源、数字经济、物流
以色列	-118 800 000	0.3962	0.0000	教育、能源、高科技规划	通信、交通、医疗、教育
希腊	-271 813 040	0.1734	0.0000	投资计划	能源、交通、基础设施、信息
卡塔尔	缺失	缺失	0.0000	2030 愿景	基础设施、教育
阿联酋	缺失	缺失	0.0000	经济多元化战略	产能合作
阿曼	缺失	缺失	0.0000	九五计划	制造业、物流、旅游、基础设施

续表

国家	IP_RP （现价美元）	IP_P/GDP （%）	TCG/GNI （%）	科技发展相关 政策或规划	政策或规划强调的 主要发展领域
科威特	缺失	缺失	0.0000	五年发展规划	发电、海水淡化、清洁能源、石油化工
塞浦路斯	−16 764 072	0.0860	0.0000	能源、工业发展计划	能源开发利用
巴林	缺失	缺失	0.0000	2030 战略	金融、物流
新加坡	−11 552 256 640	6.1216	0.0000	未来 5~10 年愿景	创新、精深技能、合作
文莱	−26 523 073	0.2187	0.0000	2035 宏愿	教育、食品药品、可再生能源
安提瓜和巴布达	−3 683 086	0.2403	0.0263	中长期战略发展规划	公共服务水平、旅游
特立尼达和多巴哥	−44 195 190	0.2081	0.0000	国家全面发展战略规划、国家基础发展计划	基础设施
巴拿马	−42 500 000	0.0749	0.0375	2030 国家物流战略	物流
智利	−1 524 028 911	0.5690	0.0190	2014~2018 施政纲领、稳增长促创新提高生产力计划	矿业、旅游业、农牧渔业
乌拉圭	−77 948 289	0.2012	0.0233	基础设施发展战略规划	基础设施（能源、交通、教育、医疗、养老）
波兰	−2 521 000 000	0.5895	0.0000	2014~2020 农村发展计划、负责任的发展计划	农业、新材料、新能源、再工业化
立陶宛	−36 808 287	0.1435	0.0000	立陶宛 2030	智能化
爱沙尼亚	−41 398 909	0.2364	0.0000	2014~2020 企业活动发展战略	智力投入、高铁
拉脱维亚	−38 550 951	0.1497	0.0000	2014~2020 拉脱维亚国家发展规划	林业、农业

续表

国家	IP_RP（现价美元）	IP_P/GDP（%）	TCG/GNI（%）	科技发展相关政策或规划	政策或规划强调的主要发展领域
捷克	-819 772 748	0.5755	0.0000	下一代互联网发展规划、捷克工业4.0倡议	互联网和数字经济
斯洛伐克	-592 012 698	0.6408	0.0000	2016~2020施政目标	教育、创新、知识型经济
匈牙利	225 674 738	1.1258	0.0000	新塞切尼计划	信息通信、可再生能源
斯洛文尼亚	-183 609 615	0.5047	0.0000	2015~2020国际化计划、私有化	汽车产品制造、水电、交通运输
克罗地亚	-250 980 907	0.5561	0.0000	智能专门化战略	旅游、海洋、能源
马耳他	-189 748 560	4.1565	0.0000	2019~2021三年战略计划	区块链技术、旅游、消除贫困
奥地利	-456 097 846	0.3982	0.0000	科研和创新发展战略	工业、服务业
塞舌尔	-329 676	0.1143	0.2443	蓝色经济	旅游、渔业
纽埃	缺失	缺失	缺失	缺失	缺失
新西兰	-495 217 619	0.4149	0.0000	30年基础设施建设计划	旅游基础设施、畜牧业（乳制品）

注：IP_RP表示知识产权使用费收支差（现价美元），IP_P/GDP表示知识产权使用费（支付）占GDP比重（%），TCG/GNI表示技术合作捐助占GNI比重（%）。
资料来源：根据世界银行相关数据计算及中国一带一路网、投资指南整理而来。

3.3 "一带一路"沿线国家科技竞争力及其比较

由第2章科技竞争力评价的文献综述可知，目前世界上评价一国竞争力或创新能力最权威的机构是WEF、IMD和WIPO。这些机构评价侧重点、方法、对象均有所不同，评价对象中，涉及"一带一路"沿线国家最多的是WEF和WIPO基于全球绝大多数国家的评价。本节将根据其评价结果对"一带一路"沿线国家科技竞争力水平进行分析,对各国科技实力进行比较,以研究区域内及区域间各国科技创新差异特征。

3.3.1 "一带一路"沿线国家科技竞争力要素构成

虽然各评价机构对一国科技竞争力的关注点不同,但其评价要素总是围绕科技投入与产出构建。自 1989 年起,IMD 每年出版《世界竞争力年鉴》(以下简称《年鉴》),多年来成为政府和企业决策者、学术研究者掌握各国竞争力表现不可或缺的工具。《年鉴》从经济表现、政府效率、营商效率、基础设施 4 个要素和包含 260 个指标的评价体系对 63 个经济体进行评价。4 个主要要素中,最能反映一国科技竞争力情况的要素是基础设施;至今,WEF 已连续 40 多年出版发行《全球竞争力报告》,是一国改革决策的重要参考。其与时俱进的评价方法和理论,保证了评价过程的客观性和结果的科学性。该报告评价指标主要由 4 大要素构成,分别是有利环境、人力资本、市场和创新生态,4 大要素涉及 12 个支柱的 98 个指标,对 140 个国家和地区进行了竞争力评价。《世界竞争力报告》关于科技竞争力评价指标在 4 大要素中均有涉及,如有利环境要素中 ICT 运用、基础设施,人力资本要素中劳动力受教育程度和质量,创新生态的全部子要素。2018 年 7 月,WIPO 第 11 次发布《全球创新指数》,该报告以创新投入和产出视角下 8 个子要素的 80 项指标对 126 个经济体创新能力进行了详细量化评估,与科技竞争力关系最直接的要素是创新环境、人力资本和研发、商业成熟度、知识和技术产出,如表 3-8 所示。

表 3-8　权威评价机构科技竞争力评价要素特点及涉及沿线国家数量　　单位:个

报告名称	发布机构	要素构成	指标特点	评价对象数量	"一带一路"沿线国家数量
《全球竞争力报告》	WEF	有利环境、人力资本、市场、创新生态	框架4.0,首次引入创意、企业文化、开放性和灵活性指标	140	99
《世界竞争力年鉴》	IMD	经济表现、政府效率、营商效率、基础设施	指标包括定量计算、经验判断	63	38

续表

报告名称	发布机构	要素构成	指标特点	评价对象数量	"一带一路"沿线国家数量
《全球创新指数》	WIPO	创新投入（制度、人力资本和研发、基础设施、市场成熟度、商业成熟度）、创新产出（知识和技术产出、创意产出）	指标数据可用性高、每个支柱的至少两个分支柱可计算	126	91

注：数据截至2019年6月。

现有研究对国家科技竞争力要素构成有了完整的认识，多见于在参照上述研究成果的基础上加以适应性的调整或改进。童书兴（1994）[133]认为提高产生和利用科技的能力、加大研发投入、提升研发人才素质、强化企业在研发过程中的主体作用、创造有利于创新的环境、加强各个层面的科研合作是发达国家发展科技和提高国际竞争力的共同特征。玄兆辉等（2018）[134]提出科技强国体现在卓越的科学发现能力、技术创新能力、成果转化能力、驱动发展能力和国际竞争能力上。穆荣平等（2017）[135]、柳卸林等（2018）[136]提出建设科技强国需要从顶层设计、原始创新、产业创新体系、战略科技力量布局、创新能力布局、体制机制改革、人才队伍建设、开发合作和以企业为主的创新等方面长远打算。张志强等（2018）[137]认为建设科技强国受科技投入强度、基础研究、战略性产业、社会环境等影响。本书认为国际权威机构关于一国竞争力的评价是系统、全面、科学的，但一国以此制定相应改革政策，还需要考虑本国发展特征遴选或增加更多适合本国实际的要素指标。综上所述，为了反映"一带一路"沿线国家科技竞争力要素特征，本书在参考学者对发展中国家或新兴经济体科技竞争力相关研究成果和权威机构评价过程中各要素指标数据的完整性的基础上，遴选出较适宜表征"一带一路"沿线国家科技实力的要素指标，如表3-9所示。

表3-9 适宜"一带一路"沿线国家科技实力评价的要素选择

报告名称	科技竞争力密切相关要素	子要素指标
《全球竞争力报告》	有利环境、人力资本、创新生态	知识产权保护、ICT运用子要素、劳动力素质、创新能力

续表

报告名称	科技竞争力密切相关要素	子要素指标
《世界竞争力年鉴》	基础设施	技术基础设施、科学基础设施
《全球创新指数》	全要素	全要素

3.3.2 "一带一路"沿线国家科技竞争力状况

3.3.2.1 "一带一路"沿线国家科技竞争力总体情况

通过 3.3.1 节分析可知，现有研究对反映一国科技竞争力要素构成已有成熟认知，本书在延续这些研究结论的同时，遴选权威机构研究指标中最能反映一国科技竞争力的综合指标，以对"一带一路"沿线国家当前科技竞争力总体状况作出分析。指标遴选遵循三个原则：一是指标由权威机构提出，并被外界认可；二是指标反映得直观、准确，指标数据可获得性强；三是相关研究对象中包含更多的"一带一路"沿线国家。因此，本书选择《全球竞争力报告》中创新能力子要素和《全球创新指数》全要素分别研究相关国家科技竞争力情况[①]。其中，《全球竞争力报告》以世界竞争力指数 4.0（GCI 4.0）为总体评价依据，其大致方法是对测度指标得分依据权重比例加权平均。各指标分值设定在 0~100，指标计算公式如式（3.5）所示：

$$S_{i,c} = \left(\frac{v_{i,c} - wp_i}{f_i - wp_i} \right) \times 100 \tag{3.5}$$

式（3.5）中，$v_{i,c}$ 表示 c 国对应指标 i 的值，f_i 表示指标 i 最好的可能结果，wp_i 表示指标 i 最低可接受的值。《全球创新指数》报告相关指标测度与 GCI4.0 具有相似性，各指标及综合指标值设定在 0~100，指标权重设置不尽相同。由于指标数据类型不一，数据处理较为繁杂，异常值处理依据式（3.6）进行：

$$S_t = \ln\left[\frac{(Max \times f - 1)(e\_v - Min)}{Max - Min} + 1 \right]^{12} \tag{3.6}$$

式（3.6）中，f 为给定因子，Max 和 Min 是指标样本的最大值和最小值，e_v 为各国实际得分。此公式适用于有五个或五个以上异常值的系列数据

[①] 考虑到 IMD 的《世界竞争力年鉴》获取费用较高，且包含"一带一路"沿线国家较少，故未做相关分析。

处理。除此之外，以式（3.7）进行处理：

$$y_i^{(\lambda)} = [(y_i+1)^\lambda - 1]/\lambda \quad (3.7)$$

式（3.7）中，λ 为给定系数，此处设定为 0.6，y_i 即为 e_v。数据处理完毕后以式（3.8）和式（3.9）对其进行 0~100 分值的统一：

$$S_{Gs} = \frac{e\_v - Min}{Max - Min} \times 100 \quad (3.8)$$

$$S_{Bs} = \frac{Max - e\_v}{Max - Min} \times 100 \quad (3.9)$$

式（3.8）和式（3.9）中，S_{Gs}，S_{Bs} 分别表示较高和较低得分值。本节关注"一带一路"沿线国家得分情况及其得分值进行的排名情况。

从 WEF 的《全球竞争力报告》的评价结果来看，99 个"一带一路"沿线国家全球竞争力逐年提升，竞争力强国往往遥遥领先，并长期稳定保持较高排名。以色列（ISR）、新加坡（SGP）等竞争力强国在全球竞争实力中不可小觑，2014 年至 2017 年间，在全球 140 多个国家中排名一直稳定在第 2 名和第 9 名。韩国（KOR）、卡塔尔（QAT）、奥地利（AUT）、马来西亚（MYS）、新西兰（NZL）等竞争力排名靠前的"一带一路"沿线国家，全球实力均有所波动，但波动幅度较小。从报告来看，绝大多数"一带一路"沿线国家在全球竞争力排名中处于中间或较后位置，而其中大部分国家全球竞争力水平随着其整体实力的提升得到跨越式发展。竞争力排名居中的国家，如印度（IND）、阿塞拜疆（AZE）、泰国（THA）等均保持了较快竞争力提升速度。虽然部分国家受其国内形势或经济发展水平限制，如黑山（MNE）、乌拉圭（URY）、罗马尼亚（ROU）等全球竞争力下滑速度加快，但这些国家整体数量占比较小。全球竞争力排名落后的"一带一路"沿线国家，如也门（YEM）、乍得（TCD）、布隆迪（BDI）、孟加拉国（BGD）等全球竞争实力提升较为平稳，虽然这些国家经济、社会、政治等方面均不稳定，但在国际大力援助和国内治理水平提升的背景下，绝大部分竞争力得到发展。

整体来看，"一带一路"沿线强国在一定时期内均保持了较为稳定的竞争力水平。而竞争力水平居中的"一带一路"沿线国家则表现出明显的不稳定和波动性。一方面反映了这些国家作为推动全球进步的中流砥柱而表现出的活跃程度，另一方面也体现了这些国家在自身竞争力提升上的艰辛历程（如摆脱贫困陷阱、中等收入陷阱等）。全球竞争力水平较为落后的"一带一路"沿线国家同样表现出了竞争力提升平稳的特征，且提升幅度均相对较小，体现了这些国家在困难中求发展的曲折与不易。中国作为最大的发展中国家,得益于创新驱动发展、经济高质量发展等一系列国家战略的实施,全球竞争力水平稳中有升。

与各国全球竞争力情况相比,WIPO 的《全球创新指数》所描绘的"一带一路"沿线国家创新能力情况具有相似的特征。一方面,各国创新能力差异较大;另一方面,观测年份内(2014~2018 年)各国创新能力具有明显的波动性。从具体国家来看,高收入或发达国家(如,新加坡、韩国、以色列等)创新能力随时间变化表现出稳中有升的特征,且这些国家间创新能力差异相对较小。发展中国家或一些新兴市场国家(如,越南、乌克兰、伊朗、菲律宾、印度等)创新能力波动性较大,且各国间创新差异较为明显,表现出较强的异质性。"一带一路"沿线国家中不乏有最不发达国家或非洲经济极为落后国家,这些国家创新能力很低,一定时期内创新能力提升也相对较慢,且创新能力差异受其相似性限制,表现出一定的同质性。

综上所述,"一带一路"沿线各国竞争力和创新能力全球排名的分散情况一方面表明了沿线各国存在差异性的不争事实,另一方面也体现了沿线各国经济发展过程中的艰辛历程,新兴市场或转型经济体往往在这一方面表现得较为明显,显现出较强的异质性。一国综合竞争力或创新能力往往与科技强弱呈正相关关系。通过分析上述报告的研究成果,可以看出其均能够在一定程度上反映一国科技实力情况,相对而言 WIPO 的《全球创新指数》中涉及了更多的科技竞争力指标,为后文各国科技发展状况的研究奠定了基础。

3.3.2.2 "一带一路"沿线国家科技竞争力区域特点

依据 WIPO《全球创新指数》2017 年和 2018 年"一带一路"沿线国家创新能力得分情况,描绘基于区域科技创新特征的箱形图,如图 3 - 3 所示,以反映区域内科技创新水平的最大值(创新强国)、平均值(创新均值)、最小值(创新弱国)等。可以看出,一方面较 2017 年相比,2018 年各区域内"一带一路"沿线国家科技创新能力水平均有所上升,东南亚、北美洲、中亚、非洲等创新潜力较大或能力较弱地区的国家进步速度最快。西亚内陆国、欧盟发达国家、南美洲等区域创新能力提升则较慢。另一方面从各区域内部创新能力来看,各区域内均存在科技创新能力遥遥领先者和极为落后者。东南亚国家新加坡(SGP)、东亚国家韩国(KOR)、西亚国家以色列(ISR)、欧盟国家奥地利(AUT)、东欧国家俄罗斯(RUS)、非洲国家南非（ZAF）等均表现出较强的创新力。整体来看，金砖国家在各自区域内扮演着重要的创新角色。

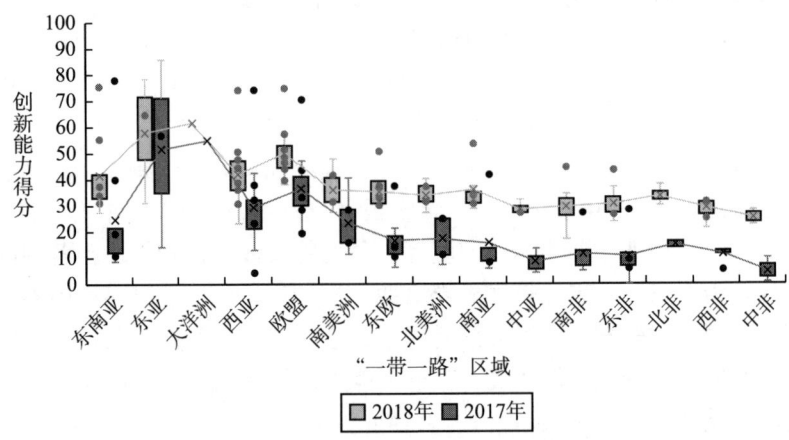

图3-3 2017年和2018年"一带一路"沿线国家区域科技创新能力情况

如图3-4描绘了"一带一路"沿线各区域创新能力的贡献程度和近年来各区域创新能力的变迁情况。欧盟、东欧、东亚和东南亚是"一带一路"沿线科技创新的主要贡献区域，非洲、南美洲、中亚等则是创新能力相对较低区域。同时，创新贡献较高区域历年创新差异也相对较小，表现出相对的稳定性。创新能力较弱区域创新差异变化波动性更大。区域内创新强国的分布较为均匀，为各区域创新起到一定的带动作用。

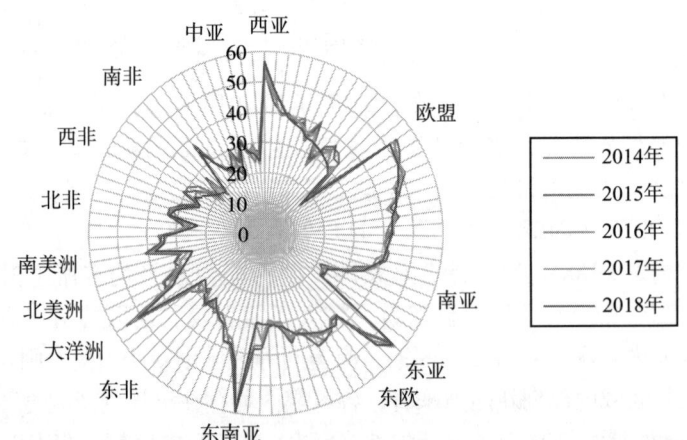

图3-4 2014~2018年"一带一路"沿线国家区域创新能力变化情况

3.3.2.3 "一带一路"沿线国家科技竞争力收入特点

依据世界银行 2018 年对全球经济体收入状态的划分标准，对"一带一路"沿线国家收入情况与其创新能力的关系进行分析，如图 3-5 所示。其中，各国收入水平衡量按照人均 GNI 值判定，为了避免在比较过程中因各国汇率波动带来的差异性，世界银行采用了图表转换因子，其计算公式如式（3.10）所示。

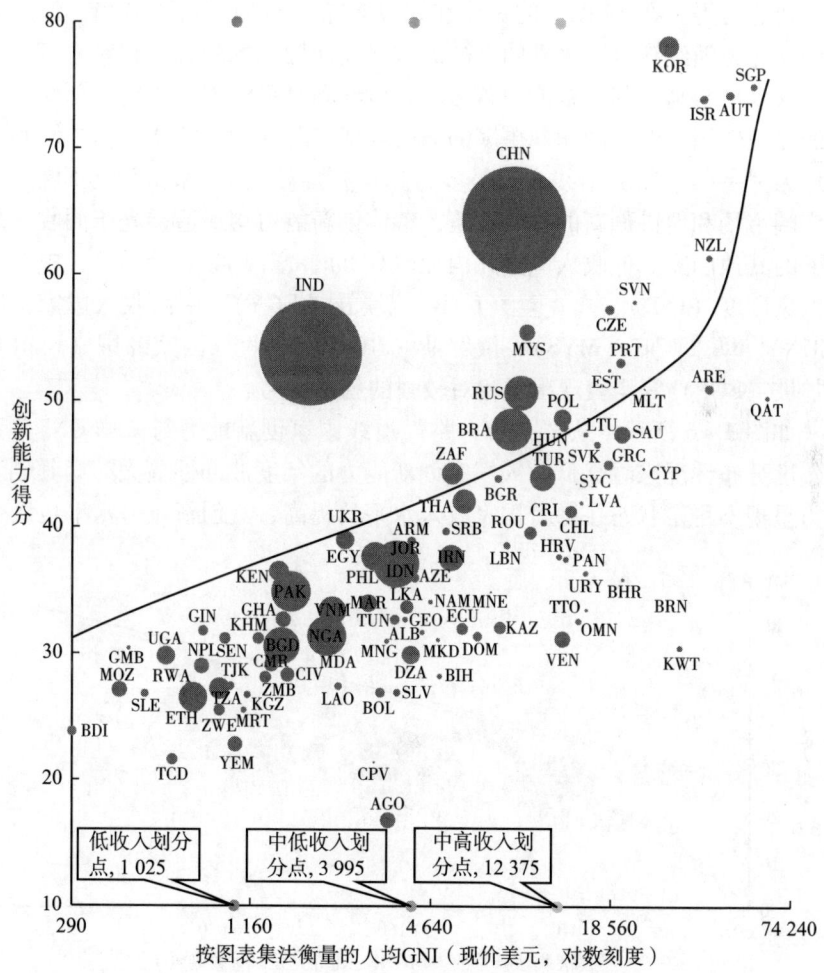

图 3-5 2018 年"一带一路"沿线国家科技创新能力与人均 GNI 关系

$$e_t^* = \frac{1}{3}\left\{ e_{t-2}\left[\frac{p_t}{p_{t-2}} \middle/ \frac{p_t^{S\$}}{p_{t-2}^{S\$}}\right] + e_{t-1}\left[\frac{p_t}{p_{t-1}} \middle/ \frac{p_t^{S\$}}{p_{t-1}^{S\$}}\right] + e_t \right\} \quad (3.10)$$

依据第 t 年转换因子计算 t 年人均 GNI 公式如式（3.11）所示：

$$Y_t^\$ = (Y_t/N_t)/e_t^* \quad (3.11)$$

式（3.10）和式（3.11）中，e_t 为 t 年汇率平均值，p_t 为 t 年 GDP 缩减指数，$p_t^{S\$}$ 为 t 年美元 SDR 缩减指数，Y_t 为 t 年本国汇率计算的 GNI，N_t 为 t 年该国人口数。

总体来看，"一带一路"沿线国家绝大多数处于中低收入或以下水平，且创新能力得分在 50 以下的占比在 85% 左右。同时，可以看出，沿线国家创新能力随经济收入水平的升高而呈现线性增长的趋势。相对而言，经济收入水平越高，其创新能力越强。人口红利对跟随创新或集成创新有一定的促进作用，但一国涌现更多的原始创新与此并无直接联系。中国和印度作为"一带一路"沿线人口最多的发展中国家，近年来依靠其不断开放的广阔市场和促进创新的有效政策，整体创新能力均遥遥领先于同收入分组下的其他国家。低收入国家几内亚（GIN）、塞内加尔（SEN），中低收入国家印度（IND）、乌克兰（UKR）、埃及（EGY），中高收入国家中国（CHN）、马来西亚（MYS）、俄罗斯（RUS），高收入国家韩国（KOR）、新加坡（SGP）等均表现出了相对较强的创新能力。

如图 3-6 所示，从"一带一路"沿线国家创新能力与人均 GNI 关系的年度分布情况来看，低收入国家创新能力的年度波动性更大，即其创新能力呈现不稳定状态。随着国家收入水平的提高，其创新能力水平也缓慢

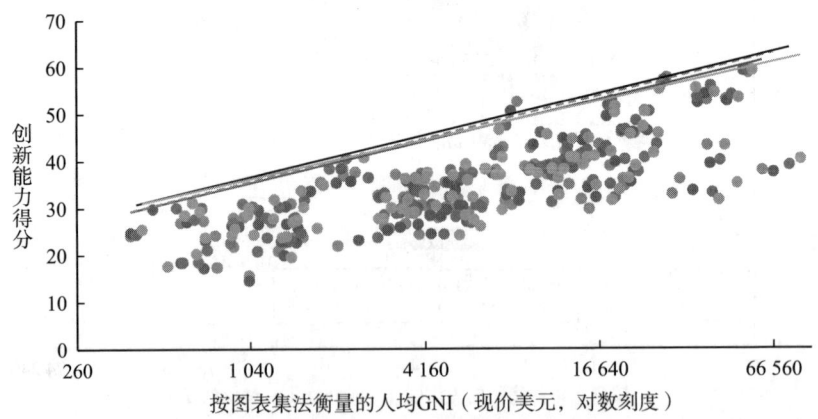

图 3-6　2014~2017 年"一带一路"沿线国家创新能力与收入状态分布情况

提升,当收入水平达到某一临界值时,其创新能力年度变化即呈现稳定提升趋势。这说明,一方面国家经济水平的高低直接影响着其开展创新活动的稳定性和可持续性;另一方面一国创新能力与经济收入的关系只有在某一稳定点后才能相辅相成,相互促进。同时,随经济收入变化,"一带一路"沿线国家创新能力还具有一定的集聚效应,可以简单对应于低中高三个收入状态,即某一收入范围内的"一带一路"沿线国家具有相似的创新能力。

3.3.3 "一带一路"沿线国家科技竞争力比较

3.3.3.1 "一带一路"沿线国家间的比较

前文分析已知"一带一路"沿线国家全球创新能力与其国家收入状态总体上呈正相关关系,但各收入组内创新能力波动较大,此相关关系不完全成立。本小节对各收入组内各国创新能力的时间变迁情况进行分析,如图3-7所示。可以看出,各收入分组创新能力变迁存在差异。高收入以下国家中,收入分组内创新差异随收入水平的提升不断加大。其中,低收入和中低收入水平国家创新能力随时间变迁的幅度最大;低收入国家组内各国创新能力差异最小,中低收入国家次之,中高收入国家组内各国创新能力差异最大,说明这一收入水平国家开展创新活动频繁,竞争力较强。"一带一路"沿线高收入国家创新能力最强,但组内创新变迁差异最小,且

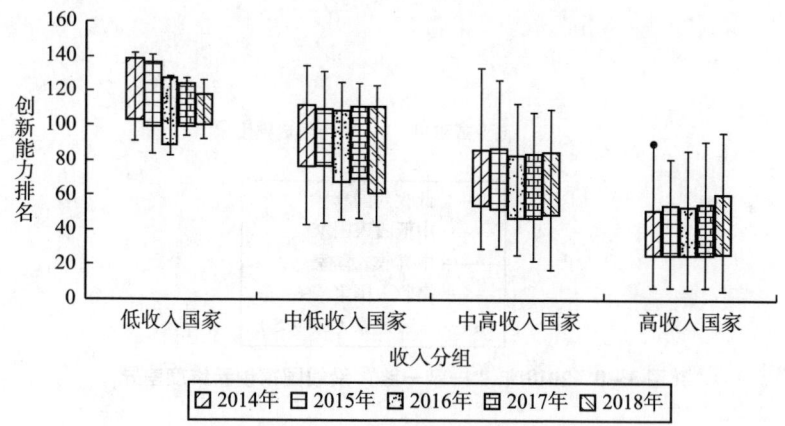

图3-7 2014~2018年"一带一路"沿线国家创新能力时间差异

全球创新优势有减缓趋势。究其原因，一是创新全球化促使全球竞争更加激烈，创新中心缓慢转移，创新"新秀"四起。二是创新动能下降，创新要素向创新更为活跃区域流动，减缓了部分高收入国家（如"一带一路"沿线部分欧洲国家）创新进程。

WIPO从7个维度对一国创新活动进行了详细评价，据此本书分析2018年"一带一路"沿线国家在此维度下的具体表现，如图3-8所示。总体来看，由高收入到低收入，各收入组在7个维度的创新能力依次降低，且在制度、基础设施和市场成熟度方面得分相对较高，人力资本和研发、创意产出、商业成熟度方面得分相对较低。"一带一路"沿线国家中金砖国家（BRICS）在全球创新中扮演重要角色，同时也是区域创新的带动者。除高收入国家外，金砖国家在7大领域均领先于其他"一带一路"沿线国家。特别是在人力资本和研发、知识和技术产出、商业成熟度和市场成熟度方面接近或赶超了沿线高收入国家。

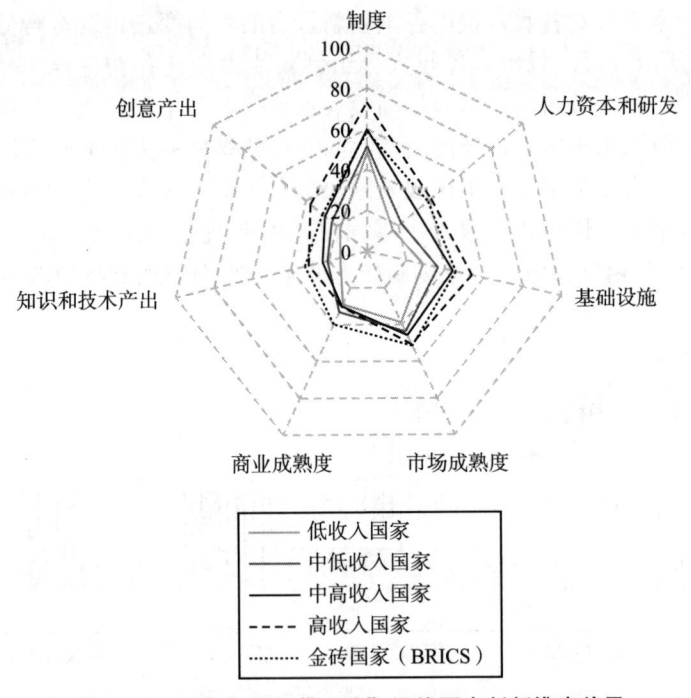

图3-8 2018年"一带一路"沿线国家创新维度差异

3.3.3.2 "一带一路"沿线国家与科技强国的比较

2018年全球创新能力排名前10的国家包括瑞士、荷兰、瑞典、英国、新加坡、美国、芬兰、丹麦、德国和爱尔兰。图3-9对2018年"一带一路"沿线国家与上述10国在7个创新维度的得分情况进行了对比,以反映其存在差距的特征情况。为了避免"一带一路"沿线高收入国家对结果的影响,本书仅就高收入以下国家进行分析。可以看出,"一带一路"沿线国家在人力资本和研发、创意产出、知识和技术产出以及商业成熟度4个维度与创新强国形成较大差距,尤其在人力资本和研发、知识和技术产出方面差异表现更为突出。本书认为上述维度是创新能力评价的核心要素,在一国创新活动过程中扮演重要角色,也是一国科技竞争力的核心体现和重要动能。"一带一路"沿线国家大多数是发展中国家或新兴经济体,人力资本、知识和技术产出等方面还很薄弱。沿线国家中,尤其是一些中高收入国家(如中国、俄罗斯等)近年来对创新发展在这些指标方面所面临的壁垒有了清晰的认识。

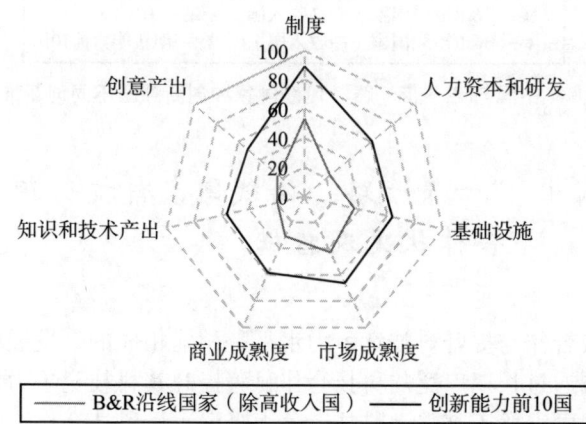

图3-9 2018年"一带一路"沿线国家与创新强国创新维度差异对比

3.3.3.3 "一带一路"沿线国家与中国的比较

中国在"一带一路"沿线国家中扮演着重要的角色,在创新活动中举足轻重。2018年中国创新能力综合得分53.06,综合排名17位。从图3-10的具体创新维度来看,2018年"一带一路"沿线国家除高收入国家在制度维度领先外,其他维度均低于中国,在商业成熟度、知识和技术产出维度差距更为明显。高收入以下沿线国家在人力资本和研发维度与中国差距较大。与创新强国比,中国在知识和技术产出、商业成熟度、基础设施等维度具有明显追赶优势。改革开放 40 多年来,中国在人力资本、知识产出和基础设施建设等领域加强投入,不断开放的市场使得市场环境持续优化,对中国创新能力提升起到至关重要的作用。

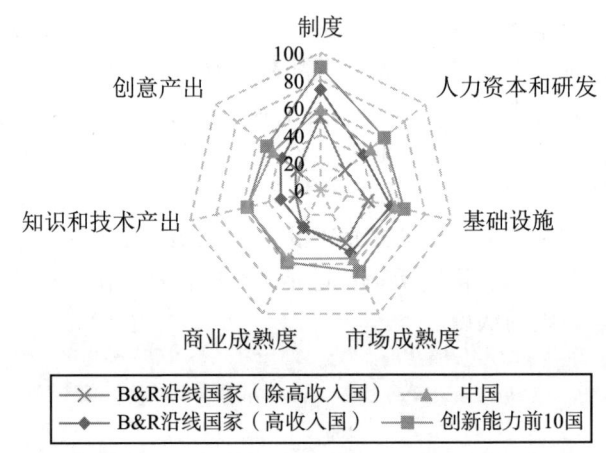

图 3-10　2018 年中国与"一带一路"沿线国家和创新强国不同创新维度差异比较

3.4 "一带一路"沿线国家科技创新合作状况及特征

促进科技合作与提升科技竞争力水平是相辅相成的,发展中国家或科技实力较弱国通过长期广泛的科技合作显著提升其科技竞争力,发达国家或科技实力强国得益于其强大科技竞争力吸引大量科技合作追随者而不断增强其经济实力已成为不争的事实。由前文可知,"一带一路"倡议合作国家中既有占绝大多数的经济实力较弱的发展中国家,也有经济发展势头强劲的新兴经济体和经济实力雄厚的发达国家,科技竞争力水平和科技合作程度不尽相同。因此,按经济水平类别对这些国家科技创新合作的现状、问题障碍和基本特征进行分析,将是本书对"一带一路"沿线国家科技创新合作模式的初步探索,有利于掌握沿线各国科技活动基本脉络和据此探寻其科技创新合作模式形成的一般轨迹。

3.4.1 "一带一路"沿线国家科技创新合作总体情况

3.4.1.1 跨国公司对外投资视角的合作情况

外国直接投资（FDI）是跨国公司对他国市场进行的持续利益投资，以获得对他国企业更多的控制权①。因此，本书认为 FDI 一定程度上反映了国际投资合作的强度，而 FDI 净流入能反映一国市场的开放程度，FDI 净流出则反映一国参与国际投资合作的能力。一般而言，跨国公司选择投资目的地不仅考虑其市场规模、法律监管、开放程度，还考虑其拥有的一流研究机构或提供相关研究的特有资源[138]。FDI 不仅能促进一国经济发展，还因技术转让转移、知识溢出等效应对科技研发产生极大促进作用[139-140]。甚至个别发达国家一度认为 FDI 的公司兼并、收购或并购等可能危及国家安全（如美国外资国家安全审查），其担忧无非是他国对本国敏感设施、信息或技术的"控制"或"窃取"。可见，FDI 一定程度上对国际科技创新合作产生带动作用。本节利用 FDI 净流入和 FDI 净流出两个指标，从跨国公司合作投资的视角测度"一带一路"沿线国家科技创新合作的总体情况。

从"一带一路"沿线国家 FDI 净流入占本国 GDP 比重的年度变迁情况来看，沿线各国吸引外资的能力不断提升，参与外国合作的项目不断增加。同时，低收入国家 FDI 净流入占其 GDP 的比率表现出较为稳定、各国差异较小的趋势，考虑到其 GDP 基数较小因素，认为较多国家开展合作显示出频率低而规模小的特征，且部分国家这一指标值下降，可能与其投资环境恶化有关。中低收入国家间 FDI 净流入占其 GDP 比率呈现较大波动态势，说明这一收入组群下各国吸引外资差异较大，部分国家在对外合作方面走在了相似收入国家的前列，但部分国家国际合作形势依然严峻。中高收入国家 FDI 净流入占其 GDP 比率波动性较小，说明这一收入组群国家开展国际合作的稳定性较好。但各国间这一指标依然有一定差距，说明各国开展国际合作的程度参差不齐。整体而言，发展中国家已成为外国投资的理想目的地，各发展中国家对 FDI 的争夺日趋激烈。高收入国家成熟的市场环境使得 FDI 占比保持了较高的水平，但部分国家这一比

---

① 参考美国商务部、国际货币基金组织定义。

率呈现连年下跌态势，究其可能原因一是其经济形势不景气；二是其提升投资限制，采取了保护本国贸易策略。

"一带一路"沿线国家 FDI 净流出占其 GDP 比重的年度变化趋势表明，除高收入国家外，其他国家主动寻求国际合作的程度并不高。但寻求国际合作的积极性（年度变化情况）在不断增强。总体来看，由低收入国家到高收入国家这一指标呈现缓慢增长态势，经济强国在对外合作投资上占有明显优势。但不应忽略"一带一路"沿线高收入以下国家对外合作投资的长尾效应。同时，部分高收入国家对外合作投资的比重也在不断收紧，这与其经济下行压力的增加，对外投资回报率降低等因素有着密切联系。

综上所述，高收入国家依然是"一带一路"沿线主要的投资合作主导者。"一带一路"沿线发展中国家，尤其是转型经济体是投资合作的主要参与者。经济收入水平的高低直接决定了其参与国际合作的程度和水平。经济活跃的发展中国家不仅积极吸引外资合作，还加快推动国内企业走出去，部分高收入国家则有相反趋势。

3.4.1.2 高科技和 ICT 服务进出口视角的合作情况

高科技进出口是一国科技国际合作的重要指标，高科技进口能够体现一国对外技术的依赖程度，而高科技出口则能体现一国科技在世界范围内的水平和影响程度。高科技进出口的均衡程度既能体现一国科技活动的活跃程度，也能体现一国开展国际科技合作的水平。随着物联网、大数据、云计算、人工智能产业的飞速发展和 5G 技术的不断应用，ICT 领域的创新发展越来越被各国重视。国际电信联盟（ITU）认为 ICT 催生的大量创新将不断改变现有企业、政府和社会的工作方式，为人类可持续发展作出巨大贡献。同时，ICT 创新应用已成为国际科技合作重要领域之一，不仅体现在为满足一国 ICT 基础设施建设而开展各项合作，而且不断上升为以实现客户价值、增强客户体验为目的的各种服务的创新合作，前者表现在 ICT 商品（设备）出口，后者表现在 ICT 服务出口。基于此视角，本节从高科技进出口、ICT 进出口和 ICT 服务进出口三个方面对"一带一路"沿线国家科技创新合作情况进行分析。

（1）高科技进出口合作情况。从"一带一路"沿线国家高科技进出口情况来看，"一带一路"沿线国家高科技进出口占出口总额的比例具有明显的差异性，且这种差异随收入状态的升高而不断增大，相对而言，国家收入越高其对外出口高科技产品活动越频繁。中高收入国家在高科技进出口合作上具有明显优势。同时，沿线国家对高科技进口的依赖表现强烈，中低收入以下国家对高科技进口的依赖明显高于其他国家。中高收入国家中，中国（CHN）、马来西亚（MYS）、泰国（THA）、土耳其（TUR）等，高收入国家中捷克（CZE）、韩国（KOR）、新加坡（SGP）、匈牙利（HUN）等在高科技对外合作方面表现突出，高科技进出口相对较为均衡或出口大于进口。

（2）ICT产品进出口合作情况。从"一带一路"沿线国家ICT产品进出口情况可以看出，"一带一路"沿线国家ICT产品进出口与高科技进出口情况有着类似的表现。总体来看，绝大多数"一带一路"沿线国家依赖ICT产品进口，且这种依赖程度随着经济收入水平的升高缓慢减小。菲律宾（PHL）、中国（CHN）、马来西亚（MYS）、新加坡（SGP）、斯洛伐克（SVK）、马耳他（MLT）等国既是ICT产品的主要出口国，也是主要的ICT产品消费国。高收入国家ICT产品进出口更为均衡，且其对外出口比例总体大于其他非高收入国家。

（3）ICT服务进出口合作情况。对"一带一路"沿线国家ICT服务进出口情况的研究发现，ICT服务进出口与产品进出口大有不同，ICT服务出口总体上呈现上升态势，高收入国家ICT服务出口占明显优势。中高收入国家ICT服务出口进步最大且较为平稳，对高收入国家产生一定冲击。同时，"一带一路"沿线国家ICT服务出口远远低于ICT产品出口份额。大多数ICT国际合作还停留在下游产品买卖合作层面，在技术合作层面依然从属于其他技术强国。"一带一路"沿线国家如何将制造业由生产或流通的成本优势向技术优势转变，成为其经济高质量发展的关键。

世界银行的统计结果表明，ICT产品出口增长率放缓，服务出口增长率持续走高。成为ICT商业出口的主要增长点。一方面，ICT产品保有量和需求量接近饱和，全球ICT市场空间减小；另一方面，受终端数量增加和网络条件改善的影响，ICT服务市场前景广阔，增长势头强劲。这为"一带一路"沿线国家带去的信号是：作为占有ICT制造份额最大的发展中国家，如何提升产品技术含量，增强技术服务水平是各国产业转型升级、新旧动能转换要考虑的关键问题。这与上文提及国家创新能力评价的7个维度建设息息相关。

3.4.1.3 专利合作申请视角的合作情况

专利合作申请（international co-inventions）是国际科技合作的重要体现部分，虽然一国专利合作数量相对其专利申请数量较少，但能最直接地描绘一国技术创新活动大致脉络，为科技合作特征研究提供依据。尽管"一带一路"沿线国家开展了一定的专利合作活动，但总体来看，专利合作数量还较少，各国合作程度、范围、水平等均有差异。从国家收入类别来看，国家收入水平越高，其参与专利合作的数量越多。中高收入及以上国家专利合作情况最多，高收入国家专利合作最为乐观。各收入分组中也不乏专利合作的突出者，印度（IND）、突尼斯（TUN）、乌克兰（UKR）、亚美尼亚（ARM）、保加利亚（BGR）、中国（CHN）、奥地利（AUT）、卢森堡（LUX）、新加坡（SGP）在相应收入分组中专利合作具有绝对优势。

从专利合作的区域情况来看，东亚、东南亚、西亚、欧盟地区是专利国际合作的主要区域，这些区域内专利合作的差异也相对较大，存在合作的"佼佼者"。"一带一路"倡议得到绝大多数非洲国家积极参与，但其国际专利合作数量和水平还不容乐观。沿线部分北美洲、南美洲和东欧国家虽然开展了相对较少的专利合作活动，但整体来看，各国合作的差异较小，区域内专利合作稳定性较好。

为了能够进一步反映"一带一路"沿线国家专利合作的具体特征，本节还对"一带一路"沿线国家专利合作的网络特征、合作占比、主要合作者和参与者等进行详细分析。按照合作专利受理的单位或性质，将其分为在美专局（USPTO）、欧专局（EPO）和PCT下申请的3种情形研究。此外，由于低收入国家主导或参与的专利合作量极少（USPTO、EPO、PCT下类似），因此本节仅分析中低收入以上国家专利合作特征。

对"一带一路"沿线国家在美专局的专利合作情况分析发现，美专局专利合作量最多，合作网络密集复杂。"一带一路"沿线国家主要以美国、欧盟国家、日韩、加拿大、新加坡等为合作对象，中国与沿线国家合作的数量相对较少，重点合作者包括印度、俄罗斯、韩国和新加坡。乌克兰、菲律宾、埃及、印度尼西亚、新加坡等国合作专利占比均超过50%，对外依存程度较高。韩国、中国、以色列、意大利合作发明占总发明比例相对较低，且总发明量较大，表明其自主研发能力相对较强，如表3-10所示。

表 3-10　"一带一路"沿线国家在美专局（USPTO）下合作申请专利基本特征　　单位：%

收入类型	国际合作发明排名前5的国家	合作发明占总发明比重	主要合作国家（地区）
中低收入国家	印度（IND）	45.95	美国（2 678）、欧盟28国（351）、德国（127）、加拿大（102）、英国（76）、韩国（70）
	乌克兰（UKR）	58.52	美国（56）、欧盟28国（25）、德国（13）、奥地利（5）、韩国（3）、澳大利亚（2）
	菲律宾（PHL）	56.91	美国（45）、新加坡（9）、日本（7）、欧盟28国（5）、韩国（3）、泰国（3）
	埃及（EGY）	59.30	美国（28）、欧盟28国（15）、沙特阿拉伯（8）、爱尔兰（4）、英国（4）、德国（4）
	印度尼西亚（IDN）	75.00	美国（22）、新加坡（11）、欧盟28国（8）、日本（6）、德国（5）、印度（4）
中高收入国家	中国（CHN）	16.77	美国（1 929）、欧盟28国（487）、中国台北（280）、德国（190）、日本（189）、加拿大（145）、新加坡（88）
	俄罗斯（RUS）	45.65	美国（219）、欧盟28国（70）、新加坡（35）、以色列（30）、中国（26）、英国（20）、德国（19）
	巴西（BRA）	40.31	美国（186）、欧盟28国（51）、法国（14）、德国（12）、加拿大（12）、英国（11）
	马来西亚（MYS）	49.16	美国（102）、欧盟28国（30）、新加坡（18）、德国（16）、泰国（10）、日本（9）
	南非（ZAF）	48.09	美国（79）、欧盟28国（38）、英国（15）、印度（14）、德国（10）、法国（9）
高收入国家	以色列（ISR）	26.86	美国（1 100）、欧盟28国（234）、英国（60）、德国（55）、加拿大（50）、印度（45）
	韩国（KOR）	4.19	美国（460）、欧盟28国（156）、日本（95）、印度（70）、新加坡（69）、德国（65）
	意大利（ITA）	28.53	美国（458）、欧盟28国（375）、德国（123）、瑞士（86）、法国（71）、英国（57）
	新加坡（SGP）	53.00	美国（331）、欧盟28国（140）、日本（105）、中国（88）、韩国（69）
	奥地利（AUT）	39.14	欧盟28国（494）、德国（357）、美国（137）、瑞士（79）、英国（37）、法国（26）

资料来源：笔者根据 OECD Statistics 数据整理而来。

对"一带一路"沿线国家在欧专局的专利合作情况分析发现,"一带一路"沿线国家在欧专局下专利合作数量相比美专局较少,且主要合作者中欧盟国家最多,应为沿线国家专利合作申请的便捷性考虑。中国、巴西、土耳其、奥地利、意大利等国合作申请比例较低。马来西亚、乌克兰、斯里兰卡等国合作申请比例较高。这些国家专利申请总量较大,从而能够体现其专利合作的依存度,即自主研发能力,如表3-11所示。

表3-11 "一带一路"沿线国家在欧专局(EPO)下合作申请专利基本特征 单位:%

收入类型	国际合作发明排名前5的国家	合作发明占总发明比重	主要合作国家(地区)
中低收入国家	印度(IND)	40.43	美国(446)、欧盟28国(214)、德国(81)、英国(31)、法国(28)、日本(22)
	乌克兰(UKR)	62.34	美国(28)、欧盟28国(28)、德国(23)、韩国(8)、法国(4)、瑞士(2)
	埃及(EGY)	54.55	欧盟28国(6)、英国(3)、美国(2)、法国(2)、沙特阿拉伯(2)、德国(1)
	斯里兰卡(LKA)	69.23	欧盟28国(6)、英国(3)、美国(2)、法国(1)、德国(1)、瑞士(1)
	菲律宾(PHL)	88.89	美国(5)、欧盟28国(2)、印度(2)、德国(1)、韩国(1)、瑞士(1)
中高收入国家	中国(CHN)	13.90	美国(472)、欧盟28国(322)、德国(118)、日本(75)、瑞典(48)、英国(44)
	巴西(BRA)	37.07	欧盟28国(49)、美国(48)、法国(13)、德国(10)、英国(6)、奥地利(6)
	俄罗斯(RUS)	36.90	欧盟28国(48)、美国(33)、德国(21)、英国(12)、加拿大(10)、意大利(8)
	马来西亚(MYS)	63.00	欧盟28国(24)、美国(24)、德国(11)、新加坡(6)、英国(5)、瑞士(4)
	土耳其(TUR)	10.08	欧盟28国(39)、德国(26)、美国(13)、法国(4)、英国(3)、西班牙(3)

续表

收入类型	国际合作发明排名前5的国家	合作发明占总发明比重	主要合作国家（地区）
高收入国家	奥地利（AUT）	27.58	欧盟28国（491）、德国（299）、瑞士（130）、美国（43）、芬兰（31）、瑞典（31）
	意大利（ITA）	13.08	欧盟28国（380）、德国（126）、美国（124）、瑞士（97）、法国（80）、英国（45）
	以色列（ISR）	17.36	美国（173）、欧盟28国（82）、德国（33）、英国（17）、法国（11）、俄罗斯（8）
	韩国（KOR）	4.01	美国（98）、欧盟28国（81）、德国（35）、日本（31）、印度（18）、中国（17）
	新加坡（SGP）	48.40	美国（77）、欧盟28国（62）、日本（25）、中国（23）、德国（20）、瑞士（18）

资料来源：笔者根据OECD Statistics数据整理而来。

一般认为，PCT专利具有技术含量和整体质量较高的特点，也是各国争相申请的方向，能够最贴切地代表一国技术创新能力[141]。总体来看，"一带一路"沿线国家PCT专利申请的自主性要高于其他专利，即PCT专利合作申请占比整体较低。美国是沿线国家合作申请PCT专利的主要国家。同时，沿线国家与发展中国家合作申请的PCT专利数量明显低于其他合作申请，已有的合作对发达国家（或高收入国家）依附作用体现较为明显，如表3-12所示。

表3-12　　"一带一路"沿线国家合作申请PCT专利基本特征　　单位：%

收入类型	国际合作发明排名前5的国家	合作发明占总发明比重	主要合作国家（地区）
中低收入国家	印度（IND）	31.22	美国（506）、欧盟28国（215）、德国（77）、瑞士（32）、英国（30）、荷兰（28）
	乌克兰（UKR）	30.53	美国（15）、欧盟28国（13）、俄罗斯（8）、德国（5）、瑞士（2）、韩国（2）

续表

收入类型	国际合作发明排名前5的国家	合作发明占总发明比重	主要合作国家（地区）
中低收入国家	印度尼西亚（IDN）	77.27	欧盟28国（6）、德国（3）、日本（3）、意大利（3）、印度（3）、美国（2）
	菲律宾（PHL）	44.83	美国（4）、欧盟28国（3）、德国（3）、日本（2）、乌克兰（2）、印度（1）
	斯里兰卡（LKA）	54.17	美国（3）、欧盟28国（3）、印度（3）、新加坡（3）、法国（2）、中国（2）
中高收入国家	中国（CHN）	5.80	美国（793）、欧盟28国（391）、日本（216）、德国（142）、英国（88）、中国香港特区（76）、瑞典（65）
	俄罗斯（RUS）	23.74	美国（155）、欧盟28国（42）、中国（42）、以色列（37）、德国（21）、韩国（12）
	巴西（BRA）	21.10	美国（69）、欧盟28国（52）、德国（20）、瑞典（10）、法国（7）、加拿大（5）
	马来西亚（MYS）	28.72	美国（34）、欧盟28国（23）、德国（12）、新加坡（9）、英国（5）、日本（5）
	南非（ZAF）	20.19	欧盟28国（25）、美国（22）、英国（13）、加拿大（7）、德国（3）、法国（3）
高收入国家	奥地利（AUT）	32.02	欧盟28国（428）、德国（264）、瑞士（99）、美国（54）、芬兰（31）、瑞典（31）
	意大利（ITA）	15.71	欧盟28国（341）、美国（161）、德国（113）、瑞士（69）、法国（63）、英国（37）
	以色列（ISR）	18.94	美国（324）、欧盟28国（98）、俄罗斯（37）、德国（24）、西班牙（24）、英国（17）
	韩国（KOR）	2.65	美国（181）、欧盟28国（88）、日本（37）、英国（31）、中国（31）、德国（23）
	新加坡（SGP）	33.62	美国（119）、欧盟28国（80）、中国（36）、德国（34）、日本（21）、瑞士（18）

资料来源：笔者根据OECD Statistics数据整理而来。

总体来看,"一带一路"沿线国家专利合作网络中发达国家占有重要位置,中国与沿线国家专利合作表现并不乐观。沿线部分低收入国家间的合作明显存在一定的地理邻近效应,但长远来看,全球化深入演进,强强合作、市场需求导向、创新要素流动等正在打破地理等限制因素。沿线高收入国家合作发明占总发明的比例明显低于其他国家,表明其技术研发自主性更强。PCT专利申请的自主性高于其他专利申请,体现出PCT专利技术含量较高,技术研发独立性的特点。

3.4.1.4 科学合作研究视角的合作情况

研发支出总量(Gross Expenditure on R&D,GERD)中外国资助占比一定程度上能够反映一国科学研究国际合作的情况。本书认为一国研发支出稳定、持续的情况下,外国资助的研发支出越高,表明该国与外国科研合作越紧密。研究表明,大部分"一带一路"沿线国家开展了力所能及的对外科研合作,外资资助占比保持在相对合理的范围内。低收入国家呈现较高的资助比例,是由于其本国科研支出较少,基数较小的国外援助或对外合作能够对其产生较大的影响。

"一带一路"沿线不同收入分组国家科研支出中外国资助占比的箱形图表明,"一带一路"沿线国家中,高收入国家科研支出中来自外国资助的比例最高(以中位线为依据)。同时,各收入分组均有科研合作突出的强国,高收入国家和中高收入国家中这一些现象最为明显。如图3-11所示。

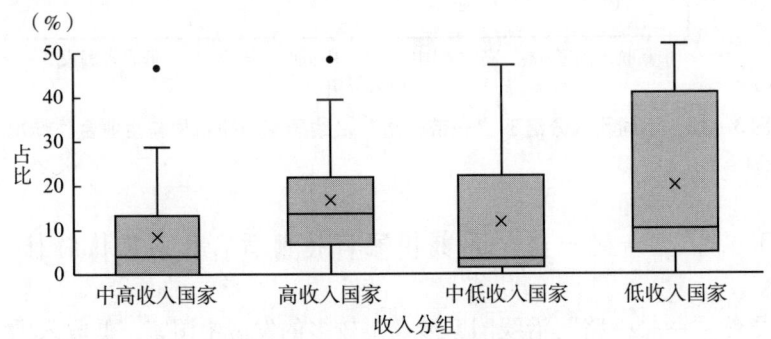

图3-11 不同收入分组国家科研支出中外国资助占比情况

资料来源:UNESCO Institute for Statistics,UIS Statistics,WIPO。

科研机构与企业合作研发情况是产学研合作的重要部分,反映了研究机构成果转化和以市场需求导向的合作情况。本节研究的科研机构代表"一带一路"沿线国家内部科研机构,合作企业既有本国企业,也包括外资企业或国外企业。沿线国家得分或排名以 WEF 对全球各国在该指标的调查结果为主。

如图 3-12 所示,"一带一路"沿线国家产学研合作与其收入状态有直接联系,高收入国家产学研合作活动最为频繁,且各国间合作差异也相对较小。其他收入分组产学研合作程度依次递减。部分低收入国家受研发强国援助或其资源要素吸引,表现出了较高的产学研合作优势。整体而言,具有一定科研能力的"一带一路"沿线国家在全球范围内的产学研合作较为乐观,但大部分沿线国家产学研合作全球排名依然靠后。对比前文分析发现,技术创新能力相对弱的国家,其科学研究能力、科研合作程度、产学研合作程度均较为落后。部分国家如何摆脱科技贫困"陷阱",降低科技"贫富"差距,是其参与"一带一路"倡议期望解决的议题之一。

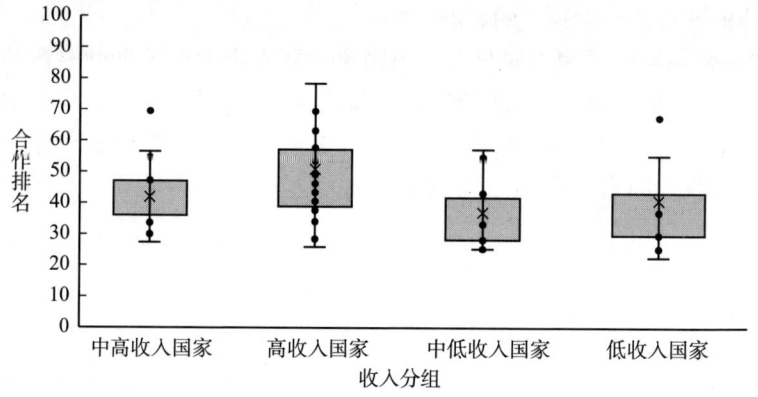

图 3-12　不同收入分组下"一带一路"沿线国家科研机构与企业合作情况
资料来源:WEF。

3.4.2　"一带一路"沿线国家科技创新合作的总体特征

虽然"一带一路"沿线国家涉及了较多的发展中国家、低收入国家或非洲较为落后的国家,但其均进行了"力所能及"的科技创新活动。这些创新活动既有参与合作的,也有主导合作的。通过上文分析和现有研究提炼,本节总结出"一带一路"沿线国家科技创新合作具有如下基本特征。

（1）区域合作差异性明显，科技创新合作层次集聚加深。沿线国家差异性较大，区域合作特征差异明显，表现在区域内部差异和区域间差异。区域内均活跃着某些科技创新合作能力强国，这些国家在各自区域扮演着重要的科技创新合作领导者和示范者。但往往会拉大与区域内其他国家的科技水平，表现出区域内各国科技合作水平和层次的差异性。区域间科技水平差异大，对区域科技合作水平和层次产生较大影响。沿线国家包含了较多的非洲、中东、南美洲国家，其科技合作水平较低，欧洲、东亚、东南亚国家则相对具有更高的科技合作能力。他们在寻求科技合作伙伴、参与合作研发、分享研究成果等均表现出较大的差异性，科技合作水平和层次呈现出明显的区域集聚性。

（2）全球化趋势加深，地理邻近效应存在，但越来越不明显。地理邻近对区域内技术传播与知识扩散起到正向作用。科技合作一定程度上与地理邻近有较大的联系。但经济全球化趋势不断加深的今天，地理邻近对科技合作的影响越来越不明显。"一带一路"沿线国家参与合作的主要国家中，具有明显特征的是相关技术领先或面临科学问题相似。地理邻近对科技合作有一定促进作用，但与先进技术交流合作从不受限于区域。

（3）高科技合作限制较大，科技服务依赖程度上升。"一带一路"沿线国家虽包含了较多发展中国家，但各国对高科技产品的需求依然旺盛。高科技产品往往来自发达国家，他们对高科技产品技术的限制苛刻，并因此为其他使用国提供技术支持。沿线国家很大程度依赖于发达国家提供的高科技技术服务。摆脱这种局面的核心是提升自身自主创新能力，在引进高新技术上不抱任何幻想。

（4）科技合作中的"依赖"与"保护"，在促进部分技术弱国引进吸收再创新的同时，也可能置身技术"贫困"陷阱，难以脱身。一方面部分沿线国家高度依赖于与其他科技强国的合作上，成为技术强国主要的技术服务市场。这对于一些技术弱国而言，一定程度上能够解决现实问题，并促进其技术进步。但对于一些经济转型、新兴市场国家而言，他们对技术水平要求更高，技术强国的技术保护政策和本国有限的研发创新能力可能使其无法摆脱技术"贫困"陷阱。

3.5 本章小结

本章首先在分析"一带一路"沿线国家科技发展历程和竞争力现状的

基础上，对各国科技合作水平和特征进行了分析。研究结果体现在"一带一路"沿线国家科技水平差异大，串联各国科技发展现状，大致能够诠释出一部人类科技发展史。沿线国家处在不同的发展节点上，显示出不同的科技诉求。总体来看，沿线国家科技竞争力参差不齐，总体能力较弱，处于世界较低水平。科技合作受制于其科技实力表现出一定的不确定性、集聚性、差异性和依附性。"一带一路"沿线国家，尤其是高收入以下国家"力所能及"地开展了较多合作，但部分内部或外部的障碍较大程度上限制了其提升自身科技能力的步伐。科技合作的终极目标是提升合作双方自身能力或满足彼此利益，这个过程中尽管会遇到不少障碍，但这正是技术弱国向技术强国跃升发展史上不可逾越的阶段，应当积极参与和正确应对。

上述结论，基于较为宏观的视角运用一定数据分析，对沿线国家科技竞争力现状和科技合作特征有了基本的认识，为下文研究对象的再筛选、分析视角的细化选择等提供了依据。下文研究将基于以上结论，揭示沿线各国科技创新合作模式更加详细的特征。

第 4 章

"一带一路"沿线国家科学创新合作及影响因素研究

科学论文公开发表是一国科研产出的重要指标[142-144],而合著论文则被广泛应用于衡量一国科学合作程度、水平、模式等[145-147]。对"一带一路"沿线国家合著论文的大数据分析,能够在一定程度发掘各国科学合作中某些个性或共性特征,进而演绎出不同类型国家科学合作的一般模式,并对这些合作模式产生的潜在影响因素进行分析,以便沿线国家进行科学合作时,进行必要的合作环境优化配置和适宜的合作伙伴选择对接。

4.1 研究思路与数据说明

4.1.1 研究思路

前文分析可知,"一带一路"沿线国家科技水平差异相对较大,各国所处的科技发展阶段不一,科技发展特征、问题、障碍等总体上有一定的相似性,但也面临着各国不同需求下科技供给对接、科技信息交换、科技中介服务情况复杂不一等问题。合著科学论文包含了较多可供挖掘的显性或隐性信息,能够体现"一带一路"沿线国家科学合作者、合作机构、合作领域、资助机构、主导程度、区域差异、合作变迁等外在特征。同时,通过数据挖掘,也能在一定程度上反映其背后隐性的合作机制。为此,本书按照由总体情况向具体特征分析、由共性特征向个性差异、由显性模式向隐性机制的演进式研究思路对"一带一路"沿线国家科学合作模式进行挖掘。同时,本书致力于解决贯穿本章的几个研究问题有如下五点。

(1)"一带一路"沿线国家科学合作总体呈现怎样特征,各国科学合作差异如何?

(2)"一带一路"沿线国家科学合作水平如何,科学合作水平受哪些因素影响?

(3)"一带一路"沿线国家科学合作网络具有哪些特性,哪些国家在网络中起到关键作用?

(4)"一带一路"沿线国家科学合作呈现何种模式,这些模式对不同收入类别国家有哪些借鉴和启示?

(5)"一带一路"沿线国家科学合作在数量和质量方面有哪些影响因素,如何改善这些因素,使科学合作真正成为提升一国科学水平重要机制?

4.1.2 分析模型

为了全面深入反映"一带一路"沿线国家科学合作模式特征,本书提出从三个维度和两个层面着手研究的理论模型。三个维度包括从"一带一路"沿线国家总体合作特征到更为具体的分国家、分收入类别、分区域特征,从数据表象挖掘的显性特征到数据背后的隐性特征,从较为常见的共性特征到具有借鉴或启发意义的个性特征。同时,研究维度从数量指标到质量指标,并致力于探究相应模式存在的影响因素,及其对其他沿线国家科学合作发展带来的启示意义。具体模型如图4-1所示。

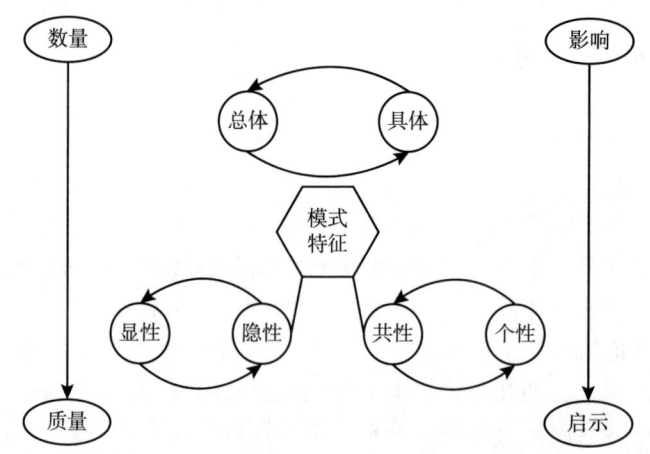

图4-1 "一带一路"沿线国家科学创新合作及影响理论分析模型

4.1.3 数据说明

美国科技信息所（ISI）基于 WEB 开发的 Web of Science 平台包含了三大引文数据库和两大化学数据库，是世界上最权威的科学文献检索平台之一。本书基于此平台检索和下载了"一带一路"沿线国家科学合作的所有论文数据记录，详细情况如表 4 - 1 所示。并对数据进行了清洗和最终构建本地数据库。具体操作如下。

表 4 - 1　　　　　　　　　　检索数据说明

项目	内容
数据来源	ISI - WOS - SCIE
检索策略	CU =（沿线国家 X and 233 个全球其他国家或地区（不包含沿线国家 X））
时间跨度	2009 年 1 月 1 日 ~ 2018 年 12 月 31 日
数据类别	Article
学科领域	全领域
检索数量	2 798 551 条记录

（1）研究对象说明。科学论文发表是科学研究成果同行分享与交流的主要形式，无论国家强弱大小，对科学研究重要程度具有普遍的公认度。"一带一路"沿线国家情况复杂，但均开展了与自身实力相适宜的国际科学合作。为了更为贴切地反映其合作的相关特征，本章对 136 个沿线国家科学合作数据均进行收集和分析。以展现涉及所有"一带一路"沿线国家较为共性的合作模式。但在具体特征分析时，本章着重对具有代表性特征的个性国家进行剖析。

（2）数据检索和下载。由于本章研究"一带一路"沿线国家科学合作模式，该议题度量方案选择沿线国家在国际期刊公开发表合著论文情况。因此，本书定义国际合著论文为论文作者国籍包含沿线国家在内，且国籍数量大于等于 2 的 *Science Citation Index Expanded*（SCI - E）论文。为此，本书设定检索某一"一带一路"沿线国家国际科学合作策略为 CU =（沿线国家 X and 233 个全球其他国家或地区（不包含沿线国家 X）），检索某一类别（如按收入或地区分类）"一带一路"沿线国家国际科学合作策略为：CU =（（沿线国家 1 and 233 个全球其他国家或地区

(不包含沿线国家 1)) or (沿线国家 2 and 233 个全球其他国家或地区 (不包含沿线国家 2)) or……or (沿线国家 N and 233 个全球其他国家或地区 (不包含沿线国家 N))。检索语言设置为 English，文献类型为 Article，检索时间跨度为 10 年 (2009~2018 年)。由于 WOS 中国家名称标记可能存在简写情况 (如 WOS 中俄罗斯常用 Russia，而非 Russian；蒙古国常用 Mongol，而非 Mongolia 等)，为了数据的完整性，本书对 233 个国家或组织的英文名称进行检索训练，找出其 WOS 中的标记形式。最后，按照逐一检索"一带一路"沿线国家科学合作论文的形式，得到论文数量为 2 798 551 篇。

(3) 数据收集和清理。为便于后续数据分析，本书在检索数据时按照分国家逐一进行，并对下载数据按国别逐一收集。进而对各国科学论文合作数据进行清理，清理内容包括去重复、去信息不完整、去其他冗余项 (时间、类型等)。具体包括以下步骤：①"一带一路"沿线国家名称简写与全名重复项进行合并；②对发表机构、作者、地址等信息不全数据进行删除处理；③由于某种原因，即使本书限定了学科领域、数据类别、时间跨度等，但下载数据中依然可能存在约束以外的项，因此对这些数据进行清理。本书全程数据处理手段采用美国佐治亚理工大学艾伦·波特 (Alan Port) 教授等人开发的大数据挖掘与分析软件 VantagePoint (简称 VP)，此软件能对所下载的数据记录进行清洗，并对研究所需数据进行提取。同时，本书对清理后的数据进行人工排查，去除上述冗余数据。清理后数据总量为 2 469 339 篇。具体国家合作数量见表 4-2。

表 4-2　"一带一路"沿线国家科学合作数量情况 (2009~2018 年)　　　　　单位：篇

序号	国家名	国家代码	全球合作数量	序号	国家名	国家代码	全球合作数量
1	阿富汗	AFG	449	10	叙利亚	SYR	2 568
2	塔吉克斯坦	TJK	613	11	尼泊尔	NPL	5 077
3	南苏丹	SSD	57	12	埃塞俄比亚	ETH	9 832
4	索马里	SOM	64	13	坦桑尼亚	TZA	7 280
5	布隆迪	BDI	250	14	乌干达	UGA	7 720
6	塞拉利昂	SLE	577	15	卢旺达	RWA	1 439
7	多哥	TGO	561	16	塞内加尔	SEN	3 286
8	乍得	TCD	229	17	冈比亚	GMB	1 112
9	也门	YEM	1 896	18	几内亚	GIN	1 958

续表

序号	国家名	国家代码	全球合作数量	序号	国家名	国家代码	全球合作数量
19	津巴布韦	ZWE	3 007	52	马耳他	MLT	2 141
20	莫桑比克	MOZ	1 829	53	奥地利	AUT	122 725
21	马达加斯加	MDG	1 925	54	新西兰	NZL	71 421
22	安提瓜和巴布达	ATG	41	55	葡萄牙	PRT	109 606
23	特立尼达和多巴哥	TTO	1	56	意大利	ITA	542 138
24	斯洛伐克	SVK	0	57	卢森堡	LUX	7 366
25	塞舌尔	SYC	350	58	蒙古国	MNG	5
26	纽埃	NIU	6	59	巴勒斯坦	PLE	937
27	巴巴多斯	BRB	582	60	不丹	BTN	387
28	库克群岛	COK	39	61	吉尔吉斯斯坦	KGZ	853
29	韩国	KOR	485 370	62	东帝汶	TLS	58
30	沙特阿拉伯	SAU	94 479	63	萨尔瓦多	SLV	410
31	以色列	ISR	111 709	64	吉布提	DJI	105
32	希腊	GRC	94 039	65	毛里塔尼亚	MRT	236
33	卡塔尔	QAT	11 600	66	佛得角	CPV	190
34	阿联酋	ARE	16 383	67	科特迪瓦	CIV	0
35	阿曼	OMN	5 735	68	安哥拉	AGO	472
36	科威特	KWT	6 849	69	巴布亚新几内亚	PNG	0
37	塞浦路斯	CYP	8 530	70	密克罗尼西亚联邦	FSM	124
38	巴林	BHR	1 492	71	瓦努阿图	VUT	202
39	新加坡	SGP	103 913	72	印度	IND	531 574
40	文莱	BRN	1 143	73	巴基斯坦	PAK	71 688
41	巴拿马	PAN	3 554	74	孟加拉国	BGD	14 822
42	智利	CHL	55 564	75	斯里兰卡	LKA	6 324
43	乌拉圭	URY	7 699	76	乌兹别克斯坦	UZB	3 162
44	波兰	POL	215 037	77	印度尼西亚	IDN	16 176
45	立陶宛	LTU	18 546	78	缅甸	MMR	1 161
46	爱沙尼亚	EST	14 620	79	老挝	LAO	1 287
47	拉脱维亚	LVA	6 041	80	柬埔寨	KHM	2 050
48	捷克	CZE	101 074	81	越南	VNM	24 705
49	匈牙利	HUN	57 698	82	菲律宾	PHL	9 711
50	斯洛文尼亚	SVN	32 141	83	玻利维亚	BOL	1 946
51	克罗地亚	HRV	29 548	84	乌克兰	UKR	44 425

续表

序号	国家名	国家代码	全球合作数量	序号	国家名	国家代码	全球合作数量
85	格鲁吉亚	GEO	5 553	111	黎巴嫩	LBN	9 825
86	摩尔多瓦	MDA	2 347	112	约旦	JOR	12 508
87	埃及	EGY	86 204	113	伊拉克	IRQ	8 813
88	苏丹	SDN	3 344	114	哈萨克斯坦	KAZ	5 929
89	突尼斯	TUN	31 759	115	马来西亚	MYS	84 628
90	摩洛哥	MAR	15 491	116	泰国	THA	65 698
91	肯尼亚	KEN	13 495	117	哥斯达黎加	CRI	4 570
92	加纳	GHA	6 925	118	委内瑞拉	VEN	7 462
93	尼日利亚	NGA	22 486	119	巴西	BRA	338 616
94	喀麦隆	CMR	6 983	120	罗马尼亚	ROU	68 433
95	刚果（布）	COG	1 855	121	保加利亚	BGR	22 236
96	赞比亚	ZMB	2 567	122	俄罗斯	RUS	297 803
97	马尔代夫	MDV	114	123	白俄罗斯	BLR	10 858
98	土库曼斯坦	TKM	117	124	阿塞拜疆	AZE	5 044
99	多米尼加	DOM	627	125	亚美尼亚	ARM	7 173
100	格林纳达	GRD	795	126	黑山	MNE	1 828
101	多米尼克	DMA	123	127	塞尔维亚	SRB	44 455
102	苏里南	SUR	0	128	阿尔巴尼亚	ALB	1 391
103	圭亚那	GUY	214	129	北马其顿	MKD	3 144
104	波黑	BIH	0	130	利比亚	LBY	1 713
105	萨摩亚	WSM	72	131	阿尔及利亚	DZA	23 990
106	斐济	FJI	992	132	加蓬	GAB	1 129
107	汤加	TON	49	133	纳米比亚	NAM	1 337
108	中国	CHN	2 272 521	134	南非	ZAF	90 120
109	土耳其	TUR	237 165	135	厄瓜多尔	ECU	6 575
110	伊朗	IRN	261 334	136	古巴	CUB	6 880

（4）数据抽取、合并与建库。首先，本书对清理后的沿线国家合作数据进行按区域、收入或其他形式分组的抽取。其次，由于各国科学合作具有交叉性，可能致使在归类分析中存在重复数据干扰，因此，本书对不同分组下"一带一路"沿线国家科学合作数据进行合并去重。最后，对各归类数据进行建库，由于归类后数据量大，本书采用 Microsoft SQL Server 2017 建立分类数据库。具体数据逻辑模型如图 4-2 所示。

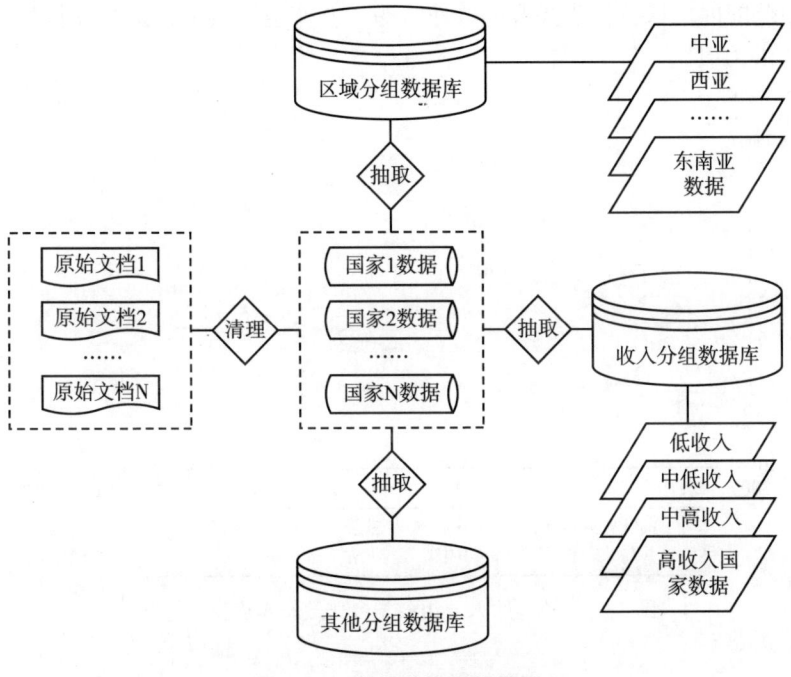

图 4-2 数据获取逻辑模型

4.2 "一带一路"沿线国家科学合作总体情况

4.2.1 "一带一路"沿线国家科学合作规模与趋势

(1) 由低收入到高收入分组的"一带一路"沿线国家科学合作规模依次增强,各收入分组科学合作规模随时间不断提升,但提升速度具有差异。图 4-3 表明,低收入国家和高收入国家科学合作量呈现两极分化态势,均与中低收入国家和中高收入国家拉开较大差距。可以看出,沿线国家经济发展水平越高其参与科学合作的数量越多。各收入分组科学合作数量随时间不断提升,低收入国家科学合作增长速度最快,平均增长速度为 11.40%,但其合作总量有限,导致其整体水平最低。中低收入(10.96%)、中高收入(8.54%)和高收入(7.85%)国家科学合作增长速度依次降低。从具体年度科学合作增长速度来看,中高、中低以及低收入国家在其能力范围内均保持稳步提升的合作势头,合作空间较大,是全球科学合作的"潜力股"。

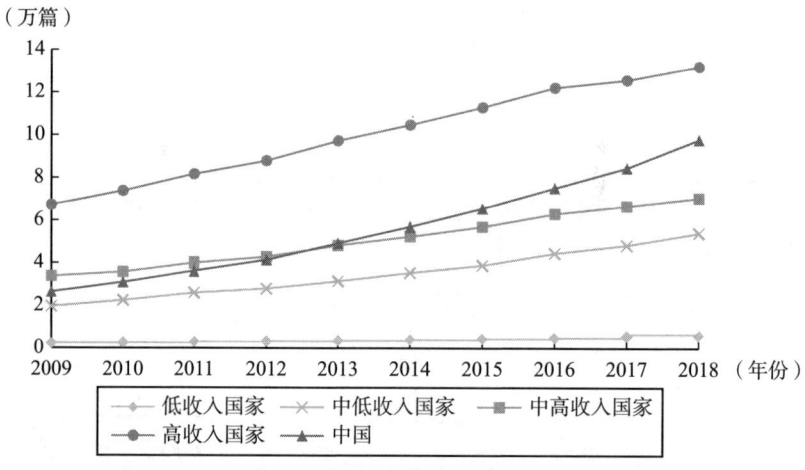

图4-3 不同收入分组科学合作数量年度变化情况

(2) 中国参与全球科学合作的数量不断攀升,增长速度显著增强,是全球科学合作的主要参与者和推动者。图4-3的分析结果也表明,2013年中国全球科学合作数量(4.9213万篇)超越了沿线其他中高收入国家的总和(4.8189万篇)。之后,科学合作量以较高的增长速度不断攀升。相比其他收入组而言,中国近十年科学合作增长率均最高,平均增长率达15.70%,成为全球科学合作的主要力量。

(3) 各收入分组均具有显著规模的科学合作者,且这些合作者在该收入分组内具有传统科技优势或新兴市场、经济稳定等特征。图4-4和图4-5表明,各收入分组内均具有相对较强的科学合作者,其与组内其他合作者形成较大的差距,成为收入组内科学合作的主要领导者。具体来看,低收入国家中乌干达、埃塞俄比亚、坦桑尼亚参与了较多的科学合作研究;中低收入国家中印度、埃及、巴基斯坦、乌克兰、突尼斯、越南等国科学合作数量最多;中高收入国家中中国、巴西、俄罗斯、伊朗、南非、土耳其、马来西亚等国参与全球科学合作研究的积极性最高;高收入国家中意大利、韩国、波兰、沙特阿拉伯、新加坡、葡萄牙、以色列、捷克等国表现出较强的科学合作态势,合作量遥遥领先其他国家。可以看出,参与科学合作较多的国家除了具有传统科技实力优势外,一些新兴市场尤其是金砖国家表现优异。同时，国内经济运行良好、稳定的国家参与全球科学合作的积极性往往高于其他国家。

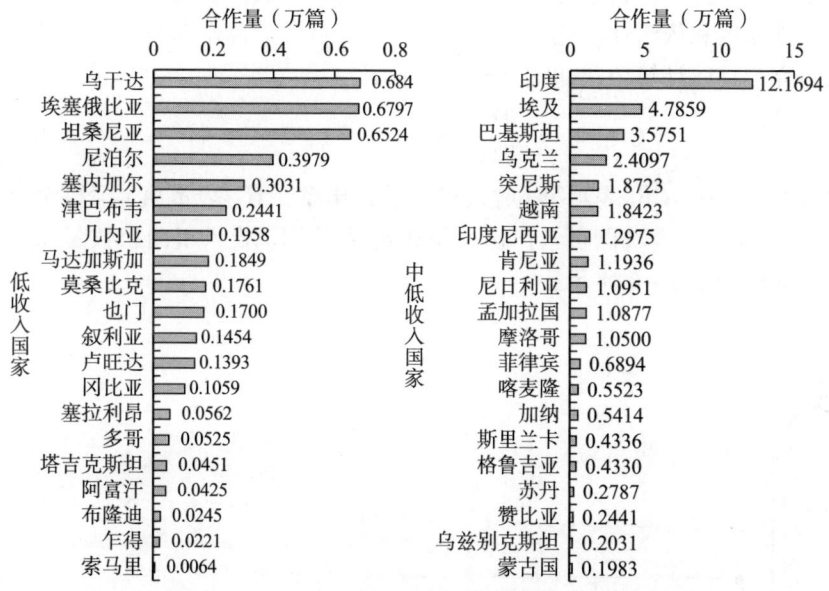

图 4-4　低收入、中低收入国家科学合作具体情况

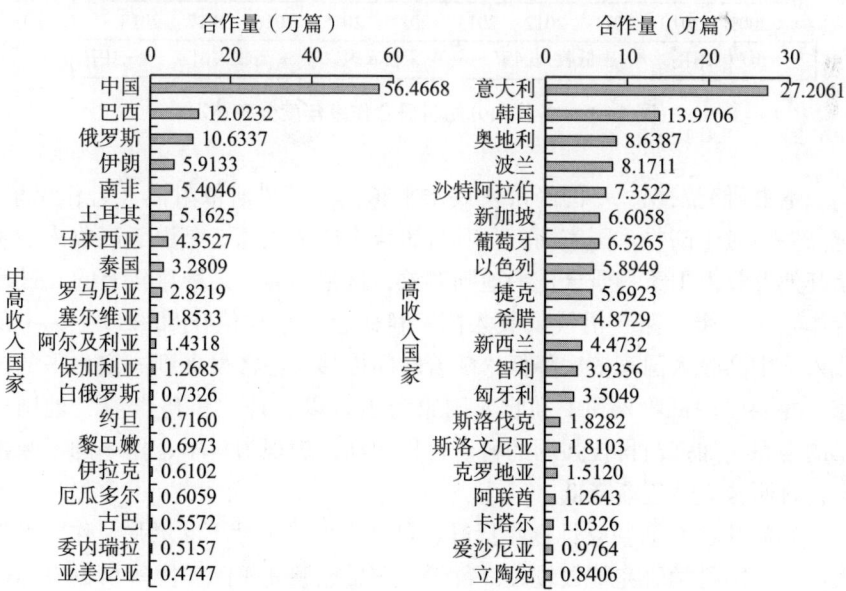

图 4-5　中高收入、高收入国家科学合作具体情况

(4) 除高收入国家外,"一带一路"沿线国家科学研究独立性与其经济发展水平呈现正相关关系,但随时间推移这种关系逐渐减弱。本书定义科学合作率为一国科学合作总量与产出总量的比值,以此反映一国科研活动的独立性和依附性。此处使用不同收入分组科学合作率的平均值进行比较研究,具体计算公式如式(4.1)所示:

$$CR_j = \sum_{i=1}^{N_j} \frac{TC_i}{TO_i} / N_j, j = \{1, 2, 3, 4\} \quad (4.1)$$

式(4.1)中,CR_j表示第j收入组科学合作率,TC_i表示第i国科学合作总量,TO_i表示第i国科学产出总量,N_j表示第j收入组国家数量。计算结果分布如图4-6所示。

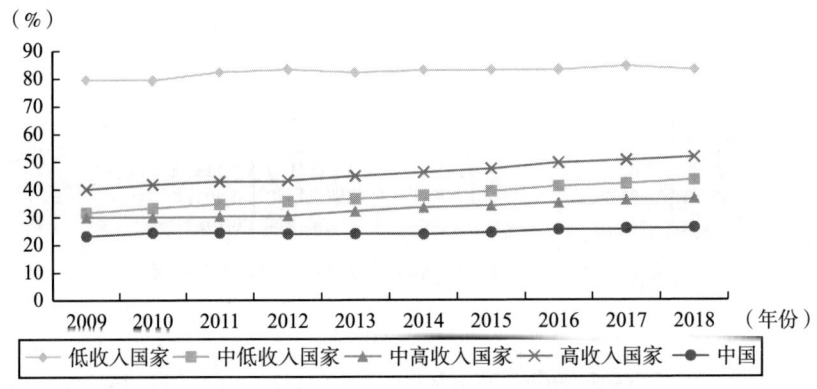

图4-6　各收入分组科研合作率年度分布情况

本书研究发现,一国经济发展水平越低,其科研依附性(合作比率)越高。但对于高收入国家而言,其科研合作比率较高,是由于高收入国家是其他低收入国家科研合作的追随对象,这被认为是某种意义上的"被动合作"。"一带一路"沿线低收入国家科研合作率均值在80%以上,中低收入、中高收入国家依次降低。随着时间推移,经济发展到一定水平的国家(主要以中低收入和中高收入国家为主)以一种"模仿学习"他国科学的姿态,加强与科技强国的科研合作活动,表现为科学合作率的不断提升,科研独立性逐渐降低。

(5) 中国科研独立性逐年提升,科学合作稳定性不断增强。作为世界大国,中国科学研究基数较大,科学合作量也领先于除美国等少许发达国家外的其他国家。如图4-6所示,从科学合作率来看,与其他收入组国家相比，中国科研合作率最低，十年间（2009~2018年）这一指标变化最小，保持在24.56%上下波动，相较于逐年攀升的科学产出总量而言，这一比例变化凸显出中国科研合作的自主性不断加强，也体现了中国参与全球科学合作的稳定性、持续性不断提升。

（6）区域间科学合作差异较大，非洲国家科学合作数量和增长率均较低，东亚、南亚、东南亚、欧盟等区域合作数量和增长率相对较高。非洲国家在"一带一路"沿线国家合作中扮演了重要地位，图4-7描绘了2009~2018年各区域科学合作数量总体变化情况，可以看出，非洲国家科学合作情况不佳，仅南非、北非国家科研合作具有一定基础和发展势头。其他区域科学合作同样存在较大差异，亚洲和欧盟等区域国家无论在合作数量还是增长速度均保持较高水平。

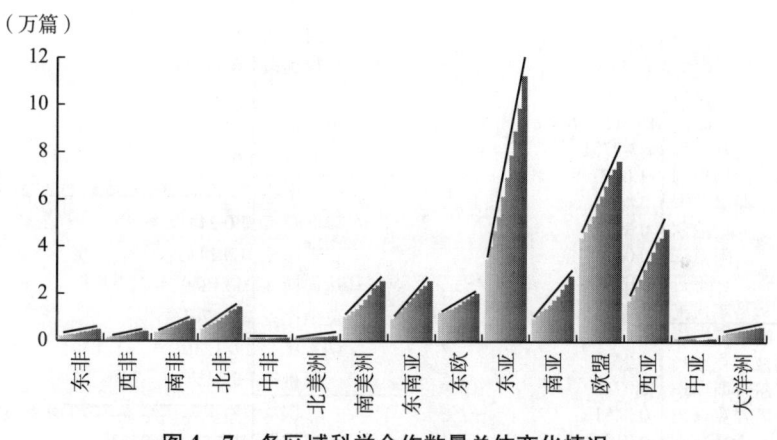

图4-7　各区域科学合作数量总体变化情况

（7）区域内科学合作"贫富"差距较大，新兴市场国家、金砖国家等在区域内扮演科学合作的"领头羊"。图4-8和图4-9表明，"一带一路"沿线国家所属区域内均存在与其他国家形成极大差异的科学合作佼佼者，显示出较大的科学合作数量上的"贫富"差距。中国、肯尼亚、印度、南非、埃及、新加坡、俄罗斯、新西兰、古巴、巴西等区域强国科学合作参与量居所在区域之首。可以看出区域科学合作强国在市场环境、经济发展潜力、政治稳定等方面均表现良好。

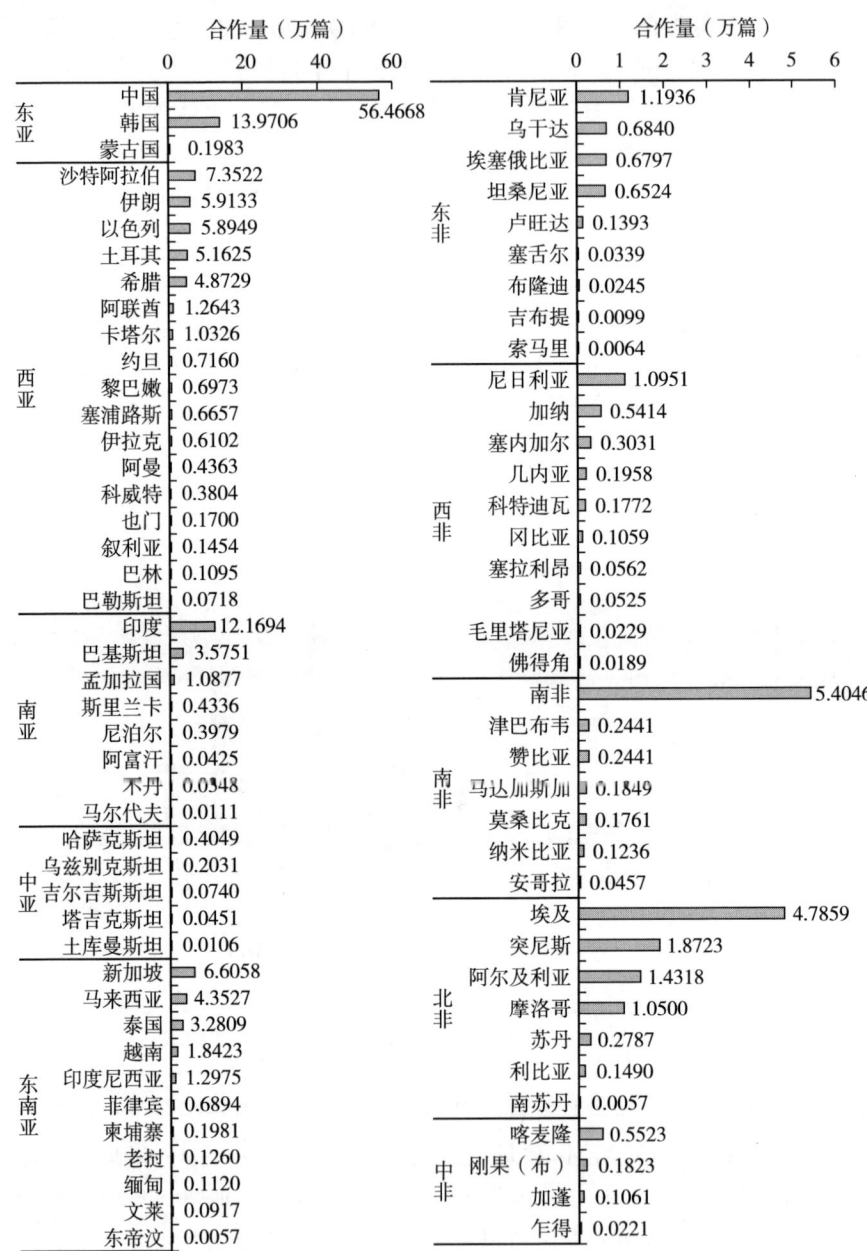

图4-8 亚非区域国家科学合作具体情况

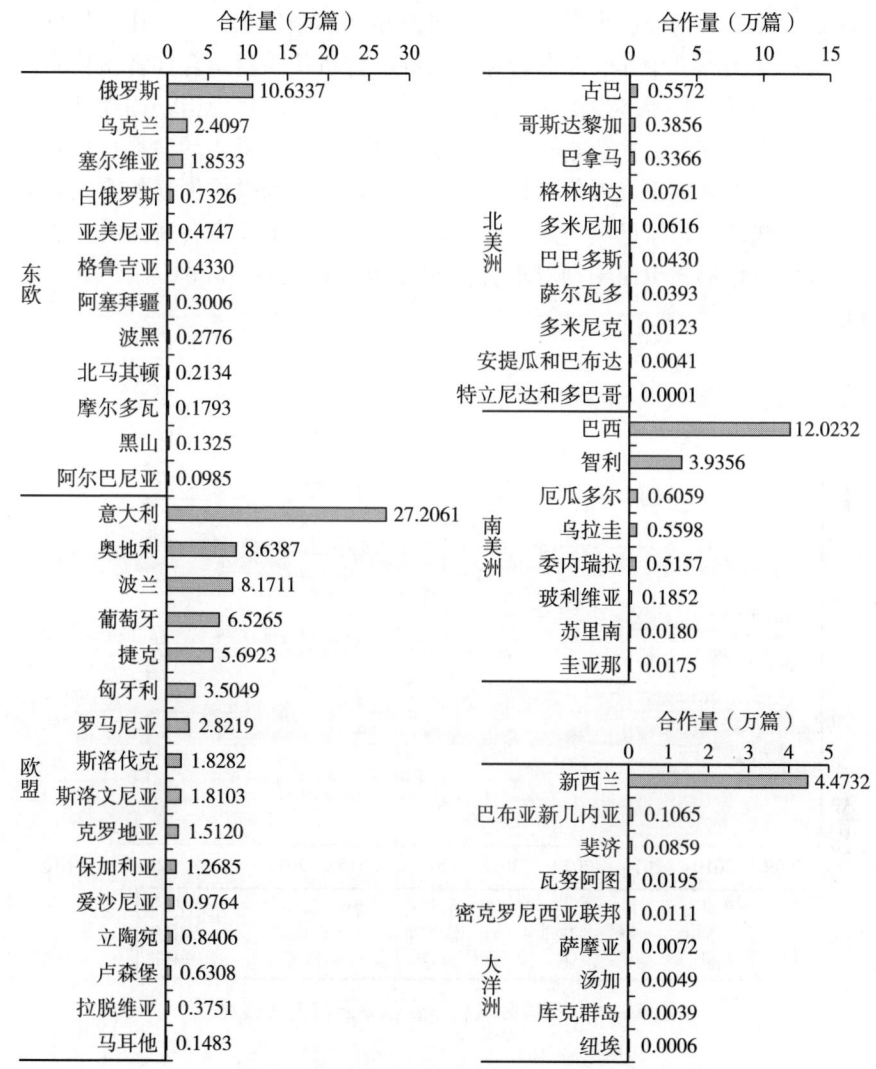

图4-9 欧美区域国家科学合作具体情况

(8) 部分区域科学合作情况具有一定的相似性。社会稳定、经济活跃条件下区域科学合作强度逐年提升,且区域发展水平在低阶段时,科学合作率较大,并随着发展水平的提升不断减小,在经济发展水平达到一定程度时,出现科学合作的"追随者",进而由主动合作向被动合作转变的情形凸显。由图4-10可以看出,东亚、南亚科学合作率最低,均值大部分年份在30%以下;西亚、东欧、南美洲科学合作率在30%~50%;西非、东南亚、北非、南非、大洋洲、中亚具有贴近的合作率,且合作率年度增量最大;北美洲、中非、东非合作率最高。分析认为科学合作者由依附向主导方式转变与其经济发展水平有较大关系,本书解释为当一国经济水平发展到一定程度时,才会重视科技发展,要完成由要素驱动向科技创新驱动转变,大多数国家发展依然以寻求科技合作,达到模仿创新的方式得以实现。一些发达国家已经完成了上述阶段,由科技追随者转变为科技领跑者,科学合作形式也由主动寻求合作转变为与其他科技较弱国家"被动"科技合作。

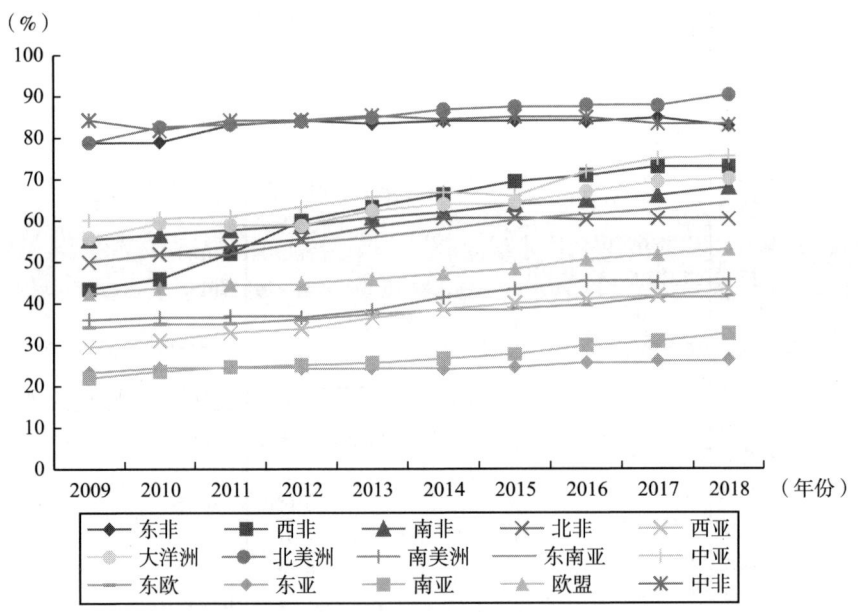

图 4-10 不同区域科学合作率及其变化情况

4.2.2 "一带一路"沿线国家科学合作影响力情况

科学产出论文影响力如何判定是本节研究的关键,以往研究多以引用频次这一单一指标进行判定。考虑到学科、年份、文献类型等影响,本书使用汤森路透建立的科研评价工具 InCites™ 中对作者、机构、国家、期刊等评价的学科规范化引文影响力(Category Normalized Citation Impact, CNCI)指标,对"一带一路"沿线国家科学合作论文影响力情况进行判定。CNCI 能够对一组引用规律差异较大的文献进行归一化处理,进而能够对不同学科、规模、类型等论文进行影响力比较,其计算方法是用目标文献实际被引频次除以同类型、同出版年和同领域论文期望被引频次。具体计算公式如下:

一篇所属一个学科领域文献的学科规范化引文影响力:

$$CNCI_{1,1} = \frac{TC}{E_{ftd}} \quad (4.2)$$

一篇所属多个学科领域文献的学科规范化引文影响力:

$$CNCI_{1,n} = \frac{\sum_{i=1}^{n} CNCI_{(i)}}{n} \quad (4.3)$$

一组多种类型文献的学科规范化引文影响力:

$$CNCI_{N,n} = \frac{\sum_{j=1}^{N} CNCI_{(j)}}{N} \quad (4.4)$$

式(4.2)至式(4.4)中,TC 表示目标文献的总被引频次,E 表示期望被引频次或基准线,f 表示学科领域,t 表示时间范围,d 表示文献类型,n 表示一篇文献归属 n 个学科领域,N 表示一组目标数据含有 N 篇论文。CNCI 的值等于 1 时,表明该组观测文献影响力与世界同类文献持平,CNCI 的值大于 1 时表明其高于世界整体水平,小于 1 时则表明低于世界水平。据此,本节对"一带一路"沿线国家科学合作论文按不同收入分组和不同区域分组及中国组进行了计算。得出以下结论。

(1) 科学合作促进科研影响力提升。从整体科学合作论文的影响力来看,各收入分组科学合作论文影响力 CNCI 均大于 1,表明其影响力水平高于世界同类文献水平。说明科学合作对"一带一路"沿线国家科研影响力提升起到重要作用,合作论文更受同行关注。一些低收入国家通过科学合作提升自身科学水平的同时,增强了国际影响力。

(2) 高收入国家科学合作影响力整体强于其他收入国家,但科研合作数量大小对其影响力提升并无直接关系。高收入国家科学技术往往领先于其他收入国家,更受其他国家的"合作追捧",进而其科学合作产出更受其他合作者关注。由前文可知,低收入国家科研合作总量最低,图 4 – 11 反映出低收入国家整体影响力较高,说明科学合作产出影响力与其数量并无直接关系。研究发现,低收入国家之所以科学合作产出影响力表现较高,主要是由于其研究关注点反映了本国急需解决的现实问题,这些问题同样受国际社会关切。如疾病预防、水资源利用、能源开发利用等研究议题。

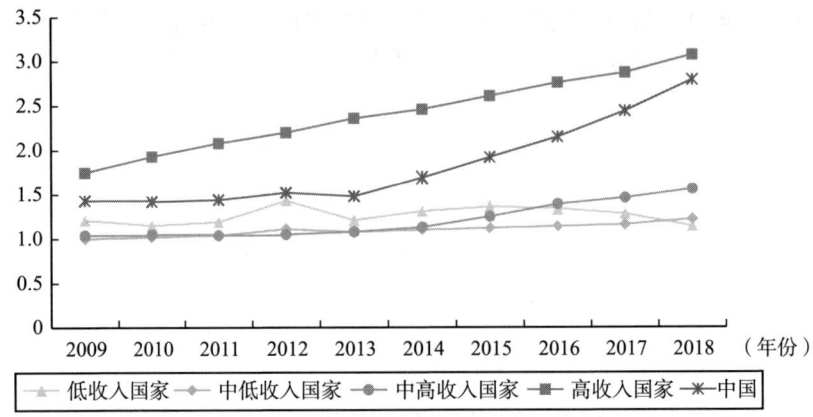

图4-11　各收入分组科学合作影响力及其年度变化情况

（3）中国科学合作影响力逐年提升，虽高于同类及以下收入组国家，但依然与高收入国家科学合作影响力有一定差距。中国科学合作影响力表现出由2009年1.43到2013年1.48的前期缓慢上升，转变为2018年2.79的后期激增态势。整体来看，中国科学合作影响力一直高于中高及以下收入国家，但与其他高收入国家科学合作影响力相比依然具有一定差距，从年度CNCI值来看，这一差距在不断缩小。中国科学合作要实现"量"与"质"的双丰收，需要配置好科学合作与自主研发的协作关系。

（4）科学合作影响力差异呈现由低收入国家到高收入国家的"强—弱—强"特征，科学合作影响力随时间推移不断提升，收入越高的国家，科学合作影响力提升速度越快。不同收入分组内各国科学合作影响力变迁情况表明，低收入国家科学合作影响力波动性较中高收入国家更大，同时，高收入国家科学合作影响力提升速度和差异情况均较高。这一方面表明低收入国家参与国际科学合作过程中涌现一批被广泛认可的科研成果，另一方面也表明高收入国家科学合作具有较高的活跃程度和关注程度。从年度影响力提升速度来看，中高收入以上国家科学合作影响力提升更快，且整体表现为收入越高，影响力提升越快。

（5）各区域科学合作影响力整体提升明显，南北区域差异较大。各区域内国家科学合作影响力及其变迁情况表明，东亚、大洋洲、欧盟、南非、东非等区域科学合作影响力较强，中亚、北非等区域整体影响力最弱。区域影响力差异受研究问题关切程度影响较大，与一国经济或科学水平关系影响不再明显。

（6）各区域间科学合作影响力差异不断拉大，但各区域内差异逐渐减小。图4-12表明，虽然各区域科学影响力整体不断提升，但区域间影响力差异逐渐拉大，表现为部分区域影响力保持平稳、较快提升或波动回落。同时，从年度变化来看，各区域科学影响力在上升中趋于平稳，区域内各国差异有逐渐缩小之趋势，表明地理邻近对科学研究的溢出、吸收或比较提升效应在沿线国家中同样存在。

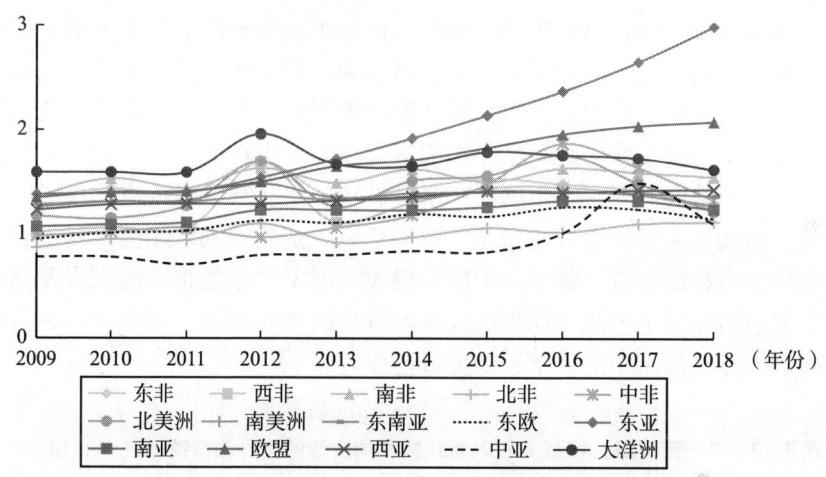

图4-12　各区域科学合作影响力及其年度变迁情况

4.2.3　"一带一路"沿线国家科学合作主导—从属情况

一般认为，第一作者或通讯作者在整个科学产出过程中起到较大作用，通过对第一作者或通讯作者所属国别的分析，可以间接地对"一带一路"沿线国家在科学合作中的主导—从属地位情况进行判定。据此研究"一带一路"沿线国家在全球科学合作中的参与深度。此处本书定义科学合作主导率概念，即为科学合作主导量（LCP_i）与科学合作总量（TCP_i）的比值，用LR_i表示，则有如下公式：

$$LR_i = \frac{LCP_i}{TCP_i} \tag{4.5}$$

"一带一路"沿线136个国家的科学合作主导率和主导数量情况表明，各收入分组由低到高科学合作主导量和主导率均依次升高，即国家收入越高其主导科学合作的能力越强，国家收入越低在科学合作中越趋于参与者。此外，低收入和高收入国家科学合作主导率差异最小，体现出明显的极化效应，表明在这两种收入状态下，"一带一路"沿线国家科学合作具有一定的"趋同"稳定性，但前者趋于负向稳定，而后者趋于正向稳定，原因是前者从科学能力上无法吸引更多参与合作者，而后者则相反。中低收入和中高收入国家科学合作主导率差异性较大，体现为部分组内国家具有突出的科学合作主导能力，如突尼斯、印度、阿尔及利亚、马来西亚、中国、伊朗、巴西等国。

如表4-3所示，对"一带一路"沿线国家从属科学合作中的主导者进行统计（前10位），结果表明，沿线国家科学合作从属国家以发达国家或技术强国为主。其中，美国、欧洲发达国家是各国科学合作的主要追随者，体现了当前美欧作为科学中心的集聚吸引效应在"一带一路"沿线国家依然根深蒂固。同时，中国、印度、沙特、南非等新兴经济体在"一带一路"沿线国家科学合作中扮演了重要角色，成为推动沿线国家科学合作的主要动力和领导者。其中，中国在低收入国家、中低收入国家以及高收入国家中均保持了相较于同类收入国家较高的主导情况，表明中国在沿线不同收入类型国家中的科学影响力日益提升。

表4-3 "一带一路"沿线各收入组从属科学合作的主导国家情况（Top 10）

单位：篇

排名	低收入国家主导国 [主导量]	中低收入国家主导国 [主导量]	中高收入国家主导国 [主导量]	高收入国家主导国 [主导量]
1	美国 [7 126]	美国 [35 516]	美国 [128 230]	美国 [127 146]
2	英国 [3 362]	沙特 [15 048]	德国 [36 457]	德国 [62 501]
3	法国 [1 998]	中国 [14 240]	英国 [31 384]	英国 [49 979]
4	德国 [1 303]	法国 [13 298]	澳大利亚 [27 151]	中国 [48 861]
5	南非 [1 258]	德国 [13 101]	法国 [26 161]	法国 [35 842]
6	中国 [963]	日本 [12 585]	日本 [21 326]	西班牙 [33 341]
7	比利时 [961]	英国 [12 191]	加拿大 [18 542]	澳大利亚 [25 106]
8	荷兰 [900]	韩国 [9 726]	意大利 [15 687]	印度 [18 054]
9	瑞士 [795]	澳大利亚 [8 694]	西班牙 [13 722]	加拿大 [18 028]
10	澳大利亚 [764]	马来西亚 [6 682]	韩国 [10 194]	瑞士 [17 674]

4.3 "一带一路"沿线国家科学合作网络特征

4.3.1 "一带一路"沿线国家科学合作网络总体特征

本节以社会网络分析中的网络规模、网络密度、中心势指标对"一带一路"沿线国家科学合作网络的总体特征进行描述。其中，网络规模指标即为分析网络的节点数（国家数），用 S 表示。网络密度表示为网络链接关系的实际值与理论值之比，用 D 表示，计算公式为：

$$D = \frac{2l}{n(n-1)} \quad (4.6)$$

式（4.6）中，l 表示网络链接关系实际数量，n 表示节点数。本节中，网络密度越大，表明沿线国家所处合作网络紧密度越强，反之亦然。

中心势表示在网络中节点的一致性和整合度情况，也即整个网络的"势力"倾向。考虑到这种"势力"倾向的形成主体，本节选用度数中心势和中间中心势两个相对指标对"一带一路"沿线国家科学合作网络"势力"倾向进行分析。计算公式为：

$$C_D = \frac{\sum_{i=1}^{n}(C_{D_{max}} - C_{D_i})}{n-2} \quad (4.7)$$

$$C_B = \frac{\sum_{i=1}^{n}(C_{B_{max}} - C_{B_i})}{n-1} \quad (4.8)$$

式（4.7）和式（4.8）中，C_D 为度数中心势，C_B 为中间中心势，$C_{D_{max}}$、$C_{B_{max}}$ 分别表示网络度数中心度和中间中心度最大值，C_{D_i}、C_{B_i} 分别表示节点 i 的度数和中间中心度值。根据以上指标本节分析得出以下结论。

（1）"一带一路"沿线各收入组内科学合作规模稳步上升，各收入组间科学合作规模差异性较小。从表 4-4 可以看出，各收入组中参与合作的国家数量在 150~230 个之间，低收入国家科学合作规模相对较小，中高收入国家科学合作规模最大，表明其科学合作最为活跃。总体来看，沿线不同收入分组科学合作规模逐年增大，各收入组间合作规模差异不断减小，表明沿线国家融入全球科学合作网络的积极性均不断提升，合作范围基本覆盖全球主要参与国家。

表 4-4 "一带一路"沿线各收入组科学合作规模及网络密度分布情况

年份	L income		L-M income		U-M income		H income	
	S	D	S	D	S	D	S	D
2009	152	1.0801	183	5.1423	183	15.8556	184	25.6892
2010	167	1.2279	182	14.6059	187	36.4840	194	49.7366
2011	159	1.5793	184	28.4445	191	69.4069	189	97.2418
2012	168	2.6632	193	43.0887	195	116.8606	190	156.3008
2013	172	2.3664	186	45.9913	199	104.1338	192	139.3196
2014	186	4.8382	201	52.4665	210	105.0781	210	135.6582
2015	176	8.7082	206	61.1185	210	125.7668	210	159.0374
2016	193	13.4587	206	87.9717	212	170.5506	222	189.4147
2017	202	16.1546	216	97.0832	224	171.3093	225	204.3039
2018	193	21.9549	210	127.2613	224	212.4193	220	260.3181

（2）"一带一路"沿线各收入组内科学合作紧密程度日益加强，但各收入组间科学合作紧密程度差异性逐渐加大，极化效应渐显。表4-4结果表明，2009年至2018年间，沿线各收入组科学合作网络密度呈指数级增长，表明沿线国家科学合作紧密程度不断加强，稳定合作成为趋势。虽然低收入国家科学合作紧密程度得到提升，但依然与高收入国家存在巨大差异，可以看出，随着国家收入的提升，相应的合作紧密程度得到巩固，低收入国家与高收入国家科学合作紧密程度呈现明显的两极分化特征。

（3）"一带一路"沿线各收入组内科学合作"圈子"不断扩大，且国家收入越高，"圈子"变化越小，合作稳定性越强。由表4-5中度数中心势的值可以看出，沿线国家科学合作在整个合作圈子中的中心性均逐年提升，由前文合作规模的变化情况判断，沿线国家科学合作的"圈子"也不断扩大。同时，本书发现国家收入越高，这种"圈子"变化情况越小，越趋于稳定。这也说明了沿线国家在科学合作中的主导支配地位随收入提升逐渐增大，在较高收入状态下更趋于稳定。

表4-5　"一带一路"沿线各收入组科学合作中心势分布情况

年份	L income		L-M income		U-M income		H income	
	C_D	C_B	C_D	C_B	C_D	C_B	C_D	C_B
2009	22.992	0.551	27.773	0.424	29.286	0.408	27.269	0.418
2010	24.890	0.501	33.058	0.386	33.092	0.369	29.587	0.375
2011	24.202	0.508	33.084	0.379	31.673	0.372	31.132	0.378
2012	34.624	0.416	36.604	0.343	35.919	0.341	36.268	0.346
2013	32.286	0.416	38.762	0.341	34.694	0.345	34.462	0.358
2014	41.064	0.329	43.438	0.288	41.034	0.287	40.128	0.293
2015	50.617	0.288	45.745	0.272	43.974	0.277	43.368	0.279
2016	53.114	0.247	50.362	0.247	48.207	0.250	42.428	0.271
2017	54.544	0.230	51.034	0.232	46.989	0.242	46.167	0.245
2018	55.716	0.235	52.249	0.234	47.545	0.241	48.327	0.243

（4）"一带一路"沿线各收入组内合作网络中核心国家对整个网络的影响程度逐年降低，且影响力随国家收入的提升不断减弱。由表4-5中中间中心势变化情况可知，各收入组内核心国家对整体合作影响程度不断降低，表明收入组内科学合作分散程度较高，小团体或抱团现象不断减少，也表明各国合作自由参与能力得到提升。同时，本书发现组内核心合作者对低收入国家的影响程度相较于高收入国家更大，但这些核心合作者大多是高收入国家，因此在后续的影响中，高收入国家由于主导部分科学合作而呈现较为稳定的状态。

4.3.2　"一带一路"沿线国家在科学合作网络中的重要性分析

本节对"一带一路"沿线国家在科学合作网络中的中心性进行测度，以反映其在网络中的地位情况。以相对度数中心性（DC）、相对接近中心性（CC）和相对中间中心性（BC）三个指标综合评判沿线各国网络地位现状。指标计算方法如下：

$$DC_i = \frac{\sum_{j=1}^{n} x_{ij}}{n-1} \tag{4.9}$$

$$CC_i = \frac{2\sum_{j=1}^{n}\sum_{k=1}^{n}g_{jk}(i)/g_{jk}}{(n-1)(n-2)} \quad (4.10)$$

$$BC_i = \frac{\sum_{j=1}^{n}d_{ij}}{n-1} \quad (4.11)$$

式 (4.9) 至式 (4.11) 中，n 表示节点数，x_{ij} 表示与 i 直接相连的其他节点的数量，g_{jk} 表示节点 j 与节点 k 间短线数量，$g_{jk}(i)$ 表示包含节点 i 的 j 节点与 k 节点短线数量，d_{ij} 表示节点 i 与节点 j 之间的短线距离，计算结果如表 4-6 至表 4-9 所示。

表4-6　"一带一路"沿线低收入国家三种中心性值情况

国家	DC	CC	BC	国家	DC	CC	BC
南苏丹	15.11	53.96	0.00	尼泊尔	79.11	82.72	0.53
索马里	37.33	61.48	0.02	塞拉利昂	62.67	72.82	0.04
布隆迪	64.44	73.77	0.07	多哥	67.56	75.50	0.11
埃塞俄比亚	86.67	88.24	0.66	塞内加尔	75.11	80.07	0.96
坦桑尼亚	88.00	89.29	1.06	冈比亚	75.56	80.36	0.14
乌干达	84.89	86.87	0.52	几内亚	51.11	67.16	0.03
卢旺达	76.44	80.94	0.16	也门	68.44	75.76	0.08
津巴布韦	69.78	76.79	0.44	叙利亚	63.11	73.05	0.07
莫桑比克	79.56	83.03	0.33	乍得	57.33	70.09	0.03
马达加斯加	76.44	80.94	0.26	塔吉克斯坦	41.78	63.20	0.10
阿富汗	64.00	73.53	0.05	—	—	—	—

表4-7　"一带一路"沿线中低收入国家三种中心性值情况

国家	DC	CC	BC	国家	DC	CC	BC
埃及	83.33	85.71	0.43	蒙古国	67.92	75.71	0.10
苏丹	71.25	77.67	0.13	安哥拉	58.33	70.59	0.05
突尼斯	75.00	80.00	0.20	赞比亚	70.83	77.42	0.10
摩洛哥	80.42	83.62	0.24	玻利维亚	70.83	77.42	0.30

续表

国家	DC	CC	BC	国家	DC	CC	BC
萨尔瓦多	53.33	68.18	0.02	不丹	56.25	69.57	0.04
密克罗尼西亚联邦	60.00	71.43	0.42	印度	88.75	89.89	2.50
瓦努阿图	38.33	61.86	0.15	巴基斯坦	78.33	82.19	0.21
巴布亚新几内亚	75.00	80.00	0.62	孟加拉国	77.50	81.63	0.59
吉布提	24.58	56.87	0.00	斯里兰卡	76.25	80.81	0.24
肯尼亚	83.75	86.02	0.58	毛里塔尼亚	53.75	68.38	0.03
东帝汶	15.83	54.18	0.00	佛得角	31.25	59.26	0.01
印度尼西亚	81.67	84.51	0.96	科特迪瓦	76.67	81.08	0.18
缅甸	67.08	75.24	0.06	加纳	80.00	83.33	0.30
老挝	52.08	67.61	0.03	尼日利亚	84.17	86.33	1.09
柬埔寨	66.25	74.77	0.11	巴勒斯坦	65.00	74.07	0.11
越南	78.33	82.19	0.41	喀麦隆	77.50	81.63	0.18
菲律宾	80.42	83.62	0.29	刚果（布）	57.92	70.38	0.34
乌克兰	72.08	78.18	0.27	吉尔吉斯斯坦	66.25	74.77	0.09
格鲁吉亚	67.92	75.71	0.06	乌兹别克斯坦	52.92	67.99	0.06
摩尔多瓦	62.50	72.73	0.03	—	—	—	—

表4-8　"一带一路"沿线中高收入国家三种中心性值情况

国家	DC	CC	BC	国家	DC	CC	BC
利比亚	59.68	71.27	0.06	北马其顿	53.76	68.38	0.02
阿尔及利亚	66.80	75.07	0.08	中国	86.17	87.85	1.78
多米尼加	56.52	69.70	0.06	纳米比亚	67.98	75.75	0.11
格林纳达	40.32	62.62	0.10	南非	86.56	88.15	2.34
多米尼克	32.02	59.25	0.01	苏里南	58.89	70.87	0.07
哥斯达黎加	75.49	80.32	0.19	圭亚那	45.46	64.71	0.03
古巴	65.22	74.19	0.10	委内瑞拉	69.96	76.90	0.27

续表

国家	DC	CC	BC	国家	DC	CC	BC
萨摩亚	30.83	59.11	0.09	巴西	86.56	88.15	2.21
斐济	65.61	74.41	0.44	厄瓜多尔	73.52	79.06	0.48
汤加	48.22	65.89	0.17	马尔代夫	30.04	58.84	0.01
马来西亚	79.45	82.95	0.74	罗马尼亚	75.10	80.06	0.21
泰国	76.29	80.83	0.35	保加利亚	71.54	77.85	0.13
黑山	50.59	66.93	0.02	土耳其	81.82	84.62	0.92
阿尔巴尼亚	58.50	70.67	0.03	伊朗	77.47	81.61	0.82
波黑	57.31	70.08	0.03	黎巴嫩	68.78	76.21	0.09
俄罗斯	83.79	86.05	1.06	约旦	70.36	77.13	0.10
白俄罗斯	59.29	71.07	0.08	伊拉克	60.87	71.88	0.03
阿塞拜疆	52.96	68.01	0.05	加蓬	50.99	66.93	0.05
亚美尼亚	62.06	72.49	0.09	土库曼斯坦	9.49	51.95	0.00
塞尔维亚	72.73	78.57	0.55	哈萨克斯坦	65.22	74.19	0.22

表4-9　"一带一路"沿线高收入国家三种中心性值情况

国家	DC	CC	BC	国家	DC	CC	BC
安提瓜和巴布达	27.31	57.91	0.01	拉脱维亚	60.77	71.82	0.05
特立尼达和多巴哥	61.92	72.42	0.15	捷克	75.00	80.00	1.55
巴巴多斯	66.92	75.15	0.10	匈牙利	72.69	78.55	0.40
巴拿马	70.39	77.15	0.11	斯洛文尼亚	69.23	76.47	1.23
纽埃	8.46	50.58	0.01	克罗地亚	71.54	77.84	1.26
库克群岛	13.46	52.63	0.05	奥地利	81.92	84.69	1.37
新西兰	86.54	88.14	2.06	葡萄牙	82.31	84.97	0.57
塞舌尔	57.31	70.08	0.07	意大利	88.08	89.35	1.50
文莱	61.15	72.02	0.04	卢森堡	68.85	76.25	0.31
新加坡	75.00	80.00	0.33	巴林	60.39	71.63	0.04

续表

国家	DC	CC	BC	国家	DC	CC	BC
韩国	78.85	82.54	1.31	沙特阿拉伯	79.23	82.80	0.92
智利	80.39	83.60	0.48	以色列	79.23	82.80	0.49
乌拉圭	73.46	79.03	0.31	希腊	76.15	80.75	0.66
马耳他	64.23	73.65	0.07	卡塔尔	65.77	74.50	0.08
斯洛伐克	68.46	76.02	0.15	阿联酋	71.54	77.84	0.20
波兰	78.85	82.54	0.81	阿曼	66.92	75.15	0.43
立陶宛	62.69	72.83	0.09	科威特	62.31	72.63	0.06
爱沙尼亚	72.69	78.55	0.22	塞浦路斯	61.15	72.02	0.07

三种中心性值的差异状态能够在更深层面上反映各国在网络中的角色变化情况，我们对三种中心性关系进行了总结，如表4-10所示。据此对沿线不同收入分组国家网络中心性分析得出以下三点结论。

表4-10　　　　　　　　中心性值矩阵意义

项目	DC-L	CC-L	BC-L
DC-H	—	在远离网络的小网络中	"自我"节点摆脱冗余节点束缚
CC-H	链接重要节点	—	网络可达性强，"自我"节点影响低
BC-H	网络中起重要作用的"自我"节点	"自我"节点成为其他节点的唯一桥梁	—

注：L表示相应中心性值低，H表示相应中心性值高。

（1）"一带一路"沿线国家以较为均衡的形式融入全球科学合作网络中，节点与节点之间的可达性冗余度较低。说明全球科学合作对"一带一路"沿线国家的参与没有"偏见"，且合作网络中小团体（小网络）现象对整个网络的影响程度不断减小。在科技全球化深入发展的今天，科学合作日渐自由化、便利化，各国开展科学合作导向性发生了极大变化，科学合作驱动力不再单一。

(2)部分参与合作量较小的"一带一路"沿线国家在整个合作网络中起到关键作用,这些国家与网络中一些重要节点联系,扮演着桥梁作用。类似情况在不同收入分组中有涉及。由各国网络度数中心性和中间中心性值可知,各收入分组均存在一些科学合作量较小但对整个网络连接至关重要的中间国家,这些国家在一些备受关切的重要问题上或在某种资源上将其他一些网络重要合作者联系在一起,扮演重要角色。

(3)"一带一路"沿线国家参与全球科研合作的路径较多,即使在网络中存在"自我"节点,对整个网络流动的关系影响并不明显。说明全球科学合作对"一带一路"沿线国家的科研活动影响是广泛的,而非局部的、片面的,也表明"一带一路"沿线国家寻求全球科学交流的趋势是明显的一致的。这种关系随着沿线国家收入状态的提升表现更为突出,说明经济状况对一国科学合作的可选择性产生一定影响,但合作替代方案在一定程度上能够弥补低收入国家在此过程中的不利之处。

同时,本节依据 UCINET 计算 2009~2018 年各年度"一带一路"沿线各国在科学合作网络中的核心度值,对其结果分析表明:

(1)"一带一路"沿线各收入分组核心成员在合作网络中扮演重要角色,但其影响力随时间变化情况具有差异性。不同收入分组科学合作网络均具有较为重要的核心参与者,这些核心国家随着组内其他合作参与者的崛起或组外其他合作者的影响,表现出随时间变化的差异性。分析发现收入越高其变化情况越大,表明其核心地位的影响情况越明显。中国、印度、意大利在科学合作网络中的核心度位居前列,中国、印度科学合作核心度波动中稳步提升,意大利科学合作核心度则更为平稳但略有下降。

(2)"一带一路"沿线绝大多数国家在整个科学合作过程中的核心地位没有大的变化,但不同收入分组国家在网络中的核心地位差异较大。可以看出,不同收入分组内沿线国家在科学合作网络中的核心度随时间变化情况不大,表明大多数沿线国家在全球科学合作中地位均处于一个较为平稳的水平变化范围内,表现出稳步提升的特征。但对比不同收入分组国家发现,低收入国家中各国科学合作网络地位参差不齐,而随着收入水平提升,各国科学合作网络地位明显规整并有所提升。

(3)局部对比发现,除各收入分组核心度较为突出的国家外,存在部分沿线国家在科学合作网络中未受其收入情况的影响表现出较高的核心地位并持续保持。表明一些国家在整个科学合作网络中具有相应的存在价值,并因此持续不断地参与全球科学合作,能够从中获取相应的外部知识,进而更好地促进其参与合作。也表明科学合作边缘化影响在更大的合作范围内被逐渐弱化,而在核心科学领域依然存在。

4.4 "一带一路"沿线国家科学合作运行要素特征

4.4.1 "一带一路"沿线国家科学合作的机构特征

机构是科技合作成果的输出方,机构合作类型反映科技合作的组织方式,本节对"一带一路"沿线国家科学合作的机构特征进行挖掘分析,将机构按类型分为高校(U)、科研院所(I)、企业(E)、政府(G)以及社会团体等其他类型(O)。为了便于筛选这些机构类型,本书利用式(4.12)对其可能的英文关键词及其缩写进行了TF-IDF算法识别,取TF-IDF降序排列靠前的几个词作为机构类型匹配关键词,并利用VP数据挖掘软件进行关键词准确性训练,加以改进,在数据分析匹配过程中,这些关键词分别对应相应的机构类型,如表4-11所示。具体匹配算法采用式(4.13)余弦相似性进行,与某一组关键词的余弦值越大,表明研究机构归属该组机构类型。

$$TF_i - IDF_i = TF_i \times IDF_i = \frac{tf(i, p)}{\sum_{j=1}^{n} tf(j, p)} \times \log \frac{N}{nk} \quad (4.12)$$

$$\cos(A_i, B_i) = \frac{\sum_{i=1}^{n} A_i \times B_i}{\sqrt{\sum_{i=1}^{n} A_i^2} \times \sqrt{\sum_{i=1}^{n} B_i^2}} \quad (4.13)$$

式(4.12)和式(4.13)中,TF 为词频、IDF 为逆文档频率,tf(i, p)表示关键词 i 在文档 p 中出现的频率,tf(j, p) 表示关键词 j 在文档 p 中出现的频率,N 表示文档总数,nk 表示关键词 i 出现的文档数,A,B 表示两个不同的 n 维词频向量,它对应于各自的文档 p 中。

表 4-11　　　　　　　机构类型及其对应英文关键词

机构类型	判断关键词（简称）
高校（U）	UNIV, UNIVERSITY, COLL, COLLEGE, SCH, SCHOOL
科研院所（I）	ACAD, ACADEMY, INST, INSTITUTE, LAB, CTR, CENTER
企业（E）	CORP, CORPORATION, LTD, LIMITED, INC, INCORPORATED, FACTORY, WORKS, CO, COMPANY, ENTERPRISE, FIRM
政府（G）	GOVT, GOVERNMENT, MINIST, MINISTRY, ADM, ADMINISTION, BUREAU, BUR, PLA, ARMY, FORCE, MIL, MILITARY, COMMIS, COMMISSION, COUNCIL
其他（O）	HOSP, HOSPITAL, BANK, MUSEUM, SANAT, SOC, SOCIETY, ASSOC, ASSOCIATION, ORGANIZATION

通过对机构类型的关键词匹配，对"一带一路"沿线国家科学合作研究机构分布进行了统计，如图 4-13 所示。发现高校和科研院所是参与合作研究的主体，企业参与研发的比例不高。一方面说明企业以盈利为天职，参与科学研究的积极性较低；另一方面说明各国科学合作各领域依然以基础研究为主，产学研合作程度并不高。总体来看，中高收入国家经济活跃，发展空间较大，科学合作中企业参与程度最高。同时，国家收入越低，企业参与合作量越小。

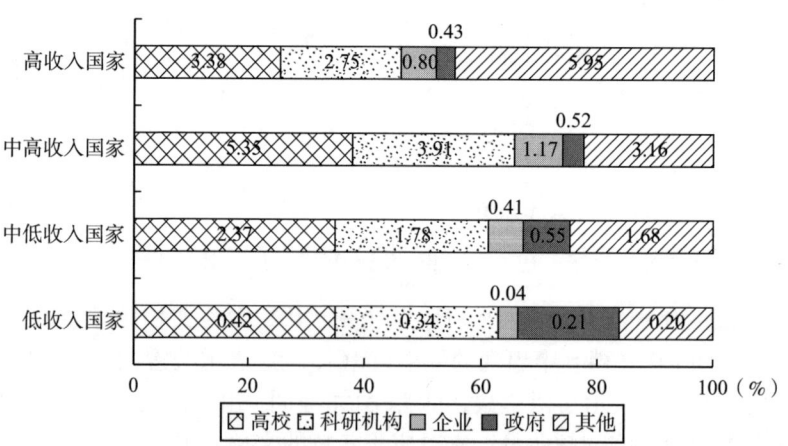

图 4-13　各收入分组科学合作机构类型占比

注：图中数据表示相应收入组国家不同机构科学合作数量，单位：万篇。

此外，本书发现不同收入分组政府性质组织参与科学合作的比例不一，且呈现收入水平越高，政府参与科学合作程度越低的特征。这表明政府推动科学合作的现象在低收入国家中较为常见，而中高收入和高收入国家科学合作更具多样性和自由探索性。同时，"一带一路"沿线国家科学合作机构中，除较为常见的高校、科研机构、企业、政府外，其他参与主体的比例也呈现一定规律，即随着国家收入的提升，其他参与主体的参与比例呈现波动式上升趋势。表明随着国家发展水平的不断提升，各国科学合作的参与主体不断多样化，科学合作目标具有广泛性。

表4-12从合作机构合作的方式来看，同类型机构合作比例大于异类型机构，高校间的科研合作强度大于科研机构间的合作强度，而企业间合作比例最低。异类机构合作中高校与科研机构及其与其他机构的双多边合作占比最大。具体来看，随着沿线国家收入的提升，同类机构合作比例逐渐增高，异类机构合作数量明显提升。异类机构合作中高校、研究机构是多边机构合作的主要推动者，"高校—政府—企业""科研机构—政府—企业""高校—科研机构—政府"等合作组织形式在低收入国家中较为多见。表明低收入国家中政府组织在相关研究合作中具有重要引领地位，相关研究成果正朝着解决实际问题的应用方向发展。同时，沿线不同收入类型国家机构合作的差异化特征也说明同类机构间"闭门造车"的模式逐渐削弱，异类机构间"群策群力"的新模式更受青睐。科学合作提升各国科技实力，进而服务世界经济发展和人类进步的初衷应被置于首位。

表4-12 "一带一路"沿线不同收入分组机构科学合作形式 单位：%

分类		低收入国家	中低收入国家	中高收入国家	高收入国家
同类机构合作占比	Totle	60.69	58.75	57.44	51.13
	U	23.81	20.56	20.43	18.57
	I	14.78	16.86	18.33	15.55
	E	9.67	9.01	10.12	13.23
	G	12.43	12.32	8.56	3.78
异类机构合作占比	Totle	39.31	41.25	42.56	48.87
	UI	7.32	8.15	10.78	14.03
	UE/IE	2.45	4.65	7.45	12.89
	UG/IG	4.43	5.02	4.15	3.09

续表

分类		低收入国家	中低收入国家	中高收入国家	高收入国家
异类机构合作占比	EG	3.23	3.11	2.32	2.01
	UIE	4.56	4.45	5.43	6.65
	UIG	5.12	4.34	4.01	3.02
	UEG	6.12	6.11	4.68	4.17
	IEG	6.08	5.42	3.74	3.01

注：此处本书不考虑合作者顺序及与其他合作者数量。

4.4.2 "一带一路"沿线国家科学合作的学科特征

（1）"一带一路"沿线国家学科合作呈现以各国实际需求和问题导向驱动的特征。从图4-14可以看出，低收入国家在医学、生态环境、农业、水资源等亟须提升的领域开展了较多合作。高收入国家在天文学、先进制造、生物医药等领域具有明显优势。总体来看，环境科学等全球性挑战问题是各国合作研究的重点。先进制造及相关应用科学等成为各国合作的方向。

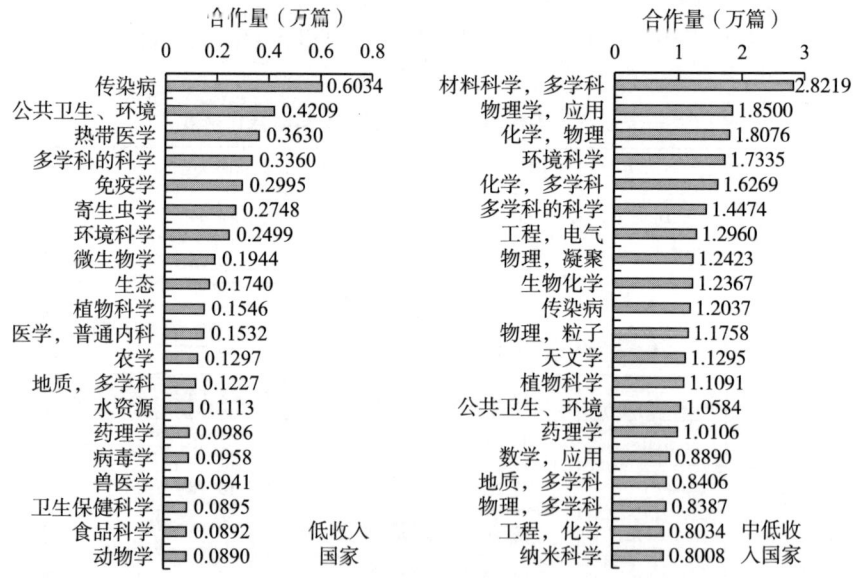

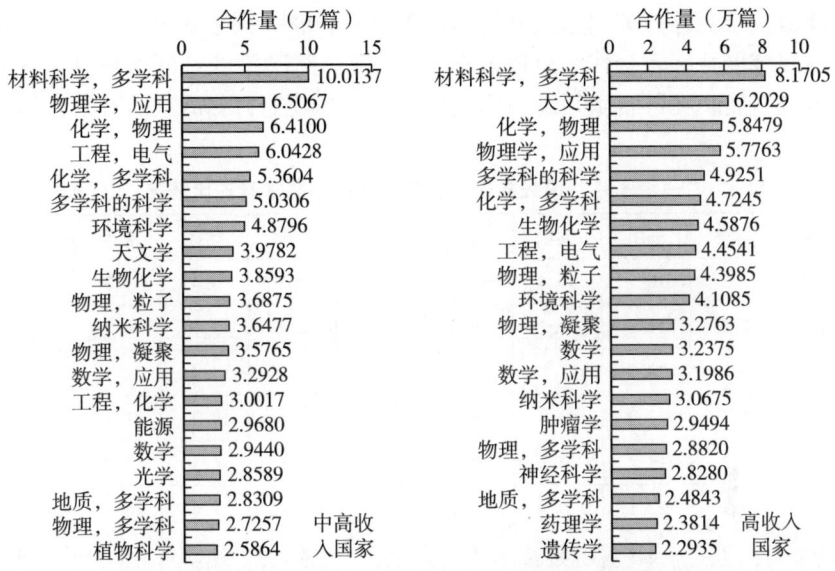

图 4-14 "一带一路"不同收入国家科学合作的学科特征

(2) 学科交叉性强、技术要求高的某些关键领域成为"一带一路"沿线各国科学合作布局的重点。图 4-14 表明,除了在各国亟须解决的现实问题上开展大量合作研究外,各国在学科交叉性强、技术要求高的大科学领域开展了积极探索,但学科融合形式和程度不尽相同,比较而言低收入国家多在基础应用层面,而高收入国家则在前沿科技相关学科提早布局。

(3) 对未知领域的探索和对基础科学的重视逐渐成为"一带一路"沿线国家科学合作的方向。对图 4-14 分析可知,各国除了在相对成熟的材料、物理、化学、工程等学科领域开展合作研究外,在肿瘤防治、生物工程(基因等)、天体物理等领域同样开展了较多合作。由于"一带一路"沿线国家发展水平差异较大,各国对未知领域探索的关注点及深度不一,但对相关基础研究领域的合作,各国均给予足够重视和相应支持力度。

(4) 区域学科布局差异较大,学科呈现特征与区域发展状况相映衬。表 4-13 结果结合各区域发展特征可以看出,西亚、南亚、东南亚、南非等区域在工程建设领域涉及较多,主要包括基础设施建设方面、城市规划建设等。非洲国家在医学,包括传染病防治、卫生医疗改善等领域合作较为广泛。北非、东亚、西亚、南亚、大洋洲等区域在环境卫生、气候变化等威胁人类生存相关问题上开展了较多研究。欧洲国家在物理、天文、数学等领域展开深入合作。总体来看,"一带一路"沿线不同区域国家为适应自身发展,在各自亟须解决问题上开展了与其能力相适宜的科学合作。

表4-13 "一带一路"沿线各区域科学合作的主要学科占比情况　　单位:%

区域	材料	环境	医学	农业	能源	数学	物理	化学	天文
东非	2.3	10.2	30.4	15.2	8.9	2.1	3.4	4.3	1.2
西非	2.4	11.1	31.2	16.3	7.9	2.4	2.9	4.7	1.3
南非	6.2	23.3	21.2	13.2	9.1	4.2	4.4	10.1	3.8
北非	11.1	7.3	9.8	6.2	5.3	8.2	19.3	21.2	3.1
中非	2.2	13.2	29.3	10.3	6.2	3.1	6.3	7.2	1.4
北美洲	6.7	22.1	6.7	12.3	5.4	4.4	17.6	18.2	3.1
南美洲	7.2	8.1	5.2	5.7	4.9	6.3	14.3	14.3	8.4
大洋洲	8.7	16.9	6.4	8.7	7.3	7.8	9.8	10.2	1.3
东南亚	13.4	13.2	8.4	9.7	5.7	10.1	15.5	16.8	2.3
东欧	14.2	7.6	5.3	4.4	8.3	9.5	20.1	16.2	10.3
东亚	14.9	11.5	7.9	6.4	9.4	12.7	13.4	15.9	3.5
南亚	11.3	13.7	8.9	7.8	6.9	9.4	15.4	16.5	2.5
欧盟	13.6	11.1	8.9	4.6	5.6	12.5	16.3	15.1	10.2
西亚	13.2	12.6	10.7	8.7	9.8	5.3	15.1	16.4	1.9
中亚	10.4	7.9	6.8	8.4	9.5	12.1	14.7	13.5	9.8

注:此处学科分类以大类为主。

4.4.3 "一带一路"沿线国家科学合作的资助特征

(1)资助比例逐年升高,持续稳定资助成为关键。由图4-15可以看出,"一带一路"沿线国家科学合作资助比例的年度变化情况反映出相关科学合作资助具有一定的稳定性,10年间沿线国家科学合作资助比例提升了20%左右。对相关资助机构的分析发现,高收入国家获得持续资助的比例更大,也成为稳定合作的前提。总体来看,低收入国家由于存在较大合作风险,合作稳定性较差,但受国际机构的关注和相应资助的陆续兑现影响,科学合作进程不断推进。

（2）国家收入的提升，带动了资助范围的扩大，以中国为代表的中高收入国家资助力度不断增强。图4-15同样表明，随着国家收入的不断提升，国家科学需求不断增大，科学合作成为各国科学水平提升的重要手段。相关资助更大地激励了科学合作活动的开展。以中国为代表的新兴经济体对科学合作的鼓励力度不断加大。2018年相关国家科学合作的平均资助比例达到了合作总量的73%。

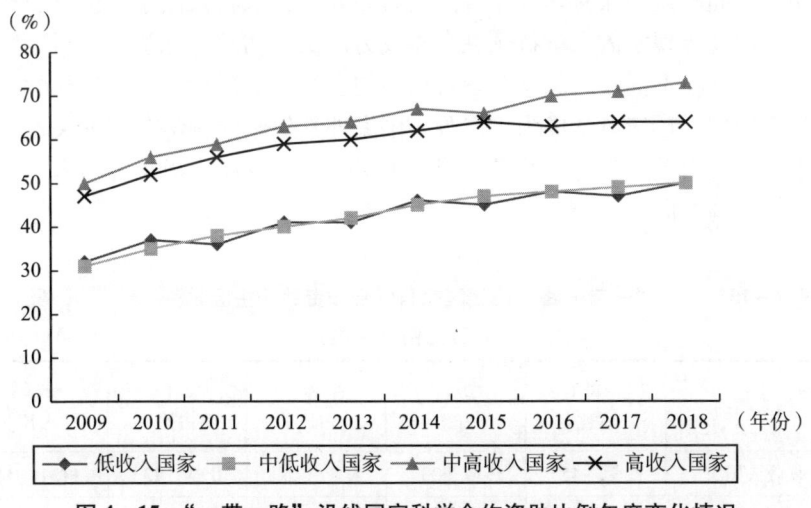

图4-15 "一带一路"沿线国家科学合作资助比例年度变化情况

（3）"一带一路"沿线国家科学合作资助来源向多样化趋势发展，国家收入越高这种趋势越明显。表4-14对沿线国家科学合作资助来源情况进行描述，总体来看，"一带一路"沿线国家科学合作资助机构多以国家级资助机构为主。但资助来源多样化逐渐成为趋势，表现在高收入国家科学合作资助机构的分布多样化，国际资助机构的负向关切度下降等。同时，随着国家收入的不断提升，科学合作驱动形式发生了变化，社会、企业或个体间多样的资助形式使科学合作研究更具个性化。

表4-14 "一带一路"沿线国家科学合作资助机构来源情况　　　　单位：%

国家类别	国际机构	国家机构	区域机构	其他机构
低收入国家	46	35	13	6
中低收入国家	37	39	14	10

续表

国家类别	国际机构	国家机构	区域机构	其他机构
中高收入国家	23	44	16	17
高收入国家	9	36	27	28

（4）资助学科体现需求迫切性，重点学科资助比例稳步提升。表4-15表明，不同收入国家科学合作重点具有差异性，低收入国家在医学、环境科学、农业等现实需求学科领域合作较为广泛。物理、化学、材料、数学等基础科学在不同收入国家科学合作中均占有较高比例，是各国科学合作的重点领域。环境科学成为除高收入国家外其他国家科学合作的关键。整体来看，突出重点学科，并最大限度地保持学科发展均衡是各国未来科学合作的重要方向。

表4-15　　"一带一路"沿线国家科学合作资助的主要学科及其比例（大类）　　单位：%

国家类别	学科1[占比]	学科2[占比]	学科3[占比]	学科4[占比]	学科5[占比]
低收入国家	医学[45]	环境[20]	农业[15]	化学[13]	材料[7]
中低收入国家	物理[35]	化学[25]	材料[16]	环境[13]	数学[11]
中高收入国家	物理[34]	化学[21]	材料[18]	数学[18]	环境[9]
高收入国家	物理[36]	化学[19]	材料[17]	数学[19]	天文[9]

4.5 "一带一路"沿线国家科学合作影响因素

4.5.1 研究问题

前文分析了"一带一路"沿线国家科学合作的总体趋势、网络特征和一般模式，初步反映了较多沿线国家开展科学合作的间接或直接影响因素。为了对这些影响因素进行验证和寻求更加重要的沿线国家科学合作驱动机制，本节构建沿线国家科学合作影响因素理论模型和计量经济学模型,拟解决以下三个问题。

(1)"一带一路"沿线国家科学合作影响因素有哪些?不同的收入分组或不同区域影响因素是否具有差异?

(2)"一带一路"沿线国家科学合作影响因素对其科学发展促进或制约程度如何?

(3)"一带一路"沿线科学薄弱国家如何借鉴不同收入分组或不同区域国家在不同阶段(时间阶段、发展阶段)科学合作的运行机制,减小部分影响对其科学合作的阻碍作用,进而加快自身科学能力建设?

4.5.2 指标说明

已有研究对科学合作影响因素做了深入梳理和探讨,已知因素中地理位置、经济水平等成为影响国家或地区科学合作的主要测度指标。同时,本书依据上文分析得出科学产出能力、世界科学中心的集聚吸引效应、科学水平差异、研发投入保障、研究互补性等同样对科学合作具有较强的影响力。基于此,本书提出如下测度指标。

(1)地理位置优势。以往研究认为地理邻近对科学交流合作不仅提供了时空便利性,同时提升了科学合作的效率,增进了科学合作者友好交往,在加速显性知识传播的同时,增进隐性知识交流[150-151]。然而,后续研究表明,随着人类信息科技迅猛发展,地理距离的限制已不再明显,或至少在某些研究领域情景下表现不再突出[152-153]。本节将对"一带一路"沿线国家同其他合作国的距离进行测算,并找出距离位置对各国科学合作的影响情况。

(2)科学产出能力。一般认为科学产出能力强国,更受其他科学产出能力较弱国的科学合作"追捧"[154],但这种观点的前提是科学产出较落后国具有积极追求科学进步的意愿,同时科学产出强国认为类似科学合作具有一定"价值"。"一带一路"沿线国家科学发展水平差异较大,各国追求科学合作的意愿也不尽相同,在逆全球化势力抬头,保护主义、单边主义影响上升的国际背景下,科学技术发展的独立性和自主性成为中等科技水平国家发展的方向。根据前文分析,"一带一路"沿线国家科学产出能力对其科学合作不完全具有正向影响,为此,探寻在此指标下沿线国家科学合作具体影响关系成为本节关注的重点。

(3)经济发展水平。过去研究认为经济发展水平高低直接影响一国科研投入大小，进而影响科技整体水平，也有研究认为经济发展落差促进科学生产要素流动，增加科学合作机会，对科学资源配置具有正向作用[155]。在世界多极化、经济全球化、社会信息化、文化多样化深入发展的今天，世界各国在紧密联系中竞争发展，竞争合作成为各国尤其是大国间求存发展之道。根据竞争合作理论，各国科学合作的目标是互惠互利，但这种目标可能存在"公平"问题，从而影响科学合作长远发展。"一带一路"沿线国家经济发展水平不一，科学竞争合作形式更为复杂，探究不同经济发展水平下，科学竞争合作的一般规律尤为重要。

（4）科学影响水平差异。科学影响力反映了一国科学研究的国际认可程度及在国际上的地位。一国科学影响力越高，科学合作吸引力越强，同时一国科学影响力的提升增加了其与高影响力科学产出国合作的机会，反之又促进了科学影响力较弱国家的能力提升。"一带一路"沿线国家科学影响力水平差异较大，科学影响力与科学合作的关系不仅体现在相互促进上，还反映在具体类别国家对在寻求科学合作过程中提升自身科学实力的差异性方面。

（5）研究互补性。各国科学资源具有差异性的事实在短期内将不可更改，科学合作优势不仅体现在一国较强的科学实力上，还表现在一国拥有的科学研究资料、工具、需求等方面，这些科研优势往往需要整合配置才能发挥出最大的合作效益。同时，研究人员在科研议题上兴趣相投也能激发更广泛的科学合作。根据霍曼斯社会交换理论可知，科学合作主体对各自科研优势进行交换，达成公平和相互收益后，合作关系才能保持并继续发展。"一带一路"沿线国家在科学合作中发挥着怎样的比较优势，实现科学研究互补是本节关注的重点。

（6）资助强度。知识，人才，资金是构建科学研究、合作交流"场域"不可或缺的要素，其中资金是保障人才流动、知识扩散的重要推动力。大量研究表明国际科学合作产出绝大部分受科学基金资助。科学基金资助对"一带一路"沿线国家科研合作是否具有类似影响，不同类别国家资助影响差异是否存在是该指标解决的核心问题。

4.5.3 数据与测度方法

4.5.3.1 数据获取

本书4.1.3节对本章研究数据进行了说明，通过对数据下载和后期挖掘分析发现,"一带一路"沿线国家与全球233个国家或地区中的193个合作较为紧密,193个合作国或地区将其他国家海外属地和合作量极少的对象排除在外,且与中华人民共和国外交部国家和组织名称进行了对照。需要说明的是本节未对中国台湾和中国香港特区进行单独考量。

(1)"一带一路"沿线国家科学合作情况的测度。本书选用三个测度指标来描述"一带一路"沿线国家科学合作情况。

①科学合作强度:现有研究提出多种计算科学合作强度的方法[156-159],但被广泛认可和常用的是Salton指数法[160-162],其计算公式为:

$$S_{ij} = n_{ij} / \sqrt{n_i n_j} \tag{4.14}$$

式(4.14)中,n_{ij}表示i国和j国绝对合作频次,n_i表示i国科学产出总量,n_j表示j国科学产出总量,$0 \leq S_{ij} \leq 1$。S_{ij}越大,表明两国间科学合作倾向性越强。

②科学合作数量:表示一国参与科学合作的论文总量(记作TCP)。

③科学合作影响力:参照4.2.2节,计算一国科学合作论文的CNCI值,CNCI越大,表明其科学产出影响力越大(记作TCP_CNCI)。

(2)地理位置对科学合作影响的测度。本书需要确定"一带一路"沿线国家分别与193个合作国家和地区的距离长度。参照申根格尔和巴伯(Scherngell and Barber, 2009)[163]通过经纬度计算两国间球面距离的做法,本书以两国首都间距离代替"一带一路"沿线国家与合作国家间距离(记作SD),计算数据和方法均参考了CEPII数据库[164]。

$$SD = 2R \times \arcsin\left(\sqrt{\sin^2\left(\frac{LA_a - LA_b}{2}\right) + \cos(LA_a) \times \cos(LA_b) \times \sin^2\left(\frac{LO_a - LO_b}{2}\right)}\right) \tag{4.15}$$

式(4.15)中,R表示地球半径,LA表示维度,LO表示经度。

(3)科学产出能力对科学合作影响的测度。论文是科学产出的主要形式,参照卡拿利斯(Caniëls M, 2001)的做法,以"一带一路"沿线国家科学论文发表的总数(记作TP)作为科学产出能力的衡量指标。对科学产出能力与科学合作强度(S)、科学合作数量(TCP)、科学合作影响力(TCP_CNCI)情况做曲线拟合分析。

(4)经济发展水平对科学合作影响的测度。为了与本书对"一带一路"沿线国家收入分组的划分依据一致,此处选用一国人均GNI作为衡量一国经济发展水平的指标(记作EP_GNI)。

(5)科学影响力对科学合作影响的测度方法。参照4.2.2节,计算一国科学总产出（非合作）及合作论文的 CNCI（前者记作 TP_CNCI），一方面分析一国科学总产出（非合作）影响力（TP_CNCI）与科学合作强度（S）、科学合作数量（TCP）、科学合作影响力（TCP_CNCI）的关系；另一方面分析科学合作影响力（TCP_CNCI）与科学合作强度（S）、科学合作数量（TCP）的关系。

（6）研究互补性对科学合作影响的测度方法。本书研究互补性用研究领域的相似性来间接替代，对合作双方在该研究领域下主导合作研究中含义相似的关键词进行词频统计。计算双方合作研究领域的互补性程度（记作 CPT）。

$$CPT_i = \sum_{j=1}^{n-1}(Na_{ij} + Nb_{ij})^{-1} \quad (4.16)$$

式（4.16）中，Na_{ij}、Nb_{ij} 表示合作方 a、b 主导其他合作与当前合作 i（一国与第 i 个国家的合作）相似研究的数量，n 表示 a、b 合作的数量。

（7）资助强度对科学合作影响的测度方法。本书用基金资助情况来衡量资助强度，主要包括基金数量（NF）、基金类别（CF）。其中基金数量越多说明该项研究获得的资助来源越多，资助金额越大。通常情况下，基金类别（国家/地区/其他）越多也表明资助金额越高。

4.5.3.2 测度方法

基于以上指标和数据，本节旨在寻找观测指标与科学合作强度（S）、科学合作数量（TCP）、科学合作影响力（TCP_CNCI）的相关性方法。有关指标相关性的研究已非常成熟，研究方法多以多元回归，图表法（散点图、相关矩阵等），皮尔逊、肯德尔的 tau-b 和斯皮尔曼相关系数法、协方差等。由于一些测度方法对数据分布有较高的要求，因此本书测度方法采用斯皮尔曼相关系数法和相关矩阵（图表）分析法，前者用于对整体相关性的分析，后者用于对分析结果的解析和详细分析。

$$\rho = 1 - \frac{6\sum_{i=1}^{n} d_i^2}{n(n^2-1)} \quad (4.17)$$

$$d_i = P_{x_i} - P_{y_i} \quad (4.18)$$

式（4.17）和式（4.18）中，ρ 为斯皮尔曼相关系数，$-1 \leqslant \rho \leqslant 1$，d 表示秩差，P 为秩。本书中首先要对两组分析数据进行排序，进而得到对应元素的排序位置 P_{x_i} 和 P_{y_i}。

4.5.4 研究结果分析

依据式（4.17），本书对 6 个测度指标与被测度指标的相关性进行了计算，具体计算结果如表 4-16 所示。可以看出不同测度指标对"一带一路"沿线国家科学合作的影响程度存在差异。具体分析如下。

表 4-16　不同测度指标对"一带一路"沿线国家科学合作影响情况

测度指标	被测指标	相关系数	测度指标	被测指标	相关系数
SD	S	-0.206*	TCP_CNCI	S	0.428**
	TCP	-0.333**		TCP	0.019
	TCP_CNCI	0.068		TCP_CNCI	—
TP	S	0.624**	CPT	S	0.823**
	TCP	0.997**		TCP	0.467*
	TCP_CNCI	0.007		TCP_CNCI	0.138
EP_GNI	S	0.222*	NF	S	0.556**
	TCP	0.389**		TCP	0.412*
	TCP_CNCI	-0.035		TCP_CNCI	0.178
TP_CNCI	S	0.312**	CF	S	0.478*
	TCP	0.590**		TCP	0.456*
	TCP_CNCI	0.215*		TCP_CNCI	0.156

注：*表示在 0.05 的置信水平下显著，**表示在 0.01 的置信水平下显著。

（1）地理距离对不同类型或区域沿线国家科学合作强度、科学合作数量均有显著的负向影响，但影响程度差异较大，科学合作影响力受合作距离影响很小。宏观层面来看，地理距离对各被测指标的影响系数分别为 -0.333、-0.206 和 0.068，表明随着"一带一路"沿线国家与合作国间距离的增大，其科学合作强度与科学合作数量呈下降趋势，但从影响系数来看，其影响程度并不高。为了从中观层面研究地理距离对科学合作的影响，本书按照区域划分计算各区域科学合作受地理距离的影响系数，如表 4-17 所示。结果表明，区域间距离对其科学合作影响显著，北非、东亚、东欧等科学合作活跃区域更容易与邻近区域产生合作，本书认为其合作形式更趋于"被追随",即邻近区域科学合作者更倾向于参与这些区域的合作活动。

表4-17 区域划分下"一带一路"沿线国家合作距离对科学合作影响情况

区域	被测指标	相关系数	区域	被测指标	相关系数	区域	被测指标	相关系数
北非	S	-0.672**	东欧	S	-0.609**	欧盟	S	-0.561*
	TCP	-0.441		TCP	-0.483*		TCP	-0.429
北美	S	-0.591**	东亚	S	-0.594**	西非	S	-0.281
	TCP	-0.570**		TCP	-0.519*		TCP	-0.227
大洋洲	S	-0.268	南非	S	-0.517*	西亚	S	-0.517*
	TCP	-0.217		TCP	0.066		TCP	-0.307
东非	S	-0.442	南美洲	S	-0.468*	中非	S	-0.502*
	TCP	-0.123		TCP	-0.092		TCP	-0.362
东南亚	S	-0.412	南亚	S	-0.570**	中亚	S	-0.815**
	TCP	-0.377		TCP	-0.367		TCP	-0.645**

注:*表示在0.05的置信水平下显著,**表示在0.01的置信水平下显著。

微观层面,本书测度了"一带一路"沿线136个国家分别与全球193个国家和地区间距离对合作数量、距离对合作强度影响程度,并将影响程度由高到低与合作数量、合作强度比较分析。结果表明:科学合作量小且合作强度低或科学合作量大且合作强度高的国家,其合作受地理距离影响程度更小。即科学研究自主性极化两端对科学合作地理选择性不具有差异性,主要表现在部分拥有较高收入且较高科研自主性或较低收入且较低科研自主性国家之上。

(2)科学产出能力极大地影响科学合作强度与科学合作数量,但科学合作影响力提升与科学产出数量无关。科学研究初期,科学产出数量往往是科学合作者选定合作对象的主要依据,同时科学生产者在较为频繁的科学活动中更容易产生与潜在合作者交流的动机。这种对外界的吸引和对自身潜能的激发相辅相成,成为促进沿线国家科学合作的主要因素,具有科学合作的黑洞效应。本书研究显示沿线国家科学产出能力越强,其科学合作数量越多,影响程度达到0.997,这也表明沿线国家科研自主性相对较低。同时,可以看出科学产出数量对科学影响力提升贡献甚微,表明较多沿线国家科研水平依然不高，高质量科研成果占比相对较低。

（3）经济发展水平对沿线国家科学合作数量及合作强度具有显著影响，对科学合作影响力影响一般。绝大部分"一带一路"沿线国家经济发展水平相对较低或处于快速发展时期，这一时期科学合作得到各国重视。同时，一些高收入国家，凭借经济实力开展了富有成效的科学研究，科学合作吸引力得到提升。但科学影响力的提升往往是一个漫长的过程，其受研究问题、深度、关切程度等诸多因素影响。为了较为清晰地分析沿线国家经济水平对科学合作的影响，本书按照收入分组和组内收入由低到高对沿线国家与其他国家科学合作强度做矩阵相关性分析。结果显示，合作强度较高的前10%主要分布在矩阵对角线两侧，说明"一带一路"沿线国家科学合作更倾向于发生在同等收入国家之间。同时，沿线国家科学合作极化效应显著，即经济收入越高的国家，越倾向与更高收入国家的合作，而低收入国家则集中与同类及以下国家合作。但各收入分组内不乏合作强度显著"超群"的合作领导者。

（4）科学影响力对一国提升科学合作能力至关重要，高影响力的科学研究更易吸引较多科学合作者，也能反向促进自身科学研究实力提升。科学影响力是一国科研实力的反映，一般认为科学影响力高的国家，其科学合作能力较强。对"一带一路"沿线国家科学合作产出和非合作产出影响力分别研究表明：非合作科研影响力越高，其科学合作强度、数量均较高，影响系数分别达到0.312和0.590。非合作影响力代表了一国自主科研实力，是其科学研究水平的直接体现，成为科学合作伙伴选择的依据。合作影响力对科学合作强度影响较大，但对合作数量影响一般，原因可能是较多"一带一路"沿线国家科学合作依然以从属合作为主，合作影响力的提升对于科学主导者产生直接且显著的正向影响。

（5）研究互补性对双方开展科学合作具有正向的促进作用，兴趣相投或资源互补能够带来合作数量的增长，但对合作质量的影响并不明显。"一带一路"沿线国家科学合作互补性特征较为明显，互补性相关系数达到0.823，并在双侧检验置信度0.01的水平下显著，表明沿线国家科学合作互补性在很大程度上影响着其开展合作的能力。通过前文分析可知，这种互补性主要体现在研究兴趣投机或必要的资源优势明显等。其能够在合作伙伴选择、合作地位等方面较为全面地影响一国科学研究过程。但分析发现上述因素对相关研究的质量提升并无明显作用，本书认为相关研究合作的目的导向性更为功利，研究成果在解决问题上发挥重要作用，但对全球适应性较差。

（6）一定的资助数量和较高级别的资助类型能够有效促进科学合作的开展，相较其他因素而言，资助因素对科学合作产出质量的影响更大。本书所述的资助数量暗含了资助金额的变化，资助级别表明了研究的受重视程度。在这种意义下，科学合作研究的物质基础或推动级别有了极大地提升，进而表现出对科学合作强度、数量的促进作用。一般而言，科学合作的物质基础能够推动合作者在更大范围和更高层次上推销自我研究或追随他人研究，进而更有利于合作研究的开展。对"一带一路"较多发展中国家而言，较多且有级别的资助，对其科学发展至关重要，表现出在这种资助下得以与外界深入交流的迫切性。这种情况下，其科研产出的质量也随之有所提升。

4.6 本章小结

本章从科学研究的视角对"一带一路"沿线国家科学合作情况进行定量分析，结果表明，各区域、各收入分组和各国科学合作情况均呈现较大的差异性，表现出明显的地域、经济和个体影响效应。总体而言，沿线国家科学合作水平不断提升，科学合作网络地位日渐重要，科学合作运行资源配置和协调能力得到增强。同时，通过上述分析本书认为：（1）诚然区域内合作倾向性高于区域间，但区域内部分国家仍表现出参与区域间合作的高强度和积极性，这种倾向性以科研需求、合作关系、开放程度、共同挑战等驱动较为多见。地理邻近为知识流动提供了便捷，但科学交流需求的迫切性可能不受距离限制。（2）合作关系不具有对称性，合作伙伴选择更趋于理性的需求或兴趣导向。但对科学中心的追随，是"一带一路"沿线国家均存在的现象，引进、联合到独立创新成为共识。（3）经济发展水平阶梯内发生科学合作的概率较大，同一经济发展水平下的沿线国家可能面临相似的发展问题有待研究和借鉴，或相关科学问题在同一经济发展层次上才能有效应对。（4）科学研究数量与质量没有直接联系，但非合作科学研究质量与其发表论文的多少有一定关系。表明由数量到质量是发展阶段的必经之路，高质量科研产出往往与一国自主创新能力直接联系。

"一带一路"沿线国家科学合作模式研究得益于科学合作论文结构化

的完整数据,为本书提供了较高准确性的特征映射,成为沿线国家科技创新合作模式探索的重要手段之一。为更全面地反映技术合作特征,作为科学合作研究的有力补充,后文将从专利合作的视角探究沿线国家技术合作模式的运行过程。

第 5 章

"一带一路"沿线国家技术创新合作及影响因素研究

新一轮科技革命和产业变革最大的特点是新技术与传统科学融合对现有经济结构和格局产生极大改变和深刻影响，说到底是技术创新与产业融合发展的结果，表明了技术对一国经济社会发展的巨大促进作用。技术发展演进过程中，技术合作尤其是与技术强国间的合作举足轻重。专利产出是技术创新最有力的表征。而专利合作产出则为掌握一国技术演进过程、技术布局特征、技术成熟情况等提供视角。本章将对"一带一路"沿线国家国际合作产出专利数据进行分析，以期揭示各国技术合作历程中惯有和新兴模式特征。同时，通过对各国技术合作影响因素分析，探究其技术成长障碍与启示。

5.1 研究思路与数据说明

5.1.1 研究思路

以专利合作视角考察技术合作情况、总结合作模式特征，成为探究一国技术竞争力水平和追溯创新演变历程十分重要的方法。本书对"一带一路"沿线国家专利合作数据进行挖掘分析，以揭示各国技术合作演变特征。由于技术合作与科学合作存在一定差异，本书将从技术合作深度和广度两个维度，从技术合作主导性、时空特性、网络演变、合作成长等多个层面展开研究。为此,本章拟解决以下主要问题。

(1)"一带一路"沿线国家技术合作总体特征,各收入分组的特征如何?

(2)"一带一路"沿线国家技术合作主体中,国家、机构层面具有的模式。

(3)"一带一路"沿线国家技术合作的时空特征。

(4)"一带一路"沿线国家技术合作网络演化特征如何,网络紧密性、稳定性等具有何种特点?

(5)"一带一路"沿线国家技术合作受哪些因素影响,国家间这种影响的差异如何?

5.1.2 分析模型

为了探究上述问题,本节提出如图 5-1 所示的理论分析模型,着眼于对"一带一路"沿线国家技术合作模式和影响因素两个方面展开研究,本书认为两者在实践中相辅相成,技术合作模式选择决定技术合作开展是否顺利进行,而技术合作影响因素又间接造成技术合作模式选择的差异。在技术合作模式模块,本书沿用科学合作模式分析的 3 个维度,在技术合作影响模块增加包容性、开放性、内生性等相关指标。

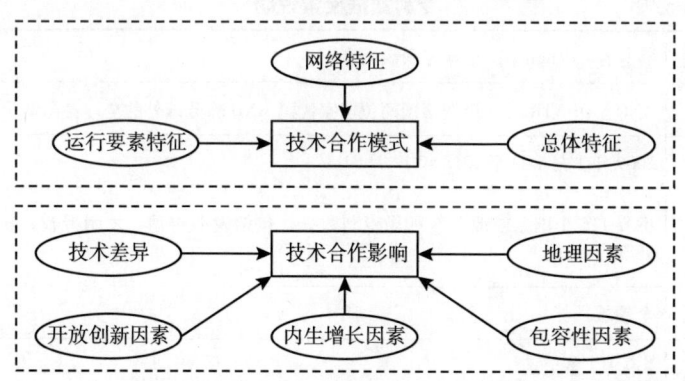

图 5-1 "一带一路"沿线国家技术创新合作及影响理论分析模型

5.1.3 数据说明

前期研究表明,国际技术合作主要表现在 3 个方面:国际合作发明、跨国拥有专利所有权和国际合作授权[165]。而受专利权"独占性"特点影响，专利国际合作授权数量往往较小。因此，国际合作发明和跨国拥有专利所有权两个指标被广泛用于国际技术合作测度[166-168]。考虑到数据的可获得性，本章采用跨国拥有专利所有权来衡量"一带一路"沿线国家国际技术合作情况，即专利当前申请人（专利权人）国别为两个以上，且其中至少一个为136个"一带一路"沿线国家之一。

在专利数据库选择方面，本书选择智慧芽（PatSnap）提供的全球专利数据库，选择理由之一是其收录了包括美国、日本、欧洲、韩国、中国和世界知识产权组织在内的116个国家或地区专利局的1.4亿条全球专利数据，能够提供包括当前申请（专利权）人所属国家（地区）在内的多个字段的复杂检索功能。选择理由之二是"一带一路"沿线国家涉及较多，各国申请专利的情况差异较大，选择分布于全球各地专利局的全面数据而非某一单一数据库更符合沿线不同国家专利申请特性。

综合考虑专利从申请到公开的滞后性，专利引用等信息的全面性等因素，本章专利合作数据依然以公开（公告）时间2009年1月1日至2018年12月31日为检索时间范围。检索策略设定为：当前申请（专利权）人国家（区域）= "一带一路"沿线某国 AND 除此国外的全球各国。共检索得到160 912条专利数据。具体如表5-1所示。

表5-1　　　　　　　　　　专利数据检索说明

数据来源	智慧芽（PatSnap）全球专利数据库
检索策略	ANC_COUNTRY：（沿线某国两位国家代码 AND 除此国外的全球各国两位代码）*
时间跨度	2009年1月1日至2018年12月31日
数据类别	世界116个国家或地区专利局专利数据，包括发明申请、发明授权、实用新型、外观设计
技术领域	全领域
检索数量	160 912条记录

注：* 例如中国与世界各国合作专利检索式为：ANC_COUNTRY：（CN AND（US OR SS OR BR OR……））。

5.2 "一带一路"沿线国家技术合作整体特征

5.2.1 "一带一路"沿线国家技术存量及合作整体情况

从图 5-2 描绘的总体情况来看,"一带一路"沿线国家专利申请数量不断增长,由 2009 年的 112 万件增长到 2018 年的 446 万件,增长了近 300 个百分点,表明沿线国家技术创新能力得到进一步提升。与全球专利申请 99.76% 的增长率相比,"一带一路"沿线国家正在成为全球技术创新的主要引擎。同时,"一带一路"沿线国家技术申请占全球申请量的比例稳步提升,表明沿线国家对全球技术创新的贡献度得到快速发展,在全球技术市场逐渐占有了一定地位和产生了相当影响。

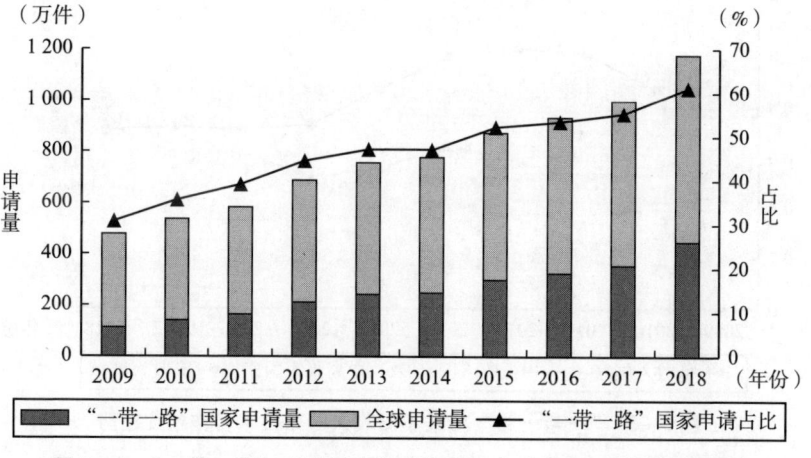

图 5-2 "一带一路"沿线国家技术存量及全球技术保有量年度趋势

尽管如此,本书发现"一带一路"沿线国家在美国专利局授权专利数量相对较少,低收入国家表现尤为明显,表明虽然沿线国家技术能力得到一定提升,但依然与其他技术强国存在较大差距。同时,除了一些技术强国,以中国为代表的金砖国家对沿线专利存量的贡献最大,成为影响区域技术创新的主要力量。

如图 5-3 所示，从收入分组层面来看，不同收入分组"一带一路"沿线国家技术合作趋势具有一定的相似性，但合作水平差异较大。各收入组国家在 2010 年至 2013 年间表现出较强的技术合作态势。本书认为，2008 年经济危机使全球各国意识到恢复和振兴本国经济需要尽快培育和建立起符合自身发展需要的强大科技体系，各国纷纷制定促进科技发展的长远规划和政策，并加大了在科技创新方面的研发投入，科技合作成为技术进步的短期要求。2013 年以后，随着科技发展热潮趋于理性化，以及受技术强国技术保护政策影响，"一带一路"沿线国家科技合作数量开始放缓，但总体保持在较为平稳且缓慢增长的水平上。总体来看，"一带一路"沿线国家技术合作水平与其经济发展状况呈现较强相关性，技术合作能力随收入水平提升不断增强，中高收入国家以平均 6.4% 的技术合作增长率领先于其他收入组国家，并在 2018 年超越高收入国家。这表明"一带一路"沿线中高收入国家技术创新活动活跃，参与全球科技治理的需求日益迫切。

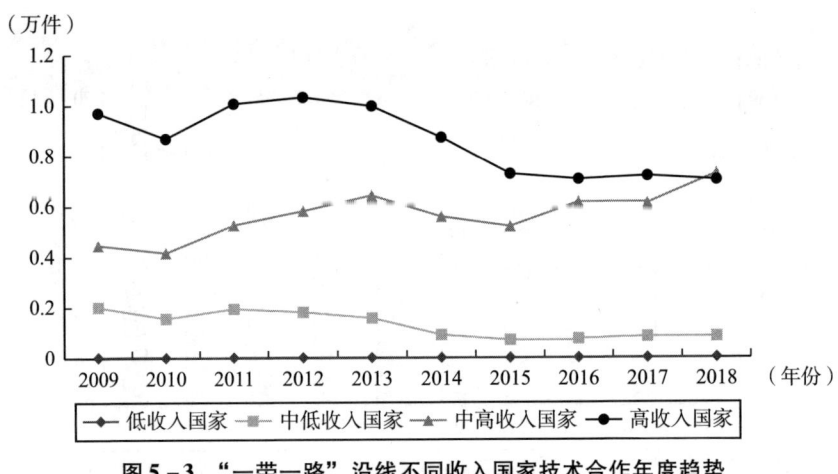

图 5-3 "一带一路"沿线不同收入国家技术合作年度趋势

从"一带一路"沿线不同收入国家技术合作占比情况看，"一带一路"沿线国家技术合作数量稳中有增的同时，总体专利合作申请比例却有所下降，表明各国独立研发能力有所提升，自主创新能力得到一定发展。同时，也看到低收入国家合作比例最高，但其合作数量却最少，表明其技术发展对外部合作的依赖性最高。与前文各收入组国家技术趋势比较，可以看出随着沿线国家经济水平的提升，其技术发展对外依赖性不断减弱。而当一国技术达到一定程度时（部分高收入国家），其技术合作更趋于

"追随"合作,上述依赖性关系不再显著。这与前文科学合作模式中的相关结论具有相似性。

区域层面,"一带一路"沿线东亚国家技术合作数量最多,韩国、中国是技术合作主要的贡献者。其次是欧盟、西亚、东南亚、南亚、东欧等区域,非洲各区域除了北非各国开展较为频繁的合作外,其他国家均表现不佳。总体来看,技术强国、新兴市场国家,尤其是金砖国家在相应区域内表现出较强的技术合作能力,拥有沿线全部合作专利的50%以上。同时,相对于其他沿线国家,技术合作数量较多的国家超过一半的合作专利为PCT专利,以中国参与合作申请专利最为明显,表明"一带一路"沿线主要国家海外专利布局意识进一步增强,知识产权对跨国公司海外市场竞争优势获取的重要性日益明显。

"一带一路"沿线各区域合作比率的箱形图能够反映区域技术合作内外部差异情况。图5-4结合沿线各区域国家具体合作情况可以看出:东亚、欧盟、东欧、东南亚等区域技术合作量大、合作比率小,技术自给程度相对较高,且区域内技术合作能力差异较小。非洲、中亚、南亚、南美洲等区域技术合作量小,合作比率大,技术依赖性明显高于其他区域,且区域内各国技术合作差异相对较大、离散程度较高,表明区域内个别技术合作"异常"国家对整个区域影响不断扩大。

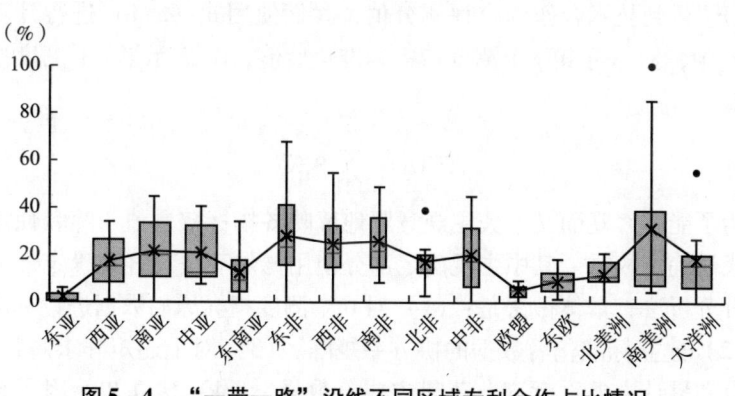

图5-4 "一带一路"沿线不同区域专利合作占比情况

5.2.2 "一带一路"沿线国家技术合作质量特征

现有测度专利质量的研究指标已较为成熟,主要体现在基于引文[169]、保护范围[170]、专利维持等方面[171]。研究对象包括区域或领域视角下的若干专利和个体视角下的单个专利[172]。同时，根据研究对象、特定环境等情况，专利质量指标制定不尽相同，也未有统一定论。大体来看，这些指标可分为综合质量指标和简单质量指标[173-174]。依据本书研究主题和研究对象特性，结合当前国内外有关专利质量研究的主流观点，我们尝试基于技术质量[175]、法定质量[176]和经济质量[177]三个维度中分别选定的最具影响力的两个指标构建本节"一带一路"沿线国家技术合作质量评测的综合指标（记作 TCQ）。具体如表 5-2 所示。

表 5-2 "一带一路"沿线国家技术合作质量评测指标

指标维度	指标名称	释义	主要文献	权重
技术维度	专利被引数量（X_1）	专利被引越高质量越好	Gambardella[178]	β_1
	技术覆盖范围（X_2）	IPC 号个数越多质量越好	Lerner[179]	β_2
法定维度	专利族大小（X_3）	同族数量越多质量越好	Neuhausler[180]	β_3
	权力要求数（X_4）	要求数量越多质量越好	Marco[170]	β_4
经济维度	专利维持时间（X_5）	维持时间越长质量越好	Lanjouw[181]	β_5
	专利价值（X_6）	专利价值越高质量越好	Chen[182]	β_6

为了得到技术合作综合评测分值，我们使用式（5.1）进行计算。式（5.1）中，X_i 表示第 i 个测度指标标准化后值，β_i 表示第 i 个测度指标的权重值。

$$TCQ = \sum_{i=1}^{6} \beta_i X_i \qquad (5.1)$$

为了能够客观而又不失主观意愿地反映各指标权重值，笔者使用主客观集成法确定权重。其中主观确定部分使用德尔菲法。客观确定部分使用主成分分析法，具体做法是：(1) 对 6 个测度指标原始数据进行标准化处理。(2) 建立标准化后数据的协方差矩阵。(3) 对上述矩阵求解特征值、主成分和累计方差贡献率，获得主成分数量。(4) 建立初始因子载荷矩阵，计算主成分。(5) 根据 (3) 和 (4) 结果，确立指标权重。最后权重确定如式（5.2）所示。式（5.2）中，a_i、b_i 分别表示第 i 个主观和客观权重值。相关计算结果如表 5-3 所示。

$$\beta_i = a_i b_i \Big/ \sum_{i=1}^{6} a_i b_i \qquad (5.2)$$

表 5-3　　　　　　　各指标因子载荷及主观和客观权重

指标	Component1	Component2	b_i	a_i
X_1	0.4105	0.2013	0.2328	0.2300
X_2	0.2012	-0.1083	0.0678	0.1300
X_3	0.2386	-0.1120	0.0840	0.1000
X_4	0.3245	-0.1899	0.1059	0.1000
X_5	0.3547	0.6545	0.3088	0.2200
X_6	0.2218	0.4435	0.2007	0.2200

注：数据为"一带一路"沿线中高收入国家组相关数据计算而来，辅助工具为 SPSS17.0，其他组数据计算方法同理。Component1、Component2 分别表示第一、第二主成分与对应变量的系数。

由于本节技术合作质量涉及不同分组数据，故权重值因此不同，为了便于技术合作质量特征的组间比较，笔者取各组权重值的平均值作为指标的固定权重，最终得到"一带一路"沿线国家技术合作质量测度综合指标计算公式为：

$$TCQ = 0.31X_1 + 0.05X_2 + 0.04X_3 + 0.06X_4 + 0.30X_5 + 0.23X_6 \quad (5.3)$$

依据式（5.3），计算不同收入分组、不同区域内各国专利合作质量情况，此过程中考虑到合作专利分析样本较大且专利质量随时间变化具有偏态分布特征，故采用 Z-score 标准化方法对各指标值进行无量纲化处理。相应的通过分析计算结果，本节得出"一带一路"沿线国家技术合作质量具有如下特征。

（1）专利数量增多一定程度上能够促进一国专利质量不断提升，但这并不是绝对的。"一带一路"沿线国家专利合作质量与数量散点分布情况表明，部分专利授权较少国家通过合作，专利质量表现出较高水平，如冈比亚、巴布亚新几内亚。但那些具有系统性的关键技术依然出现在研发活动活跃国家，如韩国、新加坡。同时，专利合作量较少国家，合作专利公开年份也较晚，表明这些国家技术合作在近年来逐渐被重视。与"一带一路"沿线其他国家相比，中国专利合作数量最多，专利合作质量处于中高层次，表明中国专利合作等级在促进技术成长上依然具有明显提升空间，部分核心技术"跟跑"局面依然存在。

（2）"一带一路"沿线国家技术合作质量差异较大，技术领导者在技术合作中并未表现出较高的技术合作质量，但相对于参与合作的其他国家，其技术水平又具有明显优势，表明技术合作对技术领导者能力提升并无显著影响。表5-4分析表明,技术追随者参与技术领导者合作研发能够在一定程度上提升其技术质量,但技术追随者要实现技术赶超,在技术合作的作用下,独立研发又显得格外重要。对于技术落后者而言,技术合作研发成为其技术能力提升的重要途径,也是其研发活动开展的必要动力。技术落后者参与合作的技术往往关乎其生存环境,影响其生活状态,进而被广泛关注,表现出较高的质量水平。

表5-4 "一带一路"沿线不同类型技术合作者合作状态差异情况(部分)

类型	国家	合作数量	授权数量	合作比例	合作质量(TCQ)
技术领导者	KR	23 931	3 117 698	0.008	1.263
	SG	7 987	113 826	0.070	0.900
	IT	13 484	532 136	0.025	0.739
技术追随者	CN	29 454	19 831 663	0.002	0.730
	RU	6 523	466 129	0.014	0.495
	BR	3 424	83 453	0.041	0.638
技术落后者	ZM	4	19	0.211	1.515
	BN	37	454	0.081	1.526
	RW	2	4	0.500	1.325

(3)"一带一路"沿线不同收入国家专利合作质量表现出与其收入状态相适应的波动性。总体来看,这种波动性在低收入国家最为明显,在高收入国家表现较为稳定。低收入国家间专利合作质量差异明显,表明部分国家一些特定问题受到外界广泛关注,这类技术合作更受全球重视。而一些国家也开展了相应的技术合作研发活动,受其技术能力较弱、技术问题普遍性较低等因素影响,未能得到广泛认同。高收入国家技术合作质量差异明显较小。一方面,这些国家技术能力或研发投入等得到极大改善,技术合作方向、领域等较为明确;另一方面,技术合作追随者因其技术能力强而不断增多,在相应技术合作领域往往具有明显优势,进而表现出总体上的技术合作质量差异缩小特征。

(4)"一带一路"沿线不同区域国家专利合作质量差异具有明显的地域特征。图5-5表明,西非、西亚等一些技术实力较弱区域的国家其专利合作质量反而较高,表明这些区域相关合作技术受到普遍关注或产生较高价值,也体现了这些区域技术需求的迫切性和技术合作的重要性。同时也看到,欧盟国家、北美洲、东南亚等区域国家技术合作质量总体较高,显示了这些区域各国对技术合作的重视程度及技术能力提升愿望。虽然一些区域内技术合作质量整体一般,但区域内部分国家表现出较高的质量特征,如韩国、巴布亚新几内亚、赞比亚、塞舌尔等,而这些国家多数依然以技术较为落后为主要特征,技术合作在寻求发展、解决困境、实现经济增长等方面具有明显作用。

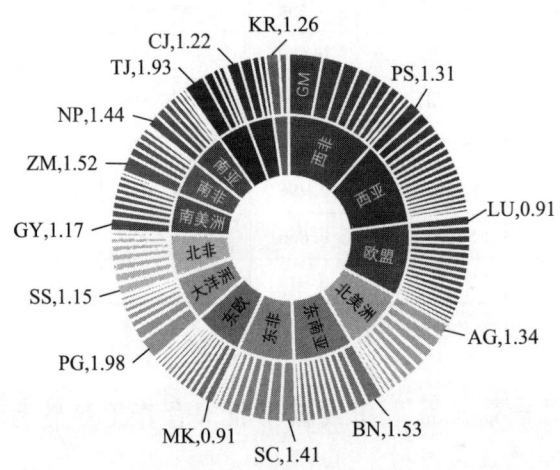

图5-5 "一带一路"沿线不同区域国家专利合作质量差异特征

(5)"一带一路"沿线国家专利合作对象选择对其专利质量影响较大,专利合作"领头雁"在较多领域表现出较高质量的合作特征。通过表5-5分析部分合作数量较少而合作质量较高国家发现,这些国家技术合作对象多为技术发达国家或在相应技术方面具有较强研发能力国家。同时,一些国家技术合作以参与合作为主,相关合作为其合作伙伴分享了技术研发涉及的必要资源,也解决了其生产活动中面临的技术障碍。前文分析可知,"一带一路"沿线国家专利合作数量与其质量并无显著关系,但专利合作"领头雁"在较多技术领域参与了大量技术合作,一些合作技术处于先进水平,其合作对象也以美国、德国、日本等技术发达国家为主。

表 5–5 "一带一路"沿线技术合作主要国家合作特征
（前 10 位、后 10 位）   单位：件

排序	国家	合作数量	主要合作者（Top 3）	合作质量（TCQ）	排序	国家	合作数量	主要合作者	合作质量（TCQ）
1	CN	39 454	US，JP，DE	0.730	122	SS	2	IT	1.340
2	KR	23 931	US，JP，DE	1.263	123	RW	2	CA	1.310
3	IT	13 484	US，DE，FR	0.739	124	TD	2	CN	3.000
4	IN	10 036	US，GB，NL	0.454	125	GD	2	CN	0.000
5	IL	9 679	US，DE，GB	0.680	126	GY	2	NZ	1.340
6	AT	9 367	DE，CH，US	0.724	127	SO	1	KR	1.165
7	SG	7 987	US，CN，JP	0.900	128	MZ	1	GB	1.000
8	RU	6 523	US，DE，UA	0.495	129	GM	1	GB	1.145
9	SA	4 252	US，NL，DE	0.866	130	PS	1	PK	1.325
10	LU	4 134	US，DE，FR	0.913	131	AG	1	US	1.150

注：因个别国家专利合作数量为 0，本节分析未计入。

5.2.3 "一带一路"沿线国家技术合作主导性与倾向性

专利合作中专利权人位置顺序一定程度上能反映专利权人拥有技术的份额或主导程度。同时，专利权人署名位置的不同也能表征不同专利权人参与合作的伙伴选择特征。基于此，本节对"一带一路"沿线国家专利合作中各国主导性和合作倾向进行分析，以期探究各国在技术合作中的重要程度和伙伴选择模式特征。具体做法是首先对沿线各国技术合作中专利权国家位置顺序进行一一统计；其次从不同维度单独或分类对各国专利合作主导性和倾向性进行分析；最后依据分析结果总结沿线国家技术合作主导性和倾向性共性或个性模式特征。沿用第 4 章主导率的概念及其计算公式和对各国合作伙伴的倾向统计分析，本节得出如下五点结论。

（1）不同收入国家技术主导合作差异较大，高收入国家技术主导合作率明显高于其他国家，低收入国家参与合作占比较大。表 5–6 表明，"一带一路"沿线国家主导技术合作差异表现出一定的收入水平相关性，高收入国家在研发投入等方面具有明显优势，技术主导合作意愿更强。低收入国家主要以参与合作的形式开展技术交流，在此过程中其技术能力成长水平明显增强。

表 5-6　"一带一路"沿线不同收入国家技术合作主导情况

国家类型	合作数量（件）	主导数量（件）	主导率（%）	主要主导国（Top 4）
低收入国家	156	21	13.46	SY, TZ, MG, SN
中低收入国家	13 243	3 256	24.59	UA, IN, EG, PH
中高收入国家	57 249	34 532	42.85	CN, RU, BR, MY
高收入国家	89 467	56 795	63.48	KR, IT, IL, SG

(2) 不同区域国家技术主导合作差异与此区域整体技术水平有较大关系，区域技术"领头雁"对区域内技术合作贡献度日益增强。表 5-7 可以看出各区域技术主导合作差异较为明显，非洲国家技术合作主导性最弱，欧盟、东亚、东南亚等区域技术主导合作具有明显优势。同时，各区域内主要主导合作国对整体主导性的贡献率差异非常明显，表明区域内技术发展水平分化较大，但区域技术"领头雁"对区域整体技术水平带动效应同样存在。

表 5-7　"一带一路"沿线不同区域国家技术合作主导情况

区域	合作数量（件）	主导数量（件）	主导率（%）	主要主导国	主导贡献率（%）
东非	512	121	23.63	SC	77.93
西非	74	12	16.22	GH	18.92
南非	1 641	543	33.09	ZA	94.76
北非	649	231	35.59	EG	50.69
中非	33	9	27.27	CM	51.52
北美洲	2 068	1 011	48.89	BB	73.55
南美洲	4 576	2 034	44.45	BR	74.83
东南亚	11 715	6 578	56.15	SG	68.18
东欧	8 084	4 231	52.34	RU	80.69
东亚	63 462	37 253	58.70	KR	37.71
南亚	10 323	5 745	55.65	IN	97.22

续表

区域	合作数量（件）	主导数量（件）	主导率（%）	主要主导国	主导贡献率（%）
欧盟	36 291	21 056	58.02	IT	37.16
西亚	18 343	4 632	25.25	IL	52.77
中亚	289	67	23.18	KZ	65.40
大洋洲	2 055	1 278	62.19	NZ	94.55

（3）技术强国技术合作选择更倾向于技术水平相当国家，技术合作对象固化较为严重，技术垄断特征较为明显。表 5-8 结果表明，"一带一路"沿线技术强国技术合作更倾向于同领域技术优势明显的其他国家，且这种合作状态较为固化。通过分析其主要合作领域发现，合作双方在相关领域均具有明显优势，强强联手技术垄断合作态势尤为明显。

表 5-8　　"一带一路"沿线技术强国技术合作倾向特征

年份	KR		IT		IL		SG		AT	
	MC	MA	MC	MA	MC	MA	MC	MA	MC	MA
2009	US	H04	US	A61	US	A61	US	H01	DE	B60
	JP	B60	FR	C10	GB	G06	DE	H01	CH	A61
	CN	H04	DE	A61	DE	A61	JP	G11	US	A61
2012	US	H04	US	A61	US	G06	US	G11	DE	C03
	DE	H01	CH	A61	DE	F24	DE	H04	CH	A61
	JP	D01	DE	A61	GB	G06	CN	B25	US	A61
2015	DE	H02	US	A61	US	A61	US	A61	DE	A61
	US	H01	FR	C10	DE	H01	CN	H04	US	C07
	JP	H01	DE	B29	CH	A61	JP	H01	CH	C12
2018	US	H01	US	A61	US	A61	US	A61	DE	F02
	JP	H01	DE	F21	DE	G03	CN	A61	US	C12
	DE	H02	FR	H02	CH	A61	JP	A61	CH	H01

注：MC 表示主要合作国家，MA 表示主要合作国家合作领域（以 IPC 大类划分）。

（4）技术落后国技术合作选择性较小，技术合作角色多倾向于提供技术研究资料或相关技术应用。表5-9分析可知，技术落后国技术合作倾向对象较为稳定，在相关技术合作中多以参与者加入。受其技术水平、研发投入等限制，技术落后国技术合作对象、主导性等可选择范围较小，且合作对象具有水平相似性或地理邻近性等特征。相关技术分析表明，技术落后国在技术合作上多因研发资料补缺、技术特定场景应用等而具有独特优势，同时相关技术对技术落后国适宜性更强。

表5-9　　　　"一带一路"沿线技术落后国技术合作倾向特征

年份	PH		EG		VN		IR		PK	
	MC	MT	MC	MT	MC	MT	MC	MT	MC	MT
2009	US	1	US	1	FR	1	US	0	US	2
	SG	2	SA	0	JP	2	DE	1	CA	4
	JP	4	GB	2	US	0	FR	3	FR	2
2012	US	1	US	1	US	1	US	0	US	2
	SG	3	SA	4	JP	2	KR	4	FR	2
	JP	4	GB	2	CH	3	DE	1	CA	3
2015	US	0	US	0	JP	2	US	0	CA	3
	JP	1	SA	3	US	1	FR	3	US	2
	NL	2	FR	1	CN	4	DE	1	CN	3
2018	US	1	US	1	JP	2	US	0	US	2
	JP	2	SA	4	US	1	DE	2	US	1
	NL	4	GB	2	FR	1	KR	4	CN	3

注：MC表示主要合作国家，MT表示主要合作国家合作技术类型（生活服务应用-0、工业应用-1、医疗卫生应用-2、资源环境应用-3、农业应用-4）。

（5）沿线不同技术水平国家技术合作情况表明，技术合作"抱团"现象具有两极相似并且中间分化特征。根据表5-10结果和前文分析可知，"一带一路"沿线技术强国技术合作对象具有水平高、合作稳定等特点。同时，技术欠发达国家虽然开展了较多与技术强国间的合作，但总体合作对象依然以技术水平相当、关系较为友好国家为主，表现出技术强弱两极"抱团"发展的趋势。比较分析认为，沿线技术追赶型国家技术合作的形式、参与合作者类型等更为多样化,技术合作活跃度也明显较高,与"两极"特征形成明显分化态势。

表 5-10 "一带一路"沿线不同技术水平国家技术合作特征

技术水平	合作对象水平	主要合作领域	技术合作类型	合作稳定性
技术领导者	高	高新技术	主导型	高
技术追随者	低、中高、高	与之适应的关键技术	参与型、主导型	中高
技术落后者	高、低	适用性技术	参与型	低

5.3 "一带一路"沿线国家技术合作网络特征

5.3.1 "一带一路"沿线国家技术合作网络总体情况

基于社会网络分析理论,本节选用"一带一路"沿线国家技术合作网络中较为关切的度量指标,如表 5-11 所示,对其整体网络特征分类别进行研究。研究过程中,本节将 10 年数据划分为 3 个阶段,对沿线 4 个不同收入类型国家技术合作网络的时间演化特征进行比较分析。

表 5-11 "一带一路"沿线国家技术合作网络整体特征度量指标

指标名称	计算方法	指标度量
网络规模	网络中节点数量	网络整体规模越大,网络越复杂
网络边数	节点联结关系数量	网络边数越大,网络节点参与合作越多
联结次数	所有节点累计联结数量	联结次数越大,网络合作越紧密

同时,为了深入了解网络内部运行规律,本节还引入网络平均路径长度、凝聚力指数、模块化度三个关键指标。其具体计算公式如下:

$$PL = \frac{2}{n(n-1)} \sum_{i,j} d(i,j) \tag{5.4}$$

$$C = \frac{1}{n} \sum_{i=1}^{n} \frac{2l_i}{d_i(d_i - 1)} \tag{5.5}$$

$$Q = \frac{1}{2m} \sum_{ij} \left[A_{ij} - \frac{k_i k_j}{2m} \right] \delta(C_i, C_j) \tag{5.6}$$

式（5.4）至式（5.6）中，PL 为平均路径长度，d(i, j) 表示两节点距离。PL 越大表明网络传导性能越差，效率越低下。C 为平均凝聚力指数，l_i 是与 i 相连的所有节点间的实际边数与可能的最大边数之比，其中最大边数为 $d_i(d_i-1)/2$。C 越大，邻近节点的关系越强。Q 为模块化度量值，k_i 表示节点 i 的度，m 为网络边数，A_{ij} 表示节点 i 和节点 j 所在网络对应邻接矩阵的一个元素，如果 i 和 j 有连接，则值为 1，否则为 0。C_i、C_j 是节点 i 和节点 j 所在社区，如果它们在一个社区，则 $\delta(C_i, C_j) = 1$，否则为 0。Q 值越大表明网络社区划分效果越好。具体计算结果如表 5 - 12 所示。

（1）总体合作网络不断扩大，但低收入国家合作网络规模发展速度远远低于其他国家，高收入国家合作网络的稳固性最高。从合作网络规模来看，低收入国家到高收入国家合作规模依次增大，年度网络规模情况也表明沿线国家合作网络规模逐渐增强。但低收入国家技术合作网络规模变化较为缓慢，而高收入国家网络规模较大且稳定，表明其网络稳定性已经形成。

（2）成员间网络关系进一步加强，关系稳定性随收入状态升高呈现上升状态，但低收入国家维持这种关系的难度增加。总体来看，"一带一路"沿线国家技术合作网络的边数和联结次数均有较大提升，表明各国与技术合作伙伴的关系进一步加强。但从局部来看，低收入国家在上述指标下的增量明显低于其他国家。高收入国家虽增长较小，但总体数值较大。

（3）合作网络中技术交流的可达性逐步提升，网络凝聚力开始显现，但多发生在技术强国主导的合作网络中。"一带一路"沿线技术合作网络仍然较为疏松，提升空间较大。网络平均路径长度总体逐渐减小，表明沿线技术合作网络中信息传播效率增强。凝聚力指数逐渐增大，表明沿线技术合作网络成员开始汇集，加强合作成为共识。

（4）合作网络社区结构正在形成，社区内部节点关系趋于紧密，部分低收入国家边缘化程度进一步加深。从模块化度量值的变化情况来看，四个收入类型国家技术合作网络中正在逐渐形成社区结构，且这种结构随着收入的升高而不断得到巩固。从近期网络的整体结构来看，这种社区结构的对象选择往往具有筛选特征，部分国家可能因为网络中的社区规模加深、自身技术合作资源、能力、环境等有限而处于网络的边缘地带。

表5-12　"一带一路"沿线国家技术合作网络总体特征

指标	低收入国家			中低收入国家			中高收入国家			高收入国家		
	2009~2011年	2012~2014年	2015~2018年	2009~2011年	2012~2014年	2015~2018年	2009~2011年	2012~2014年	2015~2018年	2009~2011年	2012~2014年	2015~2018年
网络规模	23	36	55	36	67	100	54	71	108	81	96	125
网络边数	16	24	36	27	48	69	47	64	92	77	85	109
联结次数	29	45	76	47	88	137	78	103	156	101	145	206
平均路径长度	4.114	4.002	3.782	4.103	3.778	3.356	3.468	3.109	2.378	2.342	2.021	1.601
凝聚力指数	0.203	0.221	0.256	0.311	0.338	0.390	0.309	0.416	0.523	0.391	0.479	0.611
模块化度量值	0.231	0.354	0.432	0.346	0.416	0.557	0.477	0.549	0.622	0.557	0.673	0.717

5.3.2 "一带一路"沿线国家技术合作网络节点特征

参照曹霞等（2019）[183]的做法，使用度值和单位权值两个社会网络结构指标来度量"一带一路"沿线国家各自在网络中的演化模式，如表 5-13 所示。其中度值是网络中某一国家联结的其他国家数量；单位权是网络中一国联结的平均权重，用网络联结次数与度值的比值确定。在分析中，本节将"一带一路"沿线各国置于度值所代表的"广度"和单位权所代表的"深度"二维矩阵中，观察沿线各国在矩阵中的分布情况，发现如下三点特征。

表 5-13　"一带一路"沿线国家技术合作网络节点特征度量指标

指标名称	计算方法	指标度量
度值（广度）	与节点直接相连的节点数量	其值越大，表明节点越重要
单位权（深度）	联结次数/度值	其值越大，表明节点合作关系越稳定

（1）"一带一路"沿线各国在技术合作网络中的地位逐渐提升，技术合作参与广度和深度不断加强。无论是低收入国家还是高收入国家，或技术弱国和技术强国，其在"广度—深度"矩阵中的位置变化均表明，各国技术合作网络地位不断提升，在网络中的作用不断凸显。但从网络内部情况来看，低收入国家或技术弱国受网络稳定性、关系强度、可持续性等影响，地位提升能力有限或提升速度远低于其他国家，可能加剧沿线内技术贫富差距。

（2）一些沿线国家在区域或收入分组内，具有较强的节点带动作用，技术合作能力明显高于其他国家，在合作网络中的传导效应不断扩大。这些国家大部分处于较低深度—高广度区域内，如印度、南非、巴西、马来西亚等。一些国家处于较低深度—高广度与高深度—高广度的边缘过渡区域，主要包括中国、以色列、俄罗斯等。还有一些技术强国如意大利、韩国、新加坡等在网络中的传导作用十分强劲。

（3）高技术国家在网络中的核心地位，使其对其他国家参与网络具有明显的吸引作用，而此类网络节点变化较大，核心成员变化却较小，表明合作网络中以部分成员为核心的集聚现象并未形成友好的信息共享、要素流动和资源配置合作环境。这种网络集聚往往发生在技术强国之间。变化较大的节点一般以低收入国家或技术较弱国家为主。

5.3.3 "一带一路"沿线国家技术合作网络空间演化

根据"一带一路"沿线国家地理数据和专利合作数据,本节运用 ArcGIS、GeoDA 等软件对其技术合作的全局空间自相关指数（Global Moran's I）、局部空间自相关指数（Local Moran's I）和广义 G 统计量（General G Statistic）进行计算[184-185],以对"一带一路"沿线国家技术合作的空间演化特征进行定量分析。具体计算公式如下：

$$I = \frac{n \sum_{i=1}^{n} \sum_{j=1}^{n} \omega_{ij}(y_i - \bar{y})(y_j - \bar{y})}{(\sum_{i=1}^{n} \sum_{j=1}^{n} \omega_{ij}) \sum_{i=1}^{n} (y_i - \bar{y})^2} \qquad (5.7)$$

式（5.7）中,I 表示全局空间自相关指数,n 表示区域空间单元（国家）的数量,$y_i(y_j)$ 表示区域空间单元 i(j) 的属性值,$\bar{y}$ 为空间单元属性值的平均值,ω_{ij} 为空间权重矩阵,本书中其为各国相邻近程度系数,表示各国在空间上的邻近关系。式中 $-1 \leqslant I \leqslant 1$,在给定置信水平下,若 I 的值为正,则说明区域空间单元间相关领域研究水平在区域上呈现显著集聚格局,I 越接近 1,这种相关程度越强。若 I 的值为负,说明区域空间单元间相关领域研究水平在区域上显现分散状态,且 I 越接近 -1,这种状态越明显。当 I 值为 0 时表明空间区域单元间无相关性。

$$I_i = \frac{n(y_i - \bar{y}) \sum_{i=1}^{n} \omega_{ij}(y_j - \bar{y})}{\sum_{i=1}^{n} (x_i - \bar{x})^2} = z_i \sum_{j=1}^{n} \omega_{ij} z_j \qquad (5.8)$$

式（5.8）中,I_i 表示局部空间自相关指数,$z_i(z_j)$ 表示空间观测单元 i(j) 在不同时期专利合作数量的标准化均值。在给定置信水平下,若 $I_i > 0$ 表明空间单元 i（国家 i）在技术合作方面与周边空间单元（其他国家）分异较小,即局部空间单元间属性值趋于空间集聚。若 $I_i < 0$ 说明空间单元 i 在技术合作水平上与周边单元间差异较大,呈现分散分布。

$$G = \frac{\sum_{i=1}^{n} \sum_{j=1}^{n} \omega_{ij} x_i x_j}{\sum_{i=1}^{n} \sum_{j=1}^{n} x_i x_j} \qquad (5.9)$$

式 (5.9) 中，G 表示广义 G 统计量，x_i 和 x_j 表示区域空间单元 i 和 j 的属性值，ω_{ij} 为空间权重矩阵，计算过程要求 $i \neq j$。G 越大，表明对象越集中；G 越小，表明对象越松散，能够判断合作网络的高—高集聚和低—低集聚。计算结果如表 5-14 所示。

（1）沿线技术合作网络的全球化不断加深，但区域全球化合作程度差异较大。网络合作中心主要集中在欧洲、美洲，中国在全球合作中也倾向于与上述区域合作，在"一带一路"沿线区域技术合作中的地位和影响力有待提升。从区域各国合作的节点连线来看，美日欧是其合作的重点，在中高收入国家尤其明显。技术合作中心指向美国、德国、法国、英国、日本、新加坡等国。中国积极与上述国家开展了合作，但从整体网络来看，除与韩国、新加坡、意大利等沿线强国合作较多外，与其他国家合作空间依然很大。

（2）沿线技术合作网络中存在相对孤立区域，这些区域在技术合作网络的边缘地带，但这些区域的部分合作为其他区域合作起到了中介作用。典型区域包括西非、中非、西亚等。上述区域主要涉及低收入国家和中低收入国家，其全局空间自相关指数虽均为正，但数值较小且变化不大。局部自相关指数由负变正，广义 G 统计量由小变大均表明其网络虽有集聚趋势，但依然相对松散。尽管如此，区域内部分国家参与的内外部网络使其成为信息流动、知识传播的中介成员，对其技术能力提升具有潜在影响。

（3）沿线技术合作网络中，相邻节点集聚特征具有相似性，部分区域强强集聚、弱弱集聚特征相对明显，表明沿线国家技术合作水平差异相对较大，技术合作主要集中在一些技术、资源、环境等优势明显区域。广义 G 统计量的数值变化表明，虽然区域内存在部分技术合作突出者，但区域内其他国家合作网络的集聚特征具有相似性，低收入国家主要表现为弱弱集聚，高高集聚主要发生在中高收入国家中的技术强国或欧洲国家。这种集聚形态的长期存在将不利于沿线国家技术合作的均衡发展，区域科技发展不协调、技术差异大等不利于"一带一路"科技共同体建设。

表 5-14　"一带一路"沿线国家技术合作网络空间演化特征

指标	低收入国家			中低收入国家			中高收入国家			高收入国家		
	2009~2011 年	2012~2014 年	2015~2018 年	2009~2011 年	2012~2014 年	2015~2018 年	2009~2011 年	2012~2014 年	2015~2018 年	2009~2011 年	2012~2014 年	2015~2018 年
Global Moran's I	0.013	0.079	0.134	0.124	0.143	0.201	0.221	0.256	0.314	0.237	0.319	0.404
Local Moran's I	-0.112	-0.024	0.013	-0.031	0.024	0.126	0.078	0.098	0.102	0.114	0.245	0.278
General G Statistic	0.024	0.110	0.079	0.056	0.076	0.131	0.102	0.178	0.224	0.321	0.319	0.443

5.4 "一带一路"沿线国家技术合作运行要素特征

5.4.1 "一带一路"沿线国家技术合作领域特征

按照"一带一路"沿线国家合作专利的 IPC 分类，本节对其合作领域进行统计分析，分析过程中不仅关注其技术所属大类，还考虑技术的具体应用场景。不同分析维度体现出如下四点特征。

（1）沿线不同类型收入国家技术合作领域重点有所不同，合作领域符合实际需求是技术合作的基本导向。从表 5 – 15 合作技术类别来看，各收入组国家技术合作领域重点存在差异。总体来看，低收入国家在医疗卫生、支撑农业发展、建筑器材等基础设施领域涉及较多；中低收入国家在通信应用、生物检测、能矿耗材等领域需求较大；中高收入国家在信息化建设、数据处理、通信控制、材料等领域合作较多；而高收入国家则在电气元件、信息、通信等服务提供等方面具有优势。分析发现，相关技术与各自需求关系较大。不同的是，低收入国家自身对技术的依赖性更大，而高收入国家对技术的外部竞争考虑更多。

表 5 – 15　"一带一路"沿线不同收入类型国家技术合作领域特征

收入类别	合作领域	领域类别	自身需求	外部需求
低收入国家	A61，B63，F17，C12，A01	医疗、农业、建筑等基础设施	高	低
中低收入国家	G06，H04，C12，E21	基础通信、生物检验、采矿技术	中高	中低
中高收入国家	G06，H04，C07	信息处理、通信控制、高分子材料	中低	中高
高收入国家	H01，G06，C12，H04	电子器件、信息服务、通信控制	低	高

（2）沿线各区域合作领域广度不一，技术合作领域单一往往发生在那些技术实力较弱区域。表 5 – 16 表明，"一带一路"沿线各区域国家开展技术合作的领域范围差距较大，相关数据挖掘结果显示，合作涉及领域较

广区域，其整体技术能力也较强。合作技术单一从一个侧面反映了该区域对某些技术领域熟悉程度较为欠缺，可能表现为对相关技术的需求不大、技术认识难以跟进等，也反映出区域技术水平相对差距的存在。

表 5-16　"一带一路"沿线不同区域国家技术合作领域特征

区域	主要合作领域	涉及领域广度	总体技术实力
东非	H04R25/00	2	低
西非	A61M16/04	1	低
南非	C10G2/00	6	低
北非	B82Y30/00	1	低
中非	A61P35/00	1	低
北美洲	G02C7/04	25	低
南美洲	C12Q1/68	18	中高
东南亚	H01L21/336	31	中高
东欧	A61P25/28	22	高
东亚	H04W72/04	72	高
南亚	A61P35/00	19	高
欧盟	A61P35/00	112	高
西亚	G06F17/30	19	高
中亚	B01J23/72	1	低
大洋洲	C12N15/82	5	低

注：此处技术实力以该区域专利申请总量的平均值表征，低（0~5 000）、中低（5 001~10 000）、中高（10 001~20 000）、高（20 000 以上）。涉及领域广度为主要领域数量占比60%的技术。

（3）热点技术领域是各国尝试合作的重点，技术变革带动发展转型成为共识。表 5-17 结果显示，高技术领域合作往往发生在技术强国之间。尽管技术落后国在一些热点技术合作中处于参与地位，但他们为技术应用提供了理想场景，因此技术能力也得到一定的提升，对技术掌握或革新促进生产发展的认识进一步加深。同时，也看到一些前沿性强、合作要求较高技术往往产出于高收入国家，特别是一些技术能力较强国家，如韩国、新加坡、意大利、以色列等国。中国在相关技术领域均有涉猎，合作尝试较为广泛。

表 5-17　"一带一路"沿线国家技术合作典型领域特征

技术类别	技术方向	涉及国家类别	主要国家
A61	医药配置品	低收入国家	UG, MG, NP
	抗肿瘤药物应用	中低收入国家	PK, BD, GE
	抗癌药物研发	中高收入国家	CU, RU, CN
	靶向药物	高收入国家	IT, KR, SG
H04	通信组网	低收入国家	TZ, AF, SY
	通信设备	中低收入国家	IN, UA, VN
	通信运营	中高收入国家	CN, ZA, TR
	通信服务	高收入国家	IL, KR, SG
G06	信息应用产品	低收入国家	SL, SY, TZ
	数据处理方法	中低收入国家	IN, UA, EG
	信息服务	中高收入国家	CN, BR, MY
	系统服务	高收入国家	SG, IL, LU
C12	生物培育	低收入国家	AF, SY, MG
	作物改良	中低收入国家	VN, ID, PH
	生物医药	中高收入国家	CN, RU, TR
	基因编辑	高收入国家	IT, AT, PL

（4）沿线国家技术合作存在集群发展态势，长远来看，集群内技术领域的趋同性往往不利于技术邻近者创新发展，但对技术落后者技术发展具有正向刺激作用。表 5-18 分析表明，低收入国家技术合作的集群效益并不明显，而随着国家收入尤其是研发投入增加，其技术合作的集聚性开始显现，主要合作领域也更加稳定。同时，大多数国家总是围绕一些技术强国或热点技术开展合作，这种合作状态随国家收入升高而更加明显。随着时间推移，集群成员数量逐渐减少，合作领域趋于稳定，技术趋同对于技术邻近者而言，继续参与集群合作的意义降低，但对于技术落后者而言，正向刺激作用十分明显。

表 5-18　"一带一路"沿线国家技术合作的集群特征

项目		2009 年	2012 年	2015 年	2018 年
低收入国家	N_Cluster	16	14	15	12
	N_Central	3	3	4	5
	N_Field	12	35	25	32

续表

项目		2009年	2012年	2015年	2018年
中低收入国家	N_Cluster	12	12	10	11
	N_Central	4	6	7	6
	N_Field	23	34	41	56
中高收入国家	N_Cluster	14	16	15	12
	N_Central	10	14	15	15
	N_Field	73	79	84	86
高收入国家	N_Cluster	17	18	14	14
	N_Central	15	18	21	22
	N_Field	69	74	86	90

注：N_Cluster表示主要集群数量，N_Central表示中心成员数量（平均值），N_Field表示主要领域数量（平均值）。

5.4.2 "一带一路"沿线国家技术合作机构特征

根据沿线国家合作技术当前申请（专利权）人类型，本节对其技术合作机构特征进行分析。从机构属性来看，各国参与合作机构可以概括为公司、个人、院校/研究所、政府机构和其他类型。一方面，本节关注具体合作机构合作特点；另一方面，依照机构类型总结沿线国家机构合作的属性特征、布局模式等。

（1）"一带一路"沿线不同收入类型国家参与技术合作的机构类型比例差异较大，表现为低收入国家较多个人、政府机构申请向高收入国家公司申请主导的转变。图5-6分析表明，沿线国家技术合作市场化应用程度有所不同，相关技术合作在低收入国家内可能存在某些导向性引导效应表现突出的特征。但政府引导、政策支持、合作示范等在沿线各国技术合作中的积极作用不应忽视。

（2）不同类型收入、不同区域国家技术合作参与机构活跃度不一，机构合作集群特征具有收入和区域层面的差异。表5-19整体分析来看，虽然各区域技术合作摆脱了地域、收入水平等限制，但同类收入国家合作机构研究领域或技术难易程度具有相似性，同区域内机构合作具有沟通、交流、协作等方面的便利性，从而表现为技术合作参与程度方面的相近特征。同时，不同收入、区域国家机构合作网络往往具有演化特征的差异性，表现为网络集群内合作关系的紧密程度变化不一，合作稳定性随机构实力变化的差异等。

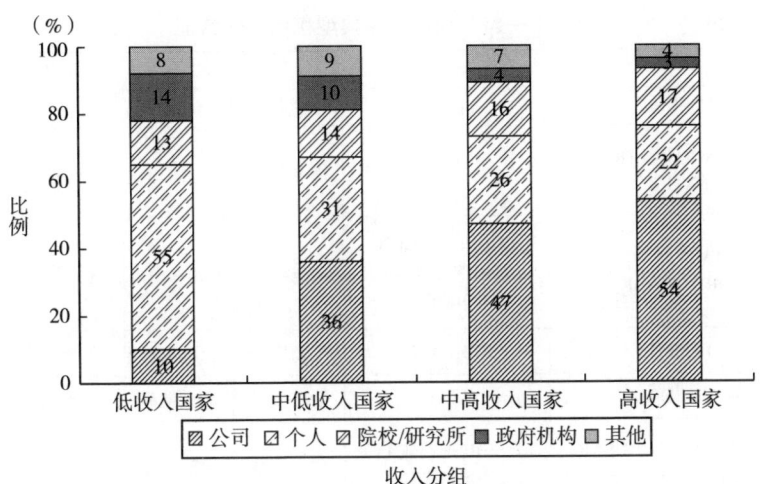

图 5-6　不同收入分组国家技术合作机构占比情况

表 5-19　"一带一路"沿线国家技术合作参与机构活跃度及其集群特征

维度	类别	内部活跃度	外部活跃度	网络稳定性	节点稳定性	技术水平
收入水平	低	1	4	1	4	1
	中低	2	3	2	3	2
	中高	3	2	3	2	3
	高	4	1	4	1	4
区域位置	亚	3	3	3	2	3
	非	1	4	1	3	1
	美	3	3	3	2	3
	欧	4	4	4	4	4
	大洋	2	3	2	2	2

注：此处相关水平以定性表征，低-1，中低-2，中高-3，高-4，相关指标确定依照前文研究给出。

(3) 机构"强强联手"在沿线国家合作中同样多见，机构合作的稳定性同合作领域的相对熟练程度有较大关系，表现在兴趣、领域等相近，资源、设备等互补性等方面。表 5-20 分析发现，机构合作的特点是彼此研究领域相似或兴趣相投，此处用"强强"表征拥有资源的优越性，可以看出机构在各自强项领域开展较多技术合作，其他合作机构总是围绕拥有类似特质的理想合作者开展相关合作，这种合作关系往往更具稳定性。

表 5–20　"一带一路"沿线国家典型机构合作特征

Inst_N	Inst_C	Fiel_C	Coop_L	Area_B	Coun_B
SAMSUNG	BOSCH	信息技术	高—高	亚洲	高
EGYPT NANO TECHNOLOGY CENTER	IBM	纳米技术	中高—高	非洲	中低
MARVELL WORD TRADE	COOPERVISION INTERNATIONAL HOLDING	信息存储	中高—中高	美洲	高
NOVARTIS	BOREALIS	生物医药	高—高	欧洲	高
SCHLUMBERGER	PRAD	采矿技术	高—中	欧洲	高
PEBBLE BED MODULAR REACOR	MITSUBISHI HEAVY INDUSTRIES	装备制造	中低—高	非洲	中低
AGRESEARCH LIMITED	AGRICULTURE VICTORIA SERVICES	作物育种	高—高	大洋洲	高

注：Inst_N 表示机构名称，Inst_C 为主要合作机构，Fiel_C 为主要合作领域，Coop_L 为合作机构双方水平，Area_B 为机构所属区域，Coun_B 为机构所属类别。

（4）大多数沿线国家机构合作的联合态势十分薄弱，机构合作"独善其身"或盲目追崇现象存在。表 5–21 结果显示，"一带一路"沿线大多数国家处于经济转型发展的起步或关键时期，技术发展过程中的机构合作规模依然偏小，境外研发机构数量不足，联合研究能力有限。分析表明，机构合作中联合研发，尤其是境外联合研究中心等机构的设立往往在技术强国之间或技术强国对研发资源优势国内较为多见。沿线国家机构合作依然表现出合作规模小而合作领域松散、合作网络边缘化而联合研发能力弱等特征。同时，沿线国家机构合作多表现为在关切领域开展较为碎片化的合作，且合作对象选择目标导向性有待提升。

表 5–21　"一带一路"沿线国家机构合作中联合研发机构属性

国家类型	联合机构数量（个）	本组机构占比（%）	联合机构稳定性	典型机构名称	机构所属国家	是否沿线国家
低收入国家	11	0	差	ARKEMA	FR	否
中低收入国家	15	0	差	UNILEVER	NL/GB	否

续表

国家类型	联合机构数量（个）	本组机构占比（%）	联合机构稳定性	典型机构名称	机构所属国家	是否沿线国家
中高收入国家	35	11	一般	HUAWEI	CN	是
高收入国家	56	23	高	BOSCH	GE	否

注：以同一机构不同国家子机构合作授权专利为特征确立联合研发机构。联合机构稳定性由其合作专利数量及其年度离散情况确定。

5.4.3 "一带一路"沿线国家产学研合作特征

产学研合作一定程度上表征了技术转化应用情况，技术产学研合作是技术协同创新的关键。为了研究"一带一路"沿线国家技术合作创新的运行规律，在前文的基础上，本节对其技术合作不同机构协作参与情况进行分析。按照产学研合作的一般内涵，本节规定："一带一路"沿线国家产学研合作是指沿线企业与高校/科研所或企业与高校/研究所和政府机构共同参与的技术合作。通过数据挖掘分析，本节对"一带一路"沿线国家产学研合作特征进行总结。

（1）沿线各国产学研合作方式差异较大，低收入国家参与产学研合作的形式多以技术转让、委托研究等进行，而技术联合攻关多发生在技术较强国家。表5-22分析表明，从产学研合作主导形式来看，低收入国家内研究机构主导合作的比例较低，产学研合作形式多以参与委托其他机构或通过技术转让形式完成，随着国家收入的升高，上述形势得到改善，沿线国家开展产学研合作的主动性有所增强。同时，从沿线各国产学研合作专利的平均维持时间来看，高收入国家占有绝对优势，且机构合作中的企业地位不断提升，与研究机构联合攻关能力显著增强。

表5-22 "一带一路"沿线不同收入类型国家产学研合作特征

国家类型	UIC_P	UIC_C	UIC_T	UIC_F
低收入国家	6.83	≤3	9.1	政府主导
中低收入国家	4.08	3~5	18.3	政府—企业主导
中高收入国家	6.02	5~10	20.5	研究机构—企业主导
高收入国家	9.39	≥10	31.1	企业—研究机构主导

注：UIC_P表示产学研合作占总技术合作比例（%），UIC_C表示产学研合作专利失效平均周期（年），UIC_T表示权力转让占比（%），UIC_F表示主要产学研合作形式。

（2）沿线各国产学研合作中政府作用由主导到引导的布局形态体现了国家技术发展的战略导向和需求驱动的合作格局。从表5－23可以看出，政府在产学研合作中扮演重要角色，在低收入国家层面体现尤为明显，政府因需主动牵头开展技术合作研发是国家发展必需的策略。同时，本书数据表明，产学研合作由政府主导向政府引导转变中，技术的可持续性等效益明显增长，且技术合作领域范围逐渐变大，表明产学研合作的市场机制逐渐形成。

表5－23　　　　"一带一路"沿线国家产学研合作结构特征

国家类型	UIC_G	PI	UIC_A	UIC_N
低收入国家	22.2	35.6	10～25	高
中低收入国家	20.3	23.4	25～65	中高
中高收入国家	7.6	14.8	45～85	中低
高收入国家	3.4	9.7	65～125	低

注：UIC_G表示政府主导占全部产学研合作专利比例（%），PI表示5年内产学研合作专利失效占比（平均值%），UIC_A表示主要合作领域范围，UIC_N表示专利需求特征。

（3）沿线各国产学研合作的稳定性或持续性较差，表明沿线国家技术合作战略联盟并不稳健，技术合作要素流动、配置效益还未显现。由表5－24分析可知，产学研合作专利的5年内失效情况表明，沿线国家产学研合作专利的维持能力虽有提升，但整体依然较低。同时，各国产学研合作主要机构的稳定性①表明沿线国家开展产学研合作的机构变化或持续性依然不足，技术合作战略联盟并未形成或并不稳健。合作机构所特有的资源要素并未有效流动、配置。

表5－24　　　　"一带一路"沿线国家产学研合作的稳健性特征

国家类型	2012年		2014年		2016年		2018年	
	PI	IN	PI	IN	PI	IN	PI	IN
低收入国家	39.4	高	32.9	高	26.5	中高	21.3	中高
中低收入国家	32.4	高	28.2	高	22.3	中高	17.9	中高

---

①　同一机构在本国拥有产学研合作专利数量的年度变化情况。

续表

国家类型	2012 年		2014 年		2016 年		2018 年	
	PI	IN	PI	IN	PI	IN	PI	IN
中高收入国家	23.4	中高	20.1	中高	18.2	中低	11.2	中低
高收入国家	15.8	中低	12.1	中低	9.9	低	6.4	低

注：PI 表示 5 年内产学研专利失效占比（平均值%），IN 表示产学研合作机构变化程度。

（4）沿线产学研合作地域特色明显，机构合作的邻近性较为突出，大型跨国公司在推动跨区域合作方面发挥了积极作用。产学研合作往往是技术合作应用的主要途径，也是技术发挥经济价值的主要手段。区域邻近往往意味着资源要素、技术适用性等的相似性。表 5-25 结果显示，跨国公司则在整个产学研合作中发挥了巨大作用，尤其是跨区域合作方面表现更为突出，跨国公司拥有知识的前沿性、全球性和战略性，使得跨区域产学研技术合作更具针对性、实用性和资源整合性。

表 5-25　"一带一路"沿线产学研合作的区域特征　　　　　　　单位：%

区域	主要合作区域	合作机构区域邻近程度	活跃的主要跨国公司	跨国公司合作占比
亚洲	亚、美、欧	36.8	SAMSUNG	14.5
非洲	美、亚、欧	13.4	MITSUBISHI HEAVY INDUSTRIES	10.7
美洲	美、欧、亚	21.8	MARVELL WORD TRADE	13.2
欧洲	欧、美、亚	43.6	NOVARTIS	16.4
大洋洲	欧、美、亚	11.1	AGRICULTURE VICTORIA SERVICES	4.9

注：合作机构区域邻近程度为本区域内合作数量与上区域所有合作数量之比。

5.5　"一带一路"沿线国家技术合作影响因素

5.5.1　研究问题

前文通过数据分析，从主观判断的视角，对"一带一路"沿线国家技术合作的一些规律、特征的可能影响进行了初步总结，为本节具体分析奠定了基础。"一带一路"沿线国家技术合作影响包括显性、隐性、内生、外生、长期、短期等不同类别下的众多因素。根据前文沿线国家技术合作反映出的基本特性,本节重点关注影响的内在和外在动力,尝试解决如下问题。

(1) "一带一路"沿线国家技术合作的内外生动力或影响因素究竟有哪些?

(2) 这些因素对"一带一路"沿线国家合作影响的侧重点有何差异?

(3) "一带一路"沿线不同国家技术合作的影响因素有何不同,表现出何种特征?

(4) "一带一路"沿线国家降低影响,加强技术合作的措施有哪些?

5.5.2 指标说明与研究假设

本书第 4.5 节对"一带一路"沿线国家科学合作的影响因素进行了分析,发现地理距离、国际经济实力、科学研究实力、研究兴趣相投、资助力度等对科学合作强度具有一定影响。科学研究和技术研发具有一定的相似性,本章分析也表明,沿线技术合作具有收入、地域、强强联手、研究兴趣等方面的差异性,因此本书在影响因素指标设定上沿用上述部分指标。同时,本书认为科技合作的前提是各国开放包容,我们将其归结为合作环境因素。根据内生增长理论,沿线各国提升技术创新能力的意愿等,同样对合作产生影响。另外,考虑影响的外部因素如合作效益、研发投入、开放程度等,最终本书对"一带一路"科技合作的影响因素及影响结果归结如表 5-26 所示。相应的,依据指标意义,提出研究假设 H1 至 H9。

表 5-26 指标选取及其假设

指标类别	指标名称	指标假设
内生因素	技术吸收能力	H1 技术吸收能力强意味着寻求技术合作的机会多
	创新能力	H2 创新能力强能够吸引更多的合作者
	经济实力	H3 经济实力容许是开展技术合作的前提,越高越好
	包容程度	H4 包容程度越高合作伙伴越多,质量提升越快
外生因素	合作效益	H5 合作效益可观是持续合作的基础
	地理距离	H6 地理邻近的技术合作便捷性更强
	研发投入	H7 前期资金支撑是技术合作的保障
	兴趣相投	H8 合作双方总是在自身擅长或喜好的领域开展合作
	开放程度	H9 国家开放保证了技术合作的畅通

续表

指标类别	指标名称	指标假设
结果指标	合作数量增多	技术合作数量增多受上述因素影响较大
	合作质量提升	技术合作质量提升受上述因素影响较大

5.5.3 数据和测度模型

依据各指标意义，本书分别从不同渠道获取指标数据，其中技术吸收能力数据来源于 WIPO 全球创新指数报告的 Knowledge Absorption 指标值；创新能力数据来源于 WIPO 的全球创新指数报告综合值；经济实力数据来源于世界银行；包容性程度数据来源于 WEF 发布的《全球包容性发展指数报告》；合作效益数据由合作专利的平均经济价值计算而来；地理距离数据沿用 4.5 节计算结果；研发投入数据来源于联合国教科文组织统计研究所统计数据；兴趣相投以双方合作领域与主要研究领域的相似程度近似代替；开放程度按照国际惯用的方法计算：出口总额与 GDP 之比[186]，数据由世界银行统计数据获取。具体如表 5-27 所示。

表 5-27　　　　　　　　　　指标测度及其方法

类型	变量名称	变量标识	计算方法	数据来源
自变量	技术吸收能力	Abso_C	知识吸收得分	WIPO《2019 全球创新指数报告》
	创新能力	Inno_C	创新指数替代	WIPO《2019 全球创新指数报告》
	经济实力	Econ_C	人均 GDP	世界银行统计数据
	包容程度	Incl_C	包容性发展指数替代	WEF
	合作效益	Coop_B	合作专利的价值替代	智慧芽专利数据库
	地理距离	Geog_D	经纬度计算	CEPII 数据库
	兴趣相投	Inte_S	合作领域与主要领域的相似程度	5.4.1 节统计得到
	开放程度	Open_C	出口总额与 GDP 之比	世界银行统计数据

类型	变量名称	变量标识	计算方法	数据来源
因变量	技术数量	Num_Tech	专利合作数量	5.2.1节统计得到
	技术质量	Qua_Tech	专利合作质量	5.2.2节计算得到
控制变量	研发投入	Input_RD	R&D统计	UNESCO统计研究所

由于本节研究关系的数据为合作矩阵数据，二次指派程序回归（QAP回归）对这种"关系"矩阵的相关性研究表现出色。这种模型回归对变量间的相关性并无要求，避免了本节研究中可能存在的由于变量独立性差而导致的多重共线性[187]。其基本原理是比较关系矩阵间对应值给出相应关系，基于矩阵置换对此关系系数进行非参数检验。基于此方法，本书建立关系数据分析模型如下：

$$Y_{ij} = \beta_0 + \beta_1 X_{ij} + \delta_{ij} (i \neq j) \quad (5.10)$$

式（5.10）中，Y_{ij}表示"一带一路"沿线i国与j国技术数量或技术质量差异，X_{ij}表示某个自变量影响下沿线国家i和j的差异，δ_{ij}表示两国影响差异的随机扰动项。变量形式均为n阶矩阵，此处n={1, 2, …, 233}，即233个全球国家或地区，且n包含136个"一带一路"沿线国家。

$$X = \begin{bmatrix} 0 & x_{12} & \cdots & x_{1(n-1)} & x_{1n} \\ x_{21} & 0 & \cdots & x_{2(n-1)} & x_{2n} \\ \cdots & \cdots & \cdots & \cdots & \cdots \\ x_{(n-1)1} & x_{(n-1)2} & \cdots & 0 & x_{(n-1)n} \\ x_{n1} & x_{n2} & \cdots & x_{n(n-1)} & 0 \end{bmatrix} \quad (5.11)$$

5.5.4 研究结果分析

依据上述指标关系矩阵，采用UCINET软件进行QAP相关性和回归分析。表5-28的结果表明，"一带一路"沿线国家技术合作数量与9变量均具有一定的相关关系，而沿线国家技术合作质量则与9变量的相关关系差异较大。具体来看，创新能力、合作效益、经济实力三个指标与沿线技术合作的数量和质量均具有明显的正向关系。技术吸收能力、包容程度、兴趣相投、开放程度、地理距离五个指标与技术合作数量的相关性均高于其与技术合作质量的相关性。同时，控制变量与其他变量之间的相关性同样较高。因此，下文按照各变量与技术合作数量、质量分别进行QAP回归。

表 5-28 变量相关性系数

变量	1	2	3	4	5	6	7	8	9	10	11
Abso_C	1.000***										
Inno_C	0.764***	1.000***									
Econ_C	0.172*	0.634***	1.000***								
Incl_C	0.234*	0.575**	0.547**	1.000***							
Coop_B	0.067	0.134	0.201	0.076	1.000***						
Geog_D	0.123	0.100	0.098	0.062	0.245*	1.000***					
Inte_S	0.234*	0.221**	0.036	0.022	0.367*	0.027	1.000***				
Open_C	0.311*	0.456**	0.576***	0.608***	0.453***	0.098	0.110	1.000***			
Num_Tech	0.453*	0.533**	0.323*	0.292*	0.444***	0.168	0.399*	0.502**	1.000***		
Qua_Tech	0.327*	0.674*	0.336*	0.222*	0.443*	0.116	0.412**	0.342*	0.106	1.000***	
Input_RD	0.038	0.553***	0.679***	0.190	0.202*	0.021	0.033	0.231*	0.598***	0.439**	1.000***

注：*、**、***分别表示在10%、5%、1%的水平上显著。

QAP 回归过程中，在控制变量的基础上，根据对变量影响的初步判断，依次两两加入自变量，加入顺序为技术吸收能力和开放程度、包容程度和兴趣相投、经济实力和地理距离、创新能力和合作效益。表 5-29 基于技术合作数量的 QAP 回归结果表明，在模型 1 中，技术吸收能力和开放程度均对技术合作数量影响显著，其中开放程度影响最为明显。模型 2 加入了包容程度和兴趣相投，发现两个指标对合作数量的影响较大，并削弱了吸收能力和开放程度，但削弱程度并不明显。模型 3 表明经济水平对技术合作数量影响十分显著，但地理距离影响有限。模型 4 说明创新能力和合作效益是技术合作的关键因素，对其他因素的削弱程度最为明显。

表 5-29　　　　　　针对技术合作数量的 QAP 回归结果

变量	模型 1	模型 2	模型 3	模型 4
Abso_C	0.349 *	0.335 *	0.324 *	0.317 *
Inno_C				0.589 ***
Econ_C			0.508 ***	0.501 ***
Incl_C		0.357 **	0.313 **	0.309 **
Coop_B				0.534 ***
Geog_D			0.135	0.101
Inte_S		0.445 **	0.451 **	0.443 **
Open_C	0.501 ***	0.478 ***	0.469 **	0.454 **
Input_RD	0.541 ***	0.533 ***	0.529 ***	0.505 ***
调整的 R^2	0.364 ***	0.446 ***	0.532 ***	0.556 ***
观测量	14 318	14 318	14 318	14 318

注：*、**、*** 分别表示在 10%、5%、1% 的水平上显著。

表 5-30 针对技术合作质量的 QAP 回归结果表明，各因素对技术合作质量的影响有明显的差异，部分影响因素并不显著，表明决定"一带一路"沿线国家技术合作影响力的关键因素较为复杂且有待明确，但技术创新能力、技术合作效益、兴趣相投确实有利于合作技术的质量提升。各指标的影响情况总结如下。

表 5-30　　　　　针对技术合作质量的 QAP 回归结果

变量	模型 1	模型 2	模型 3	模型 4
Abso_C	0.211	0.205	0.208	0.203
Inno_C				0.409***
Econ_C			0.278*	0.241*
Incl_C		0.217*	0.203*	0.211*
Coop_B				0.384**
Geog_D			0.115	0.107
Inte_S		0.267**	0.282**	0.305**
Open_C	0.331*	0.320*	0.311*	0.304*
Input_RD	0.341**	0.331**	0.319**	0.308**
调整的 R^2	0.314*	0.326*	0.332*	0.376*
观测	14 318	14 318	14 318	14 318

注：*、**、*** 分别表示在 10%、5%、1% 的水平上显著。

（1）技术吸收能力。技术吸收能力反映了一国对新技术的认知和接收情况。一般认为技术吸收能力强则能够接收的新技术数量更多，其与技术合作数量有显著的正向关系。但技术吸收能力强往往发生在一国对新技术到来做好了接收准备且跨国公司有意对技术进行转移而不担心其扩散的情况下，这些技术对于技术吸收者可能是新技术，但对于技术合作方往往并非如此，因此其质量提升往往较为缓慢。

（2）创新能力。创新能力是技术合作对象选择的重要依据。虽然对于高创新能力国而言，其技术合作的效益影响可能不及其他国家，但合作资料的共享，隐性合作价值等对技术创新能力强国亦十分重要。因此创新能力对"一带一路"技术合作数量和质量均具有显著的正向影响。且这种影响随沿线国家收入水平提升逐渐明显。一方面，高收入国家创新能力总体较高，能够吸引更多的追随者；另一方面，技术较弱国家通过加入创新能力强国合作网络，提升了自身技术实力，表现在技术数量和质量的提升。

（3）经济实力。经济实力对沿线国家技术合作的数量和质量均有正向影响，只是这种影响相对创新能力、研发投入等其他较为直接的因素表现略微缓慢。对于绝大多数"一带一路"沿线国家而言，经济实力决定了其技术合作水平，但对于一些能矿资源依存度较高的中东国家，这种影响并不明显，原因是其经济用于研发投入的比例可能较低。而对于经济实力较强且技术重视程度较高国家，经济与技术的相关依存度也较高，对外合作交流的意愿随之较强。

（4）包容性程度。包容性程度反映的是一国对社会多样性的接受能力。本节分析结果表明沿线国家包容性程度越高，技术合作的数量越多，技术合作的质量也随之改善。但其对技术合作数量的影响高于对质量的影响。原因是包容性程度对技术合作质量的提升是一个长期过程。"一带一路"沿线国家发展水平的总体特质决定了其更多地影响合作数量情况。

（5）合作效益。合作效益是"一带一路"沿线国家开展技术合作的动力源泉。合作效益高则更能刺激合作双方开展类似的技术合作或更多领域的合作探索，使得双方合作稳定性、延续性得到提升，这对技术合作的质量提升也起到主要作用。研究表明，技术效益高，是技术应用的价值表现，技术应用往往对技术检测和改进具有突出贡献。

（6）地理距离。以往研究认为地理邻近更有利于知识传播。本节研究结果表明，地理距离对技术合作的数量和质量提升的影响并不明显。与科学研究论文合作表现不同，技术合作可能因为技术的特定或迫切应用而忽略地理距离带来的限制成本。一方面是沿线多数国家对于技术的现实需要，另一方面是技术拥有国技术输出带来的经济价值吸引。

（7）研发投入。研发投入是技术创新的保障。高的研发投入势必带来大量的研发产出，但研发产出的数量和质量的关系仍不明确。本节研发投入作为控制变量在整个回归中对技术合作数量均正向影响显著，且对其他指标的影响也较为明显。表明研发投入在整个技术合作过程中无论对数量还是质量均具有普遍的关注意义。

（8）兴趣相投。研发兴趣相投是排除其他影响因素干扰开展合作的主要动力。研究领域的相近性、重大问题的导向性等是兴趣相投的条件。在双方积极推动下的技术合作往往比较稳定，且兴趣相投也有利于合作者建立友好合作关系，对技术合作的产出数量提升较大，与包容性影响相似，其对技术合作质量影响的程度发展较慢。

（9）开放程度。开放程度是一国对外交流情况的表征。国家越开放，外国资本流入越多，与技术发展相关的要素流动也越频繁。开放程度对于发展中国家影响尤其明显，"一带一路"沿线国家绝大多数是发展中国家或经济转型体，国家开放更有利于技术交流合作，也促进了技术对外交流。技术合作产出数量随之增加。同时，技术交流也有利于本国技术水平提升。

5.6 本章小结

本章基于专利合作数据对"一带一路"沿线国家技术合作模式进行了研究。从分收入类别和区域的视角来看，沿线国家技术合作差异较大，低收入国家技术合作能力远远低于其他收入国家，高收入国家技术合作能力最强，一些中低收入国家技术合作活跃度较高，积极参与了区域内或跨区域的技术合作活动。沿线国家所处的合作网络规模、网络时空格局等均存在较大差异，网络演化特征总体上趋于优化改善。沿线国家技术合作领域、机构、产学研合作等各具特点。总体来看，重点机构在一些热点领域开展了较多合作，产学研合作不断推进，但与整体合作规模相比，产学研合作力度依然较弱。为了考察这些合作特征产生的影响，对其影响因素进行研究，发现各因素对技术合作产生的影响程度不一，可能受到技术合作场景、要素、资源、环境等限制。

前文对"一带一路"沿线国际科技合作模式从宏观到微观进行了以现有客观数据挖掘为依据的研究。相关成果为认识目前沿线国家科技合作状况奠定了基础，然而科技合作的主体要素究竟进行了什么样的合作，合作中受到哪些因素干扰等问题是客观数据挖掘难以解决的，为此后文对"一带一路"沿线国家科技合作的主要主体进行调研分析，以期弥补上述研究不足。

第 6 章

"一带一路"沿线国家创新主体合作模式研究

自宏观政策层面提出"一带一路"倡议以来,在此背景下的微观主体行为问题,尤其是企业、科研机构、基地(技术转移中心)等如何进行国际科技合作,成为学术界关注的焦点。已有研究成果为该领域的理论推进和实践探索作出了贡献,但是已有研究较为零散,且不同研究视角差异较大,研究结论也不尽相同。本章对企业、科研机构、科技园区、技术转移中心的动机、模式、影响因素、风险等进行综合性梳理,结合调研问卷结果,从微观层面对"一带一路"沿线国家科技创新合作模式进行实证探索。

6.1 研究框架和数据说明

目前国内外学者普遍认同,从资源、能力、关系、环境等方面来解释国家或区域创新合作的结果,即企业、科研机构、高等院校等之间战略联盟的成功。由于以上几个方面并不是相互孤立,而是相互依存的,可以将资源优势理论作为框架,发展一种综合模型,将能力、资源、关系、环境等内部因素和外部因素囊括进去,以此来系统解释成功的战略联盟(Wittmann et al., 2009)[188]。另外,国家或地区创新合作的关键成功因素还包括企业的经营战略、管理模式、组织文化整合、社会因素(搞好与当地政府的关系)、技术优势等各个方面,不能仅从某一个方面片面地进行解释(Yang and Lee, 2002)[189]。金永镐的技术差距论表明,合作双方的技术差距会引起国际技术转移,而技术转移成效往往取决于转移双方的条件和基础[190]。斋藤优的需求资源关系（NR）理论也表明，科技合作除了受本国需求和资源的影响之外，也会受到往来国需求和资源的制约，这种科技合作的条件要素包括人才、资金、技术、信息等多方面[191]。综上所述，构建本章的分析框架如下：从"影响要素—科技合作模式选择"两个方面，对内部影响要素、外部影响要素两个方面，对其影响科技合作模式选择的效果进行分析，具体如图 6-1 所示。本章主要解决以下三个问题：（1）从微观角度出发，企业、科研机构、高等院校以及基地开展科技合作的模式有哪些？由于各类型的主体在创新体系中扮演的角色有所不同，因此开展科技合作时选择的模式和途径也必然存在差异。如科研机构、高等院校以基础研究、技术研发为主要目标，因此科技合作的模式主要表现为学术交流、人才培养、联合研发、共建实验室等；企业以技术研发和产品生产为目标，因此除了以上合作模式外，更侧重于合作开发、技术转移等。（2）影响企业、科研机构、高等院校、基地的影响因素有哪些？可尝试从意愿、能力、资源、关系、环境等因素进行梳理。（3）在不同的影响因素下，企业、科研机构、高等院校、基地进行合作的模式选择有什么特点？哪些因素对何种国际科技合作模式选择的影响更大？

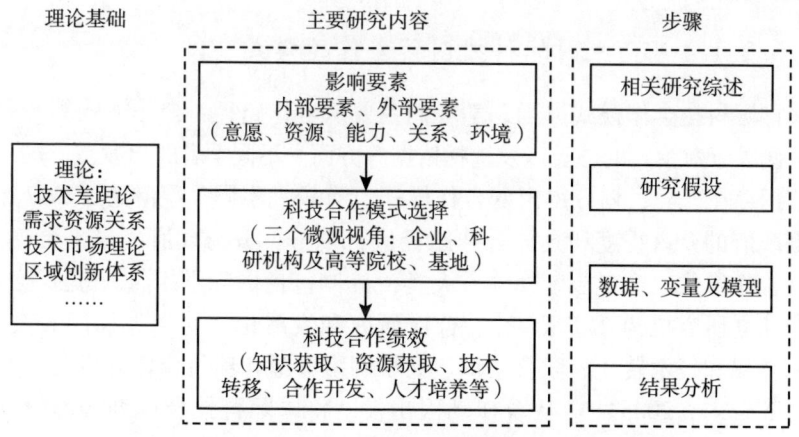

图 6-1 "一带一路"沿线国家创新主体合作研究框架

本章数据来源于调查问卷，由于企业、科研机构和高等院校、基地（国际创新园、国际联合研究中心、国际技术转移中心、示范型国际科技合作基地）等的发展定位和特点存在较大差异，因此对不同微观主体，设计三份调查问卷，调查对象分别为企业、科研机构和高等院校、基地，旨在通过调研对其国际科技合作模式的选择进行研究和探析，调研设计见附录A、B、C。为了增强调查问卷的可回收性，本书选取宁夏、云南、广西、北京、天津、上海6个省份的8家基地作为调查问卷的发放对象，分别为中国—阿拉伯国家技术转移中心、中国—南亚技术转移中心、中国—东盟技术转移中心、北京国际技术转移中心、上海联合国际技术转移中心、天津先进成果国际技术转移中心、北京国家生物医药国际创新园、中关村国家自主创新示范区核心区国际合作基地。

6.2 "一带一路"沿线国家企业科技合作模式

6.2.1 企业科技创新合作研究综述

"一带一路"倡议提出要以科技创新为支撑，加强中国与"一带一路"沿线国家的科技合作，以推动中国产业转型升级，企业主体作为产业的重要组成部分，应积极参与到创新合作中（盛斌和黎峰，2016）[192]。

6.2.1.1 企业国际科技创新合作的模式

国际科技合作模式方面，学者们主要从合作路径、合作方式等开展研究，侧重于对模式的分类以及选择依据等方面。不同学者的出发点不同，分类依据存在差异，划分得出的合作模式也有较大不同。魏澄荣（2017）[193]依据政府的介入程度和具体合作路径进行划分，分为政府主导平台模式、民间合作模式、产业园区模式三大类，具体包括国际学术（交流）会议、联合建立研究机构（实验室）、合作研究和发展论文、学者访问和交流、技术转移和技术转让、联合培训、共享网络资源和项目合作开发等。瓦格纳（Wagner，2005）[194]从合作动因出发，将国际科技合作划分为设备依赖型、资源依赖型、信息交换型、思想共享型。叶乘伟（2005）[195]提出国际科技合作模式主要有互换型、互补型、分布式、矩阵式、虚拟式等几种类型。宋江飞和张劲松（2010）[196]以广西为例，对中国与东盟的国际科技合作进行了研究，得出主要有目标引导模式、园区平台模式、官方与中介共同推动模式、会展推动模式四种类型。除以上这些合作模式之外，"一带一路"倡议背景下，也探索出了一些特殊合作模式，如亚洲基础设施投资银行、丝路基金等规定了要对国际科技合作项目的投资，项目投资成为企业参与国际科技合作的重要途径之一。在合作模式选择方面，学者们开始尝试选取评价指标和方法、构建评价体系，如刘秋生等（2007）[197]利用熵权法对每个合作模式进行综合评分。学者们普遍认为，由于不同的合作模式对企业创新能力的影响不同，因此在不同阶段应选取不同的科技合作模式。综上所述，目前分类方法较为繁杂，分类标准不一致，尚未形成较为统一完整的分类体系。

6.2.1.2 企业国际科技创新合作的影响因素

影响国际科技创新合作的因素主要分为两大类：微观因素，宏观因素。其中，微观因素主要包括意愿、资源、能力、关系四个层面。

意愿即企业的动机，通过对已有文献的梳理、总结和归纳，大致分为四类。获取知识、转移技术、获取互补性资源、防止过度竞争。(1) 获取知识。在知识经济时代，知识更新换代的速度不断加快，自身拥有的知识量往往难以与企业科技创新需求相适应。通过国际科技创新合作获取知识，是提升和巩固企业核心竞争力的一种必然选择（Wang，2015）[198]。比弗和罗森（1979）[199-200]认为当今企业专业化分工的程度不断加深，是导致国际科技合作迅猛发展的原因之一。同时，大科学时代科技问题的复杂性和科技资源分布不均，也成为国际科技合作迅猛发展的重要影响因素。施蒂希韦（Stichweh，1996）[201]也得出类似的结论，研究发现学科分化会导致国际科技合作的增加。随着专业化分工和学科分化的不断加深，不同企业的知识领域、知识拥有量存在较大差异，特别科技发展水平的差距，导致国际科技合作的加深，科技发展水平相对滞后的企业倾向于主动寻求协同和合作。(2) 转移技术。转移技术的形式较为多样，如共同研发、成果转移、技术联盟等。特别对于高技术产业来说，研发过程往往具有投资大、周期长、风险高的特点，研发结果存在较大的不确定性（陈耀和连远强，2014）[202]，因此开展国际科技合作，有助于较为高效地吸收和转移先进技术。(3) 获取互补性资源。这里的资源除了包括科研经费等资金外，还包括人才、设备设施等资源。与拥有异质性、互补性资源的企业进行合作，有助于实现资源优化配置和充分利用（Wernerfelt，1984）[203]。藤（Teng）认为企业发展要保持可持续性，必然要与外部企业进行战略合作获取关键性资源。科学计量学之父布莱斯（1986）[204]认为国际科技合作有助于分担科研经费。陈健雄和徐翔（2009）[206]也论证了此观点，分摊研发风险和费用是企业进行国际科技合作的微观动因。瓦格纳和劳德斯多夫（2005）[205]对地球物理、天文物理等六个学科领域进行研究，得出寻求资源和设备共享是国家科技合作快速增长的原因。陈健雄和徐翔（2009）[206]认为整合技术资源是企业国际科技合作的重要起因。人才培养也是合作的重要动因之一，伊继东认为师资建设、课程建设、留学生交换和教育、合作办学等是国际科技合作的重要内容。（4）防止过度竞争。竞争合作理论认为，适当的合作有助于避免过度竞争导致的两败俱伤（Andrevski et al.，2016）[207]，可有效降低资源的冗余和浪费，实现双方或多方共赢。

在资源角度，资源的异质性和互补性是开展国际科技合作的主要动因，这有助于避免企业间恶性竞争（徐二明和徐凯，2012）[208]。高新技术企业的研发和生产往往需要大量资金、人才、设备设施的支持，单靠企业自身往往是难以实现的，获取外部力量是必然途径。索尔斯多蒂尔（2000）[209]重点研究了小国参与国际科技合作的动因，即往往是由于缺乏必要的资源，需要获取外部系统的资源和技能。资源整合方面带来的好处，将有助于增加企业存续能力和市场竞争力。

在能力角度，经验基础、学习能力是影响国际科技合作效果的重要因素，一方面，经验有助于帮助企业快速识别和理解合作过程中的关键问题，选择更为恰当的合作伙伴；另一方面，经验有助于提升对技术的学习和接受能力（海默斯和戴思特斯，2007）[210]。研究发现，合作双方的学习能力相当更有助于稳定战略合作关系（宋振华，2017[211]），一般而言，发达国家企业的学习能力往往较强，可能会给中国企业造成损失。除经验和学习能力之外，高层管理、战略定位等也是关键的影响因素，如高管主观意识决定企业愿景，企业愿景影响合作的效率和效果。

在关系角度，学者们主要从社会交换理论出发开展研究，结果表明当合作双方之间存在信任、承诺、协议等先前合作时，再合作成功的概率往往会增大（于贵芳等，2020）[212]。除了此类先前关系之外，企业之间的耦合程度也会影响合作的效果，企业间耦合包括不同企业之间组织文化、价值观、管理方式、经营战略等方面的耦合和融合程度，这些均会对国际科技合作效果产生影响。

除上述微观因素，一些宏观因素影响也较为明显，宏观因素包括政治环境、经济环境、政策法律环境、文化环境等，这些因素会对国际科技合作的稳定性、持久性造成影响。庞兹（Ponds，2009）[213]认为文化、制度、政策、法律等宏观因素不容忽视。尹希果和李后建（2009）[214]研究得出，资本成本、思想观念、审批程序等宏观因素对国际科技合作有着正向或负向的影响。陶蕴芳和李慧（2008）[215]研究验证了国家文化差异的影响程度，结果表明文化差异越小，越有助于缓解文化冲突，增强合作成功的可能性。布朗和采尔（1996）[216]基于国际合著论文数据，对国际合作模式开展了计量研究，结果表明国际科学合作模式受政治和经济形势变化的影响敏感度较高。齐特等（Zitt et al.，2000）[217]对美国、日本、英国、法国、德国等的国际合作情况进行分析，得出语言、历史、文化均是影响国际合作方式的重要因素。马提生和施瓦兹（Mattiessen and Schwarz, 2002）[218]也验证了国家、地理距离、语言相似度等对国际科技合作的影响。综上所述，对于宏观因素的影响，学者们主要采用计量方法，重点研究各影响因素对国际科技合作的影响方向和影响程度。

6.2.2 企业科技创新合作研究假设

依据上文确定的研究框架，本节提出"一带一路"沿线国家企业科技合作的"影响因素—模式"研究假设，其中影响因素主要从意愿、资源、能力、关系、环境五个维度进行分析。企业科技合作模式较为多样，为了更好地探索同类型合作模式的共性特点以及不同类型合作模式的个性特点，本书基于问卷调研，采用聚类方法对"一带一路"沿线国家企业科技合作的模式进行归类验证。经过文献梳理，企业科技合作模式可大致分为三种类型：资源互补型合作模式，知识获取型合作模式，技术转移型合作模式。其中，资源互补型合作模式包括科研经费获取或分摊、合资合作、人才或团队交流和培训、设备设施的获取或共享、信息交换和共享等，这里的资源是指企业科研过程中涉及的人才、资金、设备设施、信息。知识获取型合作模式是指思想、知识、技术、工艺等方面的获取或共享。技术转移型合作模式包括合作研发、成果转移、技术联盟、项目或课题合作研究、跨国并购等。

（1）意愿对科技创新合作模式选择的影响。意愿是企业科技合作的动机（Beaver and Rosen，1979）[200]，动机决定行为，意愿或动机不同，往往会选择不同的科技合作模式，如企业若计划通过合作获取知识，合作研发、技术转移或转让是获取过程更为直接的方式，同时也可采用人才交流与培训等间接获得方式。若企业的合作目的仅是为了获取某项资源，则倾向于选择设备设施共享、人才引进、科研经费获取或分摊等方式。另外，

意愿越强,越会努力促成企业科技合作的达成。基于以上影响机理,本章提出以下假设:

H1:意愿对科技合作模式选择有正向影响,意愿越强,选择适宜科技合作模式的积极性越强,且意愿与最终选择的模式是相关的。

H1a:企业以获取知识为动机,则倾向于选择知识获取型合作模式。

H1b:企业以获取资源为动机,则倾向于选择资源互补型合作模式。

H1c:企业以转移技术为动机,则倾向于选择技术转移型合作模式。

(2)资源对科技创新合作模式选择的影响。资源是指企业的资源基础条件,高新技术企业的研发和生产过程往往需要大量人才、资金、设备设施、信息等的支持,但单一企业的基础条件较为有限,因此自身资源基础较为薄弱的企业更倾向于开展科技合作,从外部获取资源和技能。资源对科技合作模式选择的影响机理主要表现在两个方面:(1)自身资源基础越薄弱,开展科技合作的可能性越大;自身资源基础越雄厚,选择资源互补型合作模式的可能性越小。(2)在选择科技合作伙伴时,资源的异质性和互补性越强,开展科技合作的概率越大。基于以上影响机理,本章提出以下假设:

H2:资源对科技合作模式选择存在影响。

H2a:资源异质性和互补性越强,企业开展科技合作的可能性越大。

(3)能力对科技创新合作模式选择的影响。能力是指企业在科技合作中的学习、吸收和接受知识的能力(Vertinsky,2015)[219]。能力越强,在科技合作中达成目标和意愿的可能性越大。能力对科技合作模式选择的影响机理主要表现在两个方面。①学习和吸收能力越强,越有助于企业快速识别、理解和定位合作过程中的关键问题,选择更为恰当的合作伙伴。②学习和吸收能力越强,科技合作过程收益越大于损失,开展下一步科技合作的信心越强,科技合作的意愿越强烈。基于以上影响机理,本章提出以下假设:

H3:能力对科技合作模式选择存在影响,学习和吸收能力越强,越倾向于开展科技合作。

(4)关系对科技创新合作模式选择的影响。关系是指合作双方之间的邻近性。这里的邻近性包括合作双方在科技水平、组织文化、管理方式、价值观和战略、行为规则等方面的差异,以及是否存在基于以往经验的信任程度等。关系对科技合作模式选择的影响机理主要表现在以下四个方面:①若存在先前合作,在科研水平、可信任度等信息上可获得性较强,企业更倾向于与以往存在直接或间接联系的对象合作。②合作双方在组织文化、管理方式、价值观和战略、语言和历史上越相似，隐性知识及非标准化、非规范化的资源在企业内部传播更为流畅，越有助于缓解文化冲突，开展科技合作越为通畅。③合作双方在行为规则上越相似，越有利于避免合作中的冲突和矛盾。④合作双方在科技水平方面的差异越大，开展科技合作的动机越强烈，但是若差异过大，合作双方在学习、吸收和接受知识方面存在较大障碍，科技合作的效果也不佳。基于以上影响机理，本章提出以下假设：

H4：关系对科技合作模式选择存在影响。

H4a：若存在先前合作，开展未来科技合作的概率更大。

H4b：合作双方在组织文化、管理方式、制度规则上越接近，越有利于科技合作的开展。

H4c：合作双方科技水平的差异影响科技合作效果，科技水平的差异与合作效果呈倒"U"型关系。

（5）环境对科技创新合作模式选择的影响。环境是指企业所处的政治环境、经济环境、政策法规环境、文化环境等。环境对科技合作模式选择的影响机理主要表现在以下三个方面：①国家政策上对科技合作越支持，国际科技合作的稳定性、持久性越强，合作效果越好。②国家文化冲突和历史冲突越少，越有利于增强科技合作成功的可能性。③国家经济环境越好，国家科技创新的主动性越强，探索开展科技合作的概率越大。基于以上影响机理，本章提出以下假设：

H5：环境对科技合作模式选择存在影响。环境越稳定，越有利于科技合作的稳定性和持久性。

6.2.3 企业科技创新合作变量及模型

（1）变量界定和量表设计。首先，基于问卷数据，对"一带一路"沿线国家企业科技合作的模式进行归类验证，此部分问卷的调研目的是了解企业科技合作的基本情况、合作目的、主要方式、影响因素等。问卷发放对象为参与"一带一路"科技合作的企业，共发放问卷400份，剔除无效问卷46份，得到有效问卷354份，回收率为88.5%。数据收集后，对数据进行KMO检验和Bartlett检验，计算得出KMO检验系数 >0.5，Bartlett球形检验 x^2 统计值的显著性概率（P值）<0.05，数据有效。

利用 SPSS 软件进行 K-means 聚类计算处理。K-means 的基本算法如下：根据选取相应数量的聚类中心，形成 K 个类簇，迭代计算目标函数和欧式距离函数的值，不断改变每个类簇的聚类中心，以减少总的欧式距离平方和，直到类簇不发生变化或达到最大的迭代次数为止。以欧氏距离（即"平方 Euclidean 距离"方法）衡量组间距离，欧式距离的表达式如式 (6.1) 所示：

$$d_{ij} = \sqrt{(x_i - x_j)^2 + (y_i - y_j)^2} \qquad (6.1)$$

式 (6.1) 中，d_{ij} 表示对象 i 与对象 j 的欧式距离，(x_i, y_i) 表示对象 i 的点坐标，(x_j, y_j) 为对象 j 的点坐标。经过聚类计算，得出累计方差贡献率达到 85% 以上，最终将所有模式聚类汇总为 3 个因子，即三大类型的科技合作模式，对这三类的模式进行特征提取和归纳，如表 6-1、表 6-2 所示。

表 6-1　　　　　　　　　　解释的总方差

因子	特征值	方差的%	累积的%
P1	15.162	54.021	54.021
P2	6.266	20.052	74.073
P3	1.762	12.571	86.644
P4	0.655	6.176	92.820
P5	0.213	2.161	94.981
P6	0.203	1.325	96.306
P7	0.200	0.829	97.135
P8	0.191	0.612	97.747
P9	0.187	0.221	97.968
P10	0.162	0.212	98.180
P11	0.133	0.182	98.362
P12	0.112	0.162	98.524
P13	0.102	0.112	98.636
P14	0.092	0.780	99.416
P15	0.072	0.584	100.000

表6-2　　　　　　　　　每个聚类中的变量数

变量	P1	P2	P3	有效变量	缺失变量
每个聚类中的案例数	6	3	6	15	0

基于 K-means 聚类计算结果，总结验证"一带一路"沿线国家企业科技合作的模式，得出企业科技合作模式分为知识获取型、资源互补型、技术转移型三大类。其中，知识获取型合作模式是指企业外思想观念、技术经验、工艺方案的获取或共享情况；资源互补型合作模式是指企业外人才、资金、设备设施、信息等资源的获取或共享情况；技术转移型合作模式是指通过合作研发、成果转移、技术联盟、项目或课题研究、跨国并购等形式开展的合作情况。针对以上三种类型，合作效果使用三个指标进行衡量，分别为企业从外部获取的新知识和技能不断增加、企业从外部获取的互补性资源不断增加、企业与外部之间的技术转移持续增长。

其次，依据意愿、资源、能力、关系、环境五大因素对科技合作模式选择的影响机理，以及已有文献得到的研究成果，本节对各因素的量表进行设计，具体如表6-3所示。本书认为"意愿"是企业愿意开展科技合作的动机，分为以获取知识为动机、以获得互补性资源为动机、以转移技术为动机三类。"资源"包括自身资源基础和获取外部资源两大部分。"能力"是指企业将知识辨别、收集、理解和吸收的能力，主要包括三部分：与合作伙伴充分沟通交流的能力，快速辨别和收集新知识的能力，使内部吸收和理解新知识的能力。"关系"是指合作双方之间的耦合程度，包括认知邻近性、制度邻近性、社会邻近性三个维度，其中认知邻近性使用合作双方科技水平上的差异程度来表示，制度邻近性使用合作双方组织文化、管理方式、制度规则上的差异程度来表示，社会邻近性使用合作双方的先前联系程度来表示。"环境"因素使用政治、经济、社会环境的稳定性进行衡量。

表6-3　"一带一路"沿线国家企业科技合作影响因素及其选取依据

度量指标	观测变量	选取依据
意愿	X_{11} 以获取知识为动机 X_{12} 以获取互补性资源为动机 X_{13} 以转移技术为动机	比弗和罗森（1979）[200]、施蒂希韦（1996）[201]、陈耀和连远强（2014）[202]、沃纳菲尔特（Wernerfelt，1984）[203]、陈健雄和徐翔（2009）[206]

续表

度量指标	观测变量	选取依据
资源	X_{21} 企业自身资源基础较为欠缺 X_{22} 对异质性和互补性资源的需求不断增长	徐二明和徐凯（2012）[208]、索思天恩斯多缇亚（Thorsteinsdottir, 2000）[209]
能力	X_{31} 拥有充分沟通和交流的能力 X_{32} 拥有快速辨别和收集新知识的能力 X_{33} 拥有吸收和理解新知识的能力	荷梅瑞克斯和杜斯特（Heimeriks and Duysters, 2007）[210]、宋振华（2017）[211]
关系	X_{41} 合作双方有先前合作，对合作方有信任感 X_{42} 合作双方组织文化、管理方式、制度规则上较为类似 X_{43} 合作双方科技水平上存在差异	叶乘伟（2005）[195]、尹希果和李后建（2009）[214]
环境	X_{51} 企业所处的政治环境较为稳定 X_{52} 企业所处的经济环境较为稳定 X_{53} 企业所处的社会环境较为稳定	庞兹（2009）[213]、尹希果和李后建（2009）[214]、陶蕴芳和李慧（2008）[215]、齐特等（2000）[217]
合作效果	Y_1 企业从外部获取的新知识和技能不断增加 Y_2 企业从外部获取的互补性资源不断增加 Y_3 企业与外部之间的技术转移持续增长	魏澄荣（2017）[193]、瓦格纳（2005）[194]

（2）模型选择。本书基于多元线性回归模型，分析意愿、资源、能力、关系、环境等各个维度对科技合作效果的影响，其中意愿、资源、能力、关系、环境作为解释变量，合作效果作为被解释变量。基于本书研究假设，构建分析模型如下：

$$Y_1 = c + \beta_1 X_{11} + \beta_2 X_{12} + \beta_3 X_{13} + \beta_4 X_{21} + \beta_5 X_{22} + \beta_6 X_{31} + \beta_7 X_{32} + \beta_8 X_{33}$$
$$+ \beta_9 X_{41} + \beta_{10} X_{42} + \beta_{11} X_{43} + \beta_{12} X_{51} + \beta_{13} X_{52} + \beta_{14} X_{53} + \varepsilon \quad (6.2)$$

$$Y_2 = c + \beta_1 X_{11} + \beta_2 X_{12} + \beta_3 X_{13} + \beta_4 X_{21} + \beta_5 X_{22} + \beta_6 X_{31} + \beta_7 X_{32} + \beta_8 X_{33}$$
$$+ \beta_9 X_{41} + \beta_{10} X_{42} + \beta_{11} X_{43} + \beta_{12} X_{51} + \beta_{13} X_{52} + \beta_{14} X_{53} + \varepsilon \quad (6.3)$$

$$Y_3 = c + \beta_1 X_{11} + \beta_2 X_{12} + \beta_3 X_{13} + \beta_4 X_{21} + \beta_5 X_{22} + \beta_6 X_{31} + \beta_7 X_{32} + \beta_8 X_{33}$$
$$+ \beta_9 X_{41} + \beta_{10} X_{42} + \beta_{11} X_{43} + \beta_{12} X_{51} + \beta_{13} X_{52} + \beta_{14} X_{53} + \varepsilon \quad (6.4)$$

式（6.2）至式（6.4）中，β 表示各因素的影响系数，c 表示常数项，ε 表示误差项。

6.2.4 企业科技创新合作回归结果分析

使用 Stata 软件对各变量进行相关性分析，得出所有变量均在 1% 的水平上显著，其中 X_{11} 和 X_{12} 的相关性较强，相关系数高达 0.9521，因此这两个变量不应出现在同一模型中。对 Y_1、Y_2、Y_3 进行均值和标准差分析得出数据较为分散，因此更适合于负二项回归模型。

依据确定的回归模型，使用 Stata 软件分析各因素对企业科技合作模式选择的影响。表 6-4 给出了企业科技合作模式的负二项回归结果。当 Y_1、Y_2、Y_3 分别作为被解释变量时，X_{11}、X_{12}、X_{13} 的影响系数均为正数，说明意愿对科技合作模式选择均有正向影响，意愿越强，开展科技合作越积极，同时意愿与最终选择的模式是相关的，模型 1 至模型 6 均反映出动机往往决定科技合作的最终行为和效果。由此验证了假设 H1 以及 H1a、H1b、H1c。从 X_{21} 和 X_{22} 的影响系数看出，其均为正数，说明资源对科技合作模式选择具有正向影响。当企业自身资源基础较差时，企业倾向于选择资源互补型合作模式与知识获取型合作模式，而选择技术转移型合作模式较少，这是因为企业本身基础较差，技术转移后也难以将知识和技术内化为自身能力。另外，企业之间的资源异质性和互补性越强，开展科技合作的可能性越大。由此验证了假设 H2 和 H2a。从 X_{31}、X_{32}、X_{33} 的影响系数看出，获取知识的渠道越通畅、辨别和收集知识的能力越强、吸收和理解知识的能力越强，开展科技合作的效果越好。这验证了假设 H3 以及 H3a、H3b、H3c。从 X_{41}、X_{42}、X_{43} 的影响系数看出，三个系数均为正数，说明这些关系因素越强，科技合作效果越好，其中 X_{41} 的系数反映出先前合作确实会增加科技合作的机会和可能性；X_{42} 的系数反映出组织文化、管理方式、制度规则越为相似，知识传播过程中遇到的障碍越小，合作越通畅；X_{43} 的系数为正数，X_{43} 平方的系数为负数，说明合作双方科技水平差异与合作效果呈倒"U"型关系，存在一定的差异时，双方合作的意愿和动机越强，但是当差异达到一定程度时，知识学习、吸收和理解将存在较大差异，合作效果反而降低。以上验证了假设 H4 以及 H4a、H4b、H4c 的正确性。从 X_{51}、X_{52}、X_{53} 的系数看出，环境的稳定性对科技合作有正向影响，且从系数大小看出，政治环境的作用大于经济环境、社会环境，政治环境主要指政策、法规和政府在"一带一路"沿线国家发展的定位和导向上。由此得出，假设 H5 也是正确的。

表6-4　　　　"一带一路"沿线企业科技合作回归结果

变量	模型1	模型2	模型3	模型4	模型5	模型6
被解释变量	Y1	Y1	Y2	Y2	Y3	Y3
X_{11}	0.3812***	0.7612***				0.1236***
X_{12}			1.7252***	1.2725***		
X_{13}		2.2725***		1.8721***	2.8266**	1.2321***
X_{21}	1.7822**	2.1226**	1.8882**	3.0265**	1.0271*	0.8262**
X_{22}	6.2321***	4.2672***	3.8276***	2.8261***	4.2712***	3.2726***
X_{31}	0.9862***	0.8765***	1.1213***	1.0821***	3.7656***	1.2712***
X_{32}	2.3762***	2.1726**	0.1625***	0.0972***	1.0287**	0.8262**
X_{33}	5.7121***	4.2715***	7.2625***	7.2615***	6.2552***	6.8263***
X_{41}	1.7261	2.2716	1.9782	1.2227	1.0927*	0.9827
X_{42}	0.8271***	1.0826***	0.9877***	0.6221***	0.8766***	0.6272***
X_{43}	2.7261	2.9816	1.2654	0.9782	1.2725	3.8276
X_{43}平方		-1.2821***		-2.2721***		-2.6678***
X_{51}	1.2715**	1.0288**	2.2722**	1.7625**	4.2615*	2.2761**
X_{52}	0.7266*	0.6251**	0.2725*	0.8781**	1.9272**	1.0288**
X_{53}	0.6231	1.2715***	1.0262	1.0272***	1.9271***	0.8626*
常数	-7.2261**	-11.9826**	-11.2826*	-11.7677**	-3.2162**	-9.7667**
-Log Likelihood	262.2722	301.2257	282.1112	293.9887	272.7625	302.2711
LR	-8.32	-11.82	-76.41	-89.20	-26.89	-35.01

注：*、**、*** 分别表示10%、5%、1%的水平上显著。

6.3 "一带一路"沿线国家科研机构科技合作模式

6.3.1 科研机构科技创新合作研究综述

在国家间互利合作协议或备忘录框架之下，科研院所、高等院校作为创新主体，也积极参与到国际科技合作中。

关于科研机构、高等院校国际科技合作模式，学者们开展了一系列富有成效的研究。彭静（2010）指出，高校与科研机构国际科技合作的对象分为四类：政府机构及国际组织、高等院校、科研机构、企业[220]。其中，政府机构下达国际合作项目，由科研机构、高等院校牵头或参与组织大科学工程；国际组织通过对外技术援助和国际开发等形式，开展国际教育交流与合作；科研机构、高等院校与企业之间进行人员交流、联合培训、共建联合研发机构等。黎小兰（2008）[221]认为，国际学术会议、合作研究、联合开发、联合培训、学者访问和交流是应用较为广泛的五种国际科技合作模式。任孝平等（2018）[222]以中国计量科学研究院为例，采用数学和统计学等定量方法，依据合作规模、与国内外机构的关系、合作成果的影响力，对国际科技合作的模式进行了划分和研究。依据合作内容的层次高低，大致划分为四个层级，即最低层次的人员交流、联合培养；较低层次的国际学术会议；较高层次的合作研发；最高层次的共建联合研究机构。依据参与主体进行划分，分为个人合作、机构合作两类。其中个人合作包括信息交流、访问研究、合作研发，这种方式较为灵活且门槛较低；机构合作包括项目合作、共建研发机构等。依据资助来源，划分为自筹、机构资助、政府资助、国际组织或基金与非政府组织的资助。

关于科研机构、高等院校国际科技合作的影响因素，学者们也进行了一系列研究。李延瑾（1997）[223]、邢丽红（1998）[224]、吴彬江（2007）[225]对科技合作的动因进行了探讨和研究，总结起来主要有以下三点：信息获取，扩大学术的国际影响力；整合科技资源，提升科技创新水平；培养人才，锻炼科研队伍，建立学术人脉。袁光顺和朱东华（2005）[226]从定量角度，对提高科技水平、人才培养、拓展交流渠道、获取信息、提升经济效益等方面，探讨了基础性研究国际合作的起因。除了内部影响因素之外，还有很多外部因素也对科技合作存在影响。如潘天明认为，合作对象的基础、合作项目的规模、质量、时间、经费等因素均会对合作成功与否产生影响。另外经济、文化、政策等环境因素也被多次研究和证实，如尹希果采用结构方程模型对环境因素的影响程度开展了实证研究，研究得出合作双方的思想开放程度、对外界的接受程度、文化素质的高低，对国际科技合作的开展有正向影响作用；长期稳定的政策和法律环境更有助于推动国际科技合作的开展和深化。

6.3.2 科研机构科技创新合作研究假设

综合以上相关研究综述,提出"一带一路"沿线国家科技机构、高等院校科技合作的"影响因素—模式"研究假设,其中模式分为人员交流和联合培养、国际学术会议、合作研发、共建联合研究机构等。科研机构与企业不同之处在于,企业更倾向于从研发到生产、产业化的过程,更加注重对经济利润的追求;而科研机构更加关注研发过程,除了经济利润外,还有社会效益,如人才交流和培养、科技创新能力的提升等。但是由于科研机构与企业同样属于创新主体的类型,意愿、资源、能力、关系仍是决定科研机构行为的重要因素,科研机构也会受到环境因素的影响。因此,影响因素主要包括意愿、资源、能力、关系、环境五个维度。与 6.2.2 节不同,参与科技合作的科研机构、高等院校往往在技术研发上有一定基础,与企业之间的合作主要以技术输出与知识传播为主,与其他合作伙伴,如企业、科研机构、高等院校在组织形式、管理方式等方面的差异不会影响到知识传播与技术输出的效果,因此这几个因素不被纳入到影响因素范围内。综上所述,本章提出研究假设如下:

H1:意愿对科技合作模式选择有正向影响,意愿越强,选择适宜科技合作模式的积极性越强,且意愿与最终选择的模式是相关的。

H1a:科研机构为了提升知识储备量,倾向于选择人员交流和联合培养、国际学术会议合作模式。

H1b:科研机构为了获取资源或者实现技术转移转化,倾向于选择获取新知识、合作研发、技术转移等合作模式。

H2:资源对科技合作模式选择存在影响。

H2a:资源差异性和互补性越强,科研机构开展科技合作的可能性越大。

H3:能力对科技合作模式选择存在影响,学习和吸收能力越强,越倾向于开展科技合作。

H3a:科研机构若拥有充分沟通和交流的渠道,科技合作的成功率更高。

H3b:科研机构若拥有较强的快速辨别和收集新知识的能力,科技合作的成功率更高。

H3c:科研机构若拥有较强的吸收和理解新知识的能力,科技合作的成功率更高。

H4：关系对科技合作模式选择存在影响。

H4a：若存在先前合作，未来开展科技合作的概率更大。

H4b：合作双方科技水平的差异影响科技合作效果，科技水平的差异与合作效果呈倒"U"型关系。

H5：环境对科技合作模式选择存在影响。环境越稳定，越有利于科技合作的稳定性和持久性。

6.3.3 科研机构科技创新合作变量及模型

6.3.3.1 变量界定和量表设计

首先，基于问卷数据，对"一带一路"沿线国家科研机构科技合作的模式进行归类验证，此部分问卷的调研目的是了解科研机构科技合作的基本情况、合作目的、主要方式、影响因素等。问卷发放对象为参与"一带一路"科技合作的科研机构和高等院校，共发放问卷200份，提出无效问卷16份，得到有效问卷184份，回收率为92.0%。数据收集后，对数据进行 KMO 检验和 Bartlett 检验，计算得出 KMO 检验系数 >0.5，Bartlett 球形检验 x^2 统计值的显著性概率（P值）<0.05，数据有效。

利用 SPSS 软件进行 K - means 聚类计算处理，以欧氏距离（即"平方 Euclidean 距离"方法）衡量组间距离。经过聚类计算，得出累计方差贡献率达到85%以上，最终将所有模式，聚类汇总为4个因子，即四大类型的科技合作模式，对这四类的模式进行特征提取和归纳。与企业科技合作不同，科研机构不存在外方工艺方案的获取或共享、跨国并购这两种情况，因此有效变量为11个，如表6-5和表6-6所示。

表6-5　　　　　　　　　解释的总方差

因子	特征值	方差的%	累积的%
P1	14.287	49.017	49.017
P2	7.132	16.172	65.189
P3	2.412	11.528	76.717
P4	1.281	9.121	85.838

续表

因子	特征值	方差的%	累积的%
P5	1.121	7.111	92.949
P6	1.082	5.126	98.075
P7	0.972	0.652	98.727
P8	0.625	0.598	99.325
P9	0.261	0.268	99.593
P10	0.128	0.208	99.801
P11	0.112	0.199	100.000

表6-6 每个聚类中的变量数

变量	P1	P2	P3	P4	有效变量	缺失变量
每个聚类中的案例数	4	2	3	2	11	0

  基于 K-means 聚类计算结果,总结验证"一带一路"沿线国家科研机构科技合作的模式,得出科研机构科技合作模式分为知识获取型、资源互补型、合作研发型、技术转移型四大类。其中,知识获取型合作模式是指思想观念、技术经验的获取或共享情况;资源互补型合作模式是指人才、资金、设备设施、信息等资源的获取或共享情况;合作研发型是指联合研发、委托研发、共建联合实验室等合作形式;技术转移型是指通过成果转移、技术联盟等形式开展的合作情况。针对以上四种类型,合作效果使用四个指标进行衡量,分别为从外部获取的新知识和技能不断增加、从外部获取的互补性资源不断增加、合作研发的频率持续增长、技术转移的频率持续增长。

  其次,意愿包括以获取知识、获取互补性资源、转移技术为动机;资源是指对异质性和互补性资源的需求;能力包括拥有充分沟通和交流的能力、快速辨别和收集新知识的能力、吸收和理解新知识的能力;关系包括两个方面,一是合作双方有先前合作,即社会邻近性,二是合作双方科技水平上的差异程度,即认知邻近性;环境因素是指政治环境、经济环境、社会环境的稳定性。具体如表6-7所示。

表6-7 "一带一路"沿线科研机构科技合作影响因素及其选取依据

度量指标	观测变量	选取依据
意愿	X_{11} 科研机构是为了提升知识储备量 X_{12} 科研机构是为了获取互补性资源 X_{13} 科研机构是为了实现技术转移转化	任孝平等（2018）[222]、李延瑾（1997）[223]、邢丽红（1998）[224]、吴彬江（2007）[225]、袁光顺和朱东华（2005）[226]
资源	X_{21} 科研机构资源基础存在差异	
能力	X_{31} 科研机构充分沟通和交流的渠道畅通 X_{32} 科研机构快速辨别和收集新知识的能力强 X_{33} 科研机构吸收和理解新知识的能力强	
关系	X_{41} 科研机构存在先前合作 X_{42} 科研机构科技水平上存在差异	
环境	X_{51} 科研机构所处的政治环境较为稳定 X_{52} 科研机构所处的经济环境较为稳定 X_{53} 科研机构所处的社会环境较为稳定	
合作效果	Y_1 科研机构获取新知识和新技能不断增加 Y_2 科研机构获取互补性资源增加 Y_3 科研机构合作研发的频率持续增加 Y_4 科研机构技术转移的频率持续增加	

6.3.3.2 模型选择

本节将合作效果作为被解释变量，各影响因素作为解释变量，构建分析模型如下：

$$Y_1 = c + \beta_1 X_{11} + \beta_2 X_{12} + \beta_3 X_{13} + \beta_4 X_{21} + \beta_5 X_{31} + \beta_6 X_{32} + \beta_7 X_{33}$$
$$+ \beta_8 X_{41} + \beta_9 X_{42} + \beta_{10} X_{51} + \beta_{11} X_{52} + \beta_{12} X_{53} + \varepsilon \quad (6.5)$$

$$Y_2 = c + \beta_1 X_{11} + \beta_2 X_{12} + \beta_3 X_{13} + \beta_4 X_{21} + \beta_5 X_{31} + \beta_6 X_{32} + \beta_7 X_{33}$$
$$+ \beta_8 X_{41} + \beta_9 X_{42} + \beta_{10} X_{51} + \beta_{11} X_{52} + \beta_{12} X_{53} + \varepsilon \quad (6.6)$$

$$Y_3 = c + \beta_1 X_{11} + \beta_2 X_{12} + \beta_3 X_{13} + \beta_4 X_{21} + \beta_5 X_{31} + \beta_6 X_{32} + \beta_7 X_{33}$$
$$+ \beta_8 X_{41} + \beta_9 X_{42} + \beta_{10} X_{51} + \beta_{11} X_{52} + \beta_{12} X_{53} + \varepsilon \quad (6.7)$$

$$Y_4 = c + \beta_1 X_{11} + \beta_2 X_{12} + \beta_3 X_{13} + \beta_4 X_{21} + \beta_5 X_{31} + \beta_6 X_{32} + \beta_7 X_{33}$$
$$+ \beta_8 X_{41} + \beta_9 X_{42} + \beta_{10} X_{51} + \beta_{11} X_{52} + \beta_{12} X_{53} + \varepsilon \quad (6.8)$$

式（6.5）至式（6.8）中，β表示各因素的影响系数，c表示常数项，ε表示误差项。

6.3.4 科研机构科技创新合作回归结果分析

使用 Stata 软件对各变量进行相关性分析，得出所有变量均在 1% 的水平上显著。对 Y_1、Y_2、Y_3、Y_4 进行均值和标准差分析，得出数据较为分散，因此更适合于负二项回归模型。

表 6-8 回归结果显示，意愿是影响科研机构、高等院校科技合作的重要因素，在获取新知识和新技能、获取互补性资源的模式下，较多是出于获取知识的动机；在合作研发、技术转移这种模式下，系数分别为 5.2711、1.2655，高于其他两个动机因素。这验证了假设 H1 和 H1a、H1b。资源方面，模型 1 至模型 4 中 X_{21} 均通过了检验，系数均为正数，这验证了资源异质性和互补性对科技合作的影响和作用，假设 H2 和 H2a 成立。能力方面，假设 H3a、H3b、H3c 的系数均为正数，且通过了检验，验证了能力对科技合作模式选择存在影响，相比之下，吸收和理解能力更为重要，这验证了假设 H3 成立。关系方面，X_{41} 的系数为正数，也就是说若存在先前合作，未来开展科技合作的概率增大；X_{42} 的系数为正数，X_{42} 平方的系数为负数，即科技水平的差异与合作效果呈倒"U"型关系，这验证了假设 H4 和 H4a、H4b 成立。环境因素方面，政策法规对科技合作的促进作用更为重要，这验证了假设 H5 成立。

表 6-8　"一带一路"沿线国家科研机构科技合作回归结果

变量	模型 1	模型 2	模型 3	模型 4
被解释变量	Y_1	Y_2	Y_3	Y_4
X_{11}	1.7612***	2.7121***	2.8712***	0.6766***
X_{12}			1.0821*	1.0982***
X_{13}		0.3823***	5.2711**	1.2655***
X_{21}	0.9226***	1.2122***	1.0172**	0.9088**
X_{31}	1.8765***	3.7261**	2.1821***	0.9872**
X_{32}	2.1726***	1.9872**	5.2812**	3.4555**
X_{33}	6.2715**	7.2811**	0.8122***	4.5655**
X_{41}	0.9716*	0.8261**	1.0927*	2.5252***
X_{42}	0.9721***	1.2755***	0.9788***	0.8988***

续表

变量	模型1	模型2	模型3	模型4
X_{42}平方	-3.7261***	-4.7221***	-1.7222***	-2.1222**
X_{51}	4.2162***	3.2711***	2.1888*	3.1777***
X_{52}	0.9271***	0.8881**	0.9277***	0.9282**
X_{53}	1.1726*	2.0922*	1.0988*	0.1821***
常数	-87.2712**	-67.8261***	-72.0952***	-34.8278**
-Log Likelihood	625.1252	251.5334	340.2812	502.1223
LR	-65.2100	-56.1000	-36.1900	-21.0800

注：*、**、*** 分别表示10%、5%、1%的水平上显著。

6.4 "一带一路"沿线国家基地科技合作模式

6.4.1 基地科技创新合作研究综述

国际科技合作基地（以下简称国合基地）作为国际科技交流与合作的重要平台，逐渐成为中外联合研究、吸引科技人才、科技资源共享、国际技术转移的科技创新活动聚集中心，对地区国际科技合作发展起到示范作用。《国家国际科技合作基地管理办法》中规定，国合基地是由科技部及其职能机构认定，在承担国家国际科技合作任务中取得显著成绩、具有进一步发展潜力和引导示范作用的国内科技园区、科研院所、高等学校、创新型企业和科技中介组织等机构载体。国合基地分为国际创新园、国际联合研究中心、国际技术转移中心、示范型国际科技合作基地四种类型。《"十三五"国际科技创新合作专项规划》中明确要重点支持一批合作基地，推动由最初的人员交流和技术引进为主的合作模式，向全方位、广领域、多层次的合作架构转变。

学界关于国合基地的研究不多，较多关注合作基地的现状和问题、运行机制、管理模式、服务方式等，以及某地区新增国家级国合基地的新闻和报道，而关注国合基地合作模式、运行效果及影响要素的研究较少。李柏洲等（2015）[227]认为，影响区域创新绩效的因素包括资源整合配置、网络合作、人员组成、知识分享及扩散等。伯科威茨等（Bercovitz et al.,

2001）[228]分析了技术转移组织对技术转移绩效的作用，研究发现技术转移中心的信息处理及协调能力、管理及激励机制的不同，均会造成技术转移的差异。西格尔等（Siegel et al.，2003）[229]通过定量分析技术转移生产率，得出组织结构、人员配置、技术转让费、收益分配等均是影响运行效果的因素。王小勇等（2009）[230]将影响因素划分为内部、外部两大部分，其中内部因素是指中心组织结构及人员构成、技术转移资源渠道，外部因素指政策环境、市场环境、自然环境等。

6.4.2 基地科技创新合作研究假设

截至 2019 年 12 月，科技部先后认定了 29 个国际创新园，169 家国际联合研究中心，39 家国际技术转移中心，405 家示范型国际科技合作基地。① 基于对已有文献的梳理得出，国合基地参与国际科技合作的模式主要有以下五种：拓展国际对接渠道、开展国际技术转移、进行人才培养、开展联合研究。其中拓展国际对接渠道包括开展对接会、研讨会、技术论坛、技术创新展，以及建立技术成果信息平台、服务平台、投资平台及技术交易平台等。人才培养包括以合作研究、能力建设和经验交流形式建立国家间紧密伙伴关系，帮助成员国培养科技领军人才，以及向成员国输出中国科技资源等。

（1）内部基础对科技合作模式选择的影响。内部因素主要包括在资金、人才、信息等方面的投入，以及内部结构、管理机制、运行模式等。科技合作作为一种创新方式，其投入与科技创新过程一样，包括人才、资金、信息、技术等方面的投入，产生则是科技合作的效果（李柏洲等，2015）[227]。基于以上影响机理，提出以下假设：

H1：基地内部基础条件对国际科技合作具有影响。

H1a：基地内部重视经费投入对国际科技合作有正向影响。

H1b：基地内部重视各创新主体的协同对国际科技合作有正向影响。

H1c：基地内部重视信息平台的建设对国际科技合作有正向影响。

H1d：基地内部重视管理模式和机制创新对国际科技合作有正向影响。

（2）外部环境对科技合作模式选择的影响。除了内部自身条件之外，外部环境也会对基地国际科技合作造成影响，如王小勇等验证了外部因素

---

① 资料来源：笔者根据科技部政务服务平台网站资料整理。

的重要性[230]。由于国合基地是由科技部认定并设立的，其发展必然会受到科技部及其他政府部门的管理限制，因此政策环境对其影响是不容忽视的。除此之外，技术转移涉及市场环节，因此技术转移的效果必然会受到市场因素、经济因素的影响，因此本书选取政治环境、经济环境、市场环境三大因素。基于以上影响机理，提出以下假设：

H2：宏观环境对国际科技合作具有影响。

H2a：政治环境稳定性对国际科技合作具有正向影响。

H2b：经济环境稳定性对国际科技合作具有正向影响。

H2c：市场环境稳定性对国际科技合作具有正向影响，在技术转移模式下，市场环境的影响作用更为明显。

6.4.3 基地科技创新合作变量及模型

（1）变量界定和量表设计。首先，基于问卷数据，对"一带一路"沿线国家基地科技合作的模式进行归类验证，本部分问卷的调研目的是了解基地科技合作的基本情况、合作目的、主要方式、影响因素等。问卷发放对象为北京、天津、上海三地的5家基地，分别为北京国际技术转移中心、上海联合国际技术转移中心、天津先进成果国际技术转移中心、北京国家生物医药国际创新园、中关村国家自主创新示范区核心区国际合作基地。共发放问卷300份，提出无效问卷27份，得到有效问卷273份，回收率为91.0%。数据收集后，首先对数据进行KMO检验和Bartlett检验，计算得出KMO检验系数>0.5，Bartlett球形检验x^2统计值的显著性概率（P值）<0.05，数据有效。

利用SPSS软件进行K-means聚类计算处理，以欧氏距离（即"平方Euclidean距离"方法）衡量组间距离，经过聚类计算，得出累计方差贡献率达到85%以上，最终将所有模式，聚类汇总为4个因子，即四大类型的科技合作模式，对这四类的模式进行特征提取和归纳，如表6-9和表6-10所示。

表6-9 解释的总方差

因子	特征值	方差的%	累积的%
P1	22.152	32.021	32.021
P2	10.212	28.129	60.150

续表

因子	特征值	方差的%	累积的%
P3	6.521	15.421	75.571
P4	3.112	10.898	86.469
P5	2.121	7.198	93.667
P6	1.237	4.877	98.544
P7	1.082	0.621	99.165
P8	0.987	0.425	99.590
P9	0.762	0.212	99.802
P10	0.526	0.107	99.909
P11	0.298	0.091	100.000

表6–10　　每个聚类中的变量数

变量	P1	P2	P3	P4	有效变量	缺失变量
每个聚类中的案例数	2	4	3	2	11	0

基于 K-means 聚类计算结果，总结验证"一带一路"沿线国家基地科技合作的模式，得出基地科技合作模式分为国际对接渠道拓展型、技术转移型、资源共享型、合作研发型四大类。其中，国际对接渠道拓展型是指开展对接会、研讨会、技术论坛、技术创新展，以及建立技术成果信息平台、服务平台、投资平台及技术交易平台；技术转移型是指通过成果转移、技术联盟等形式开展的合作情况；资源共享型是指人才、资金、设备设施、信息等资源的获取或共享情况。合作效果的评估指标依据主要合作模式进行界定，包括基地在国际对接渠道拓展方面的效果、基地在国际技术转移方面的效果、基地在国际资源共享方面的效果、基地在国际联合研究方面的效果。

其次，内部因素主要包括投入因素、资源配置、沟通机制、管理机制等方面，其中选用经费投入的程度作为投入因素的衡量指标，各创新主体的协同作为资源配置的衡量指标，信息平台的建设作为沟通机制的衡量指标，管理模式与激励机制作为管理机制的衡量指标。外部环境主要指基地所处的宏观环境，包括政治环境、经济环境、市场环境。具体如表6–11所示。

表6-11 "一带一路"沿线国家基地科技合作影响因素及其选取依据

度量指标	观测变量	选取依据
内部基础	X_{11}基地内部重视经费投入 X_{12}基地内部重视各创新主体的协同 X_{13}基地内部重视信息平台的建设 X_{14}基地内部重视管理模式的创新和完善	李柏洲等（2015）[227]、 伯科威茨等（2001）[228]、 西格尔等（2003）[229]、 王小勇等（2009）[230]
外部环境	X_{21}基地所处的政治环境较为稳定 X_{22}基地所处的经济环境较为稳定 X_{23}基地所处的市场环境较为稳定	
合作效果	Y_1基地在国际对接渠道拓展方面的效果提升 Y_2基地在国际技术转移方面的效果提升 Y_3基地在国际资源共享方面的效果提升 Y_4基地在国际联合研究方面的效果提升	

（2）模型选择。知识生产函数可用于分析科技创新及其对国家或区域发展的影响程度。本节以基地作为研究对象，其投入产出符合知识生产函数的特点，因此，本节将合作效果作为被解释变量，各影响因素作为解释变量，构建分析模型如下：

$$Y_1 = c + \beta_1 X_{11} + \beta_2 X_{12} + \beta_3 X_{13} + \beta_4 X_{14} + \beta_5 X_{21} + \beta_6 X_{22} + \beta_7 X_{23} + \varepsilon \tag{6.9}$$

$$Y_2 = c + \beta_1 X_{11} + \beta_2 X_{12} + \beta_3 X_{13} + \beta_4 X_{14} + \beta_5 X_{21} + \beta_6 X_{22} + \beta_7 X_{23} + \varepsilon \tag{6.10}$$

$$Y_3 = c + \beta_1 X_{11} + \beta_2 X_{12} + \beta_3 X_{13} + \beta_4 X_{14} + \beta_5 X_{21} + \beta_6 X_{22} + \beta_7 X_{23} + \varepsilon \tag{6.11}$$

$$Y_4 = c + \beta_1 X_{11} + \beta_2 X_{12} + \beta_3 X_{13} + \beta_4 X_{14} + \beta_5 X_{21} + \beta_6 X_{22} + \beta_7 X_{23} + \varepsilon \tag{6.12}$$

式（6.9）至式（6.12）中，β表示各因素的影响系数，c表示常数项，ε表示误差项。

6.4.4 基地科技创新合作回归结果分析

数据收集后，使用Stata软件对各变量进行相关性分析，得出所有变量均在1%的水平上显著。对Y_1、Y_2、Y_3、Y_4进行均值和标准差分析得出数据较为分散，因此更适合负二项回归模型。

表 6-12 回归结果显示，内部基础条件、外部环境对基地国际合作的影响得到验证，说明假设 H1、H2 成立。从各因素的系数看出，资金投入仍是影响科技合作效果的重要因素，近年来在政府支持下，以项目经费、地方补贴、政府资助等方式，鼓励和引导国际科技合作的开展。除外部资金支持外，基地内部企业、科研机构等也加大经费投入致力于支持科技合作的相关业务工作。因此假设 H1a 成立。各创新主体之间的协同也是影响国际科技合作效果的重要因素，在基地内部涉及企业、科研机构、高等院校、中介服务机构之间的合作。各创新主体的协同有助于更好地发挥基地的潜力和优势，更好地实现资源优化配置和有效利用。另外，在技术转移模式下，各主体之间的协同作用更为关键，X_{12} 的系数为 2.6254，高于其他几个因素。因此假设 H1b 成立。信息平台的建设对于科技合作的开展也至关重要，对接会、研讨会、技术论坛、技术创新展的组织和开展，以及技术成果信息平台、服务平台、投资平台及技术交易平台的建立，有助于基地内部信息的流通，扩大合作双方对接的概率和可能性，因此因素的正向作用得到验证，即假设 H1c 成立。基地组织结构和管理模式也会影响到基地的合作效率，但影响程度较其他因素较小。在外部因素方面，环境因素的影响得到验证，即假设 H2、H2a、H2b 成立。其中政治环境的影响作用大于经济环境、市场环境。在技术转移模式下，市场环境的因素也较为重要，这时技术转移会涉及定价等过程，会受到行业环境、产品市场等方面的影响。因此假设 H2c 成立。

表 6-12　　　"一带一路" 沿线国家基地科技合作回归结果

变量	模型 1	模型 2	模型 3	模型 4
被解释变量	Y_1	Y_2	Y_3	Y_4
X_{11}	2.8982***	2.0651***	2.9827***	3.0287***
X_{12}	1.0812*	2.6254**	2.7617***	2.1862***
X_{13}	2.1726**	1.9272***	1.3604**	0.8271***
X_{14}	1.8217*	0.9071*	1.0281*	1.0867**
X_{21}	3.9271***	2.6251**	2.7653***	1.9827**
X_{22}	1.7223	1.2862*	1.0272***	1.5271***

续表

变量	模型 1	模型 2	模型 3	模型 4
X_{23}	0.9825***	1.7227***	1.1827	1.0524
常数	−119.6524**	−187.7266***	−159.8213***	−176.6521**
−Log Likelihood	523.1726	251.5334	456.8987	502.1223
LR	−108.3600	−117.8000	−217.3800	−187.1900

注：*、**、***分别表示10%、5%、1%的水平上显著。

6.5 本章小结

本章从微观主体层面，采用调查问卷、访谈相结合的方法，对企业、科研机构、基地（技术转移中心）等开展国际科技合作的动机、模式及影响因素进行分析，以实证研究结果进一步探析各类型的主体开展国际科技合作的途径、模式和特征。通过上述分析，本章认为：（1）"一带一路"沿线国家企业科技合作的模式，包括知识获取型、资源互补型、技术转移型三类。其中知识获取型合作模式是指企业思想观念、技术经验、工艺方案的获取或共享情况；资源互补型合作模式是指企业外人才、资金、设备设施、信息等资源的获取或共享情况；技术转移型合作模式是指联合研发、委托研发、成果转移、技术联盟、跨国并购等合作情况。从意愿、资源、能力、关系、环境五个方面，对科技合作模式选择的影响机理进行研究。研究发现，意愿、环境对科技合作有正向影响。资源方面，企业自身资源基础较差时，更倾向于选择资源互补型、知识获取型合作模式，且企业间资源异质性和互补性越强，科技合作可能性越大。能力方面，知识获取渠道越通畅，知识辨别和收集能力越强，知识吸收和理解能力越强，科技合作效果越好。关系方面，先前合作会增加科技合作可能性，企业间组织文化、管理方式、制度规则越相似，合作越通畅；合作双方科技水平差异与合作效果呈倒"U"型关系。（2）"一带一路"沿线国家科研机构科技合作的模式，大致分为知识获取型、资源互补型、合作研发型、技术转移型四大类。从意愿、资源、能力、关系、环境等方面，对于影响模式选择的因素进行研究，得出自身资源基础不是影响科研机构科技合作的因素，同时科研机构在组织文化和制度规则等上的差异不大，更多表现在专注技术领域的不同，因此组织文化和制度规则对科技合作的影响也不显著。除此之外,科研机构同企业一样作为创新主体的类型之一,其他影响因素的作用与企业模式相类似。(3)"一带一路"沿线国家基地科技合作的模式,包括国际对接渠道拓展型、技术转移型、资源共享型、合作研发型四大类。从内部基础条件、外部环境两方面,对基地国际合作的影响进行探析,得出经费投入、创新主体协同、信息平台建设对科技合作均有影响,但管理模式的影响程度较小;外部环境也存在影响,且政治环境的影响大于经济、市场环境等。本章采用问卷调查方法,为探析企业、科研机构、基地等各类主体科技合作模式提供第一手资料,是对微观层面科技合作选择相关研究的一次探索。

第 7 章

推进"一带一路"沿线国家科技创新合作的政策建议

古往今来,人类科技史的发展,无不伴随着人类生存发展问题的解决、改善和需求的转变满足,从农业革命、轴心时代到工业革命,再到以信息技术为核心的新一轮科技革命孕育兴起,历史经验表明,对科技战略先机、趋势的研判和把握,是抢抓机遇、立足未来科技高地的核心所在。"一带一路"沿线国家科技实力不一,不同收入国家科技发展状况的"串联",上演着一部人类科技进步史。表现在科技带动经济转型、促进产业变革的迫切需求具有一致性,相关国家运用科技推动生产力的成功经验具有借鉴、推广和应用效应等。科技创新合作是经验学习借鉴的理想途径,也是科技弱国提升本国科技实力、科技强国发挥比较优势、积累合作经验的不二选择。前文对"一带一路"沿线国家科技创新合作模式的量化和质化研究表明,各收入分组和区域沿线国家合作模式具有鲜明的差异性,如何探索出适宜不同类型收入国家、体现各方资源禀赋的科技创新合作模式,如何在这些合作模式下各方一道共建"科技命运共同体",使"一带一路"科技创新合作高质量发展等是一系列重要而又紧迫的研究话题。

7.1 "一带一路"沿线国家科技创新合作的主要问题

随着全球化进程的不断推进,人类命运共同体的理念逐渐深入人心,这不仅体现在全球各国致力于解决共同面临的挑战,迎接发展过程中不断出现的未知风险,还表现为在发展过程中有过或正在处于某一相似的发展阶段，面临共性或个性的发展问题。"一带一路"沿线国家涉及了不同收入分组、不同发展阶段、不同发展区域内的众多国家，各国发展过程中有相互经验的借鉴，也存在对发展历史的思考与启迪。科技创新合作是"一带一路"沿线绝大部分国家经济由要素驱动向创新驱动发展的重要手段。科技创新合作中既面临一些共性问题，也存在特定环境下的个性问题。同时，各国科技创新合作又面临着一定的内外部问题或障碍。

7.1.1 "一带一路"不同收入类别层面的科技创新合作问题

（1）"一带一路"沿线低收入国家和中低收入国家科技创新合作边缘化风险加大。前文第3、第4、第5章研究表明，"一带一路"沿线低收入国家和中低收入国家科技实力、科技创新合作能力、科技创新合作网络地位等均相对落后，尤其在技术合作层面表现十分有限，相关影响包括开放程度、经济实力、科技创新合作环境等因素限制较大。虽然相关国家积极参与了一定数量的合作研发，但整体实力差距依然较大，科技强国主导的创新活动对这些国家的溢出效应有限，较多国家边缘化风险加大。一方面，低收入国家和中低收入国家内部环境长期不稳定限制了其科技创新发展能力，使其加入科技创新合作网络的条件受阻；另一方面，相关合作网络成员固化、合作领域稳定等，可能导致低收入国家和中低收入国家难以融入其中或融入后的稳定性不佳。

（2）"一带一路"不同收入国家科技创新合作的内外部环境稳定性变化较大。前文3.3、3.4、4.2和5.2节分析可知，较多"一带一路"沿线国家科技发展与创新合作的波动性较大，部分低收入国家科技创新合作活动呈点状分布态势，科技创新合作强度、机构参与数量、合作领域等均不及高收入国家。第4章和第5章分析结果表明，相关国家科技创新合作的内外部环境对上述特征的影响明显，这些环境包括营商环境、科技资源环境、科技政策环境、科技人文环境等。部分国家在上述不稳定环境下的科技创新合作针对性、导向性、连续性等变化较快。同时，技术强国知识产权保护范围调整的不确定性对沿线国家科技创新合作同样带来挑战。沿线各国如何加强同其他强国知识产权上的合作，使先进技术在适宜区域发展、创新合作和发挥更大作用，成为亟须思考的问题。

（3）"一带一路"沿线国家科技创新合作的能力差异较大、主导从属情况参差不齐、经济实力差距拉大、文化差异冲突、技术基础不一、比较优势减弱等较大程度上限制了"一带一路"沿线国家科技创新合作。上述限制使沿线国家科技创新合作的个体差异表现突出，导致相关国家创新合作的能力、水平、领域偏好、合作地位等呈现多样化形态。而这种多样化对促进科技全球化进程、科技应对全球挑战等层面的作用有限，部分国家可能由于本国短期利益和在文化、技术基础、比较优势等层面的差异阻碍，选择追求短期经济利好而放缓开展更高层面的科技创新合作。这种特征更多地表现在低收入国家和高收入国家"两段"，长此以往，将加剧不同收入国家科技创新合作的极化效应。

7.1.2 "一带一路"不同区域层面的科技创新合作问题

（1）区域内科技创新合作强度不足，区域间科技创新合作对区域内技术提升的带动作用有限。前文关于"一带一路"沿线区域科技创新合作的研究表明，区域内和区域间科技创新合作均存在较大差异，区域内科技创新强国带动区域创新合作发展的广度和深度有限。区域内科技创新合作强度明显低于区域间，表现在较多技术落后国主动或被动寻求其他区域更高层面或更具活跃性的合作。同时，就目前全球科技竞争力的区域特点来看，技术强国多集中在欧洲、北美或东亚等国，科技创新合作中心在短时间内无法彻底转移，而区域科技创新强国往往在较早时期参与或吸引了上述区域内技术强国主导的研发活动，使得区域内各国技术差距逐渐拉大。

（2）区域资源要素互补对区域内外科技创新合作的促进作用不足，区域优势资源供需信息不对称。"一带一路"沿线区域科技资源具有明显的互补效应，区域科技要素禀赋应该成为区域科技创新合作的重要基础。第4、第5章关于区域科技合作领域的分析结果也表明，区域资源互补是其合作领域的重要依据，而"一带一路"沿线国家科技合作领域选择往往来源于合作主体多次合作的经验总结。突出问题在于相关供需信息不对称、缺乏科技合作交流平台或中介机构。区域内科技创新合作要素往往具有相似性，科技合作平台或中介能够在合作主体之间建立联系纽带，在信息不对称的情况下，平台或中介服务是区域科技交流合作、转化应用的媒介。"一带一路"沿线部分高收入国家在这方面已经积累了较多经验，但大部分发展中国家依然缺乏必要的信息交流合作平台。

（3）区域文化差异带来的信任和认同感降低，加剧了科技创新合作的"贫富差距"，使区域科技创新合作效能不断减弱。此处差异是更为广泛的意义，表现在区域层面的地域认同感、信任感和归属感上。过去，"一带一路"沿线国家在努力发展自身经济的同时，在其他交流合作方面进行了广泛的尝试，但其合作多停留在经济、科技、政治等目的性强、利益相关度高的活动中，缺乏必要的文化交流，合作双方对彼此文化认知存在误解或偏见。2019年5月，中国在北京举办了亚洲文明对话大会，旨在消除全球文化多样化背景下的各国认同感障碍、信任感障碍，促进各国文化交流互鉴，使之成为解决全球共同挑战的新动力。"一带一路"沿线国家既需要经济科技力量，也需要文化文明力量，只有加强相互间和其他发达国家间的文化交流，才能在科技创新合作中创造更多机会，为自身独立创新创造条件和奠定基础。

7.1.3 中国参与"一带一路"科技创新合作层面的问题

（1）中国同"一带一路"沿线不同收入国家开展科技创新合作的差异较大，同低收入国家开展合作力度不足，同不同收入国家的科技创新合作的定位、目标等还不够明确。虽然中国同"一带一路"沿线国家开展了一定数量的科技合作，但从前文中国同沿线国家科技创新合作整体特征来看，其整体合作差异性较大，与其他金砖国家相比，中国与部分国家合作的稳定性、持续性依然不足，合作重点主要以欧美日为主，中非合作以工程承包、项目合作为主，科学技术合作研发潜力有待进一步开发。同时，中国同沿线国家开展科技创新合作的领域较为广泛，但合作定位、目标等缺乏统一协调和引导，科技创新合作的实际效能有待提升。

（2）中国同沿线不同收入国家科技创新合作网络稳定性依然不足，科技创新合作联盟、创新平台建设等还有待优化提升。前文研究表明，中国同沿线经济水平、社会稳定性、科技实力等较高国家开展科技创新合作的强度明显高于其他国家，但前文分析也表明中国与这些国家的科技创新合作网络的稳定性较差，网络成员的变化频率较高，表明中国与沿线国家科技创新合作的联盟效益并未形成。同时，第7章调研情况也表明，中国与沿线国家科技创新合作平台建设虽已形成共识，但相关平台在技术对接、信息交流、中介效应中的实际工作机制等还有待进一步优化明确。

（3）中国吸引"一带一路"沿线国家科技创新人才、培育"一带一路"建设人才的机制和力度等依然不足。科技竞争力说到底是人力资本的角逐，高端人才是科技创新合作的主体和推动者。沿线发展中国家人力资本积累与其人力存量存在很大差异。"一带一路"沿线国家人口总量约占全球人口60%以上,但高端人才拥有比例却明显低于发达国家或高收入国家。以往人们对人力资源和人力资本的概念存在误区,在人口红利优势渐去,科技创新深入人心的时代背景下,沿线国家人力资本积累和相关能力建设对参与国际科技创新合作起到促进和提升作用。在此背景下,健全"一带一路"人力资本开发培育机制、加大人才吸引力度等成为推进"一带一路"建设的关键所在。

(4) 中国同"一带一路"不同区域科技创新合作的重点领域依然有待进一步明确,区域科技合作对接机制、对接形式、保障措施等有待具体挖掘。前文研究表明,中国同沿线不同区域开展了具有相应区域特点的科技创新合作活动,合作领域较为广泛,多以探索式开放研发为主。合作主体主要以国内知名研究机构、高校和较强跨国公司为主。由于合作主体中企业参与数量相对较少,各区域合作领域不尽相同且领域跨度较大,合作导向往往具有明显的区域差异性,合作重点并不明显。同时,中国同各区域科技创新合作往往具有模式相近或范式套用的特点,针对具体区域的合作对接、运行机制、保障措施等适宜性合作挖掘力度和水平有待改进。

针对"一带一路"沿线国家科技创新合作中存在的以上问题,本书尝试从不同角度提出以下政策建议。

7.2 "一带一路"沿线国家科技创新合作的政策建议

7.2.1 针对"一带一路"不同收入国家科技创新合作的政策建议

(1) "一带一路"低收入国家科技创新合作的政策建议。前文分析可知,当前低收入国家无论科技实力还是科技合作能力均相对落后,在全球经济动力不足,增长放缓,各国经济贫富差距不断拉大,就业形势严峻,地缘政治问题,贸易冲突加剧等背景下,低收入国家融入全球化、分享全球福利的机会面临萎缩风险。低收入国家如何在新全球化和新一轮科技革命背景下避免边缘化、孤立化成为各国需要解决的问题,为此本书提出以下三点建议。

第一，在联合国框架内，依托国际组织寻求与其他发达国家或技术强国在能源利用、水资源利用、消除贫困、环境保护、粮食安全等领域的科技合作，着力推动联合国《2030可持续发展议程》中相应目标的渐进式实现。国际组织是低收入国家与高收入国家合作的纽带，低收入国家应该在相应机制下积极创造条件，争取国际援助，促进先进适应性技术转移，以解决本国面临的问题。

第二，低收入国家间开展技术交流的同时，借鉴学习新兴经济体科技发展过程中的宝贵经验。低收入国家间具有相似的比较优势，在吸引外资、引入技术等方面面临同样的问题，低收入国家间开展技术交流学习有利于提升本国技术承接能力，最大限度地发挥技术溢出效应在本国的扩散。同时，新兴经济体前期的科技发展阶段是低收入国家当前发展阶段的缩影，研究它们的成败经验、方式方法，并寻求与其合作、吸引投资能够避免低收入国家重蹈覆辙，实现技术追赶。

第三，提升本国"造血"能力，保障政治安全的前提下，加大与他国贸易、科技人员往来，加强在教育、医疗卫生、交通、能源利用等基础设施方面的建设。政治风险、基础设施落后往往使低收入国家发展科技的能力缺乏或丧失，科技发展归根结底是科技人才问题，而劳动力流动受限、民生问题无法妥善解决，科技"造血"能力将受到极大影响。

（2）"一带一路"中低收入国家科技创新合作的政策建议。与低收入国家相比，中低收入国家科技实力处于科技发展的起步关键阶段，科技进步对经济社会发展的带动作用显现，各国对科技合作的重视程度增加。诚然，中低收入国家科技合作效益依然较低，合作质量有待提升。为此本书提出如下三点建议。

第一，根据各自资源、劳动力等要素禀赋，积极承接来自其他高收入国家的产业转移，并在相应产业运作中寻求主导地位。中低收入国家在资源等生产资料上拥有比较优势，与其他高收入国家合作中应能深入参与并能了解相应技术或管理的核心内容。这就要求其他投资国与之在相应合作上能够达成共识。

第二，建立对市场信号反应灵敏的技术合作转移支撑平台，加强技术供需双方的耦合效应。建立技术合作或转移的实施机构，依托技术合作中介、信息平台等，依据本国市场反映情况，选择适宜的技术合作目标国，以点带面加快本国技术成长。

第三,部分产业结构不完善、工业体系不健全国家可以通过大力吸引外商直接投资的方式,识别和提升本国产业发展能力,并从中学习投资者精湛的技术和管理才能。一些中低收入国家虽然技术落后,但其依然具备优越的吸引外商条件。研究表明,外商直接投资能够较快地推动一国产业发展和升级,并较好地转移投资风险。

(3)"一带一路"中高收入国家科技创新合作的政策建议。中高收入国家往往面临着产业升级和经济结构转型的双重问题。同时,虽然其技术水平有了长足发展,但在一些高精尖技术领域受制于人,不具备发展竞争力。这也是世界银行提出"中等收入陷阱"产生的主要直接原因。本书认为,中高收入国家可以依靠技术进步在增加就业、产业优化转移、包容性发展、基础研究投入、技术攻关等方面实现跨越。据此提出以下建议。

第一,做好发展中国家技术合作的带头引领作用,选择适宜的技术强国作为追赶目标,加强同其他技术强国科技人员往来,构建更加开放、包容的科技发展环境,推动开放创新。"一带一路"沿线高收入国家无论在经济社会、科技发展方面均领先于其他国家,对其他低收入国家科技发展产生引领作用。加强同低收入国家技术合作交流的同时,还应依据自身科技发展实力,选定一个适宜的国家作为技术追赶目标,通过科技人员交流、联合研发攻关等形式积极寻求技术合作。同时创造更加开放、包容的科技发展环境,在寻求合作的同时,吸引其他技术强国直接投资,大力倡导开放创新。

第二,加强基础研究,推进原始创新,并根据自身国情,通过税收等政策使财政支出向关键技术领域研发攻克倾斜,逐步实现技术突破。中高收入国家科技合作已经取得了较好的效益,但在长期赶超发展过程中对基础研究缺乏耐心,原始创新不足。同时一些关键技术的突破往往无法通过科技合作实现,中高收入国家只有通过基础研究积累、加大关键技术研发投入等手段逐步摆脱受制于人的困境。

第三,减少对低端制造业发展依赖,吸引拥有高技术投资者在高附加值产品方面的合作研发和生产。沿线很大一部分中高收入国家有承接发达国家落后产能调整自身产业结构、提升自身产业实力的经历,产业发展对低端制造业具有较强的依赖性。因此,应着力吸引高技术公司在高科技产品方面的投资,开展产学研合作,促进产业升级,提升产品附加值和竞争力。

(4)"一带一路"高收入国家科技创新合作的政策建议。"一带一路"

沿线高收入国家绝大多数是发达国家、重要的能源出口国或工业强国,其整体科技实力高于其他沿线国家,科技合作吸引力大,科技在本国经济社会发展中的作用相对较高。同时,其科研投入、科研环境、科研体系等相对发达,对其他沿线国家科技发展具有较高参考价值。在当前科技中心渐移、科技资源配置模式转变等背景下,本书提出沿线高收入国家巩固其科技创新合作的主导能力的建议如下。

第一,加大对低收入国家科技援助的力度,分享自身科技发展福利的同时,与低收入国家共同但有区别地承担在减缓气候变化、维护和平、反恐等方面的责任,树立科技强国形象。高收入国家应该在知识产权、人员培训、合作条件、技术转移等方面给予其他发展中国家让步,帮助低收入国家提升在科技应对气候变化、科技应对自然灾害、科技提升能源利用效率、科技消除贫困改善民生等方面的实践能力,在国际社会中树立"领头雁"形象。

第二,保持与不限于同等收入国家间在各个层面的科技多边合作,激发本国科研活力。高收入国家科研起点高,科研前沿性强,科学合作应该向多边合作升级,在分散科研消耗的同时,能够在学科交叉、多元化的环境中解决现有问题和产生新的灵感,思想的多元化碰撞能够激发本国科研人员向更高的方向迈进。

第三,依托自身在传统制造业等领域的优势,大力发展新兴产业,促进本国就业率提升,为科技创新合作提供动力保障。高收入国家制造业基础强,研发投入力度大,但经济放缓,就业机会减少,人员失业率升高。以新兴产业发展带动传统产业升级为方向的发展战略不仅能解决就业,增强科技创新动力,而且能够催生与其他国家在科技合作方面的新领域。

7.2.2 针对"一带一路"不同区域国家科技创新合作的政策建议

(1)"一带一路"非洲国家科技创新合作的政策建议。非洲国家是"一带一路"沿线重要的节点。非洲国家国内形势和科研环境均相对落后,但非洲国家对科技进步促进经济繁荣的愿望是明确的,结合非洲实际,本书认为非洲科技合作促进科技进步应注重以下三点。

第一,积极发展轻工业,寻求在此产业下的技术合作,并通过技术升级实现产业升级,向具有更高技术含量的其他制造业发展。非洲国家工业基础薄弱，应该积极创造承接其他发达国家制造业转移条件，并寻求在产业转移中的技术溢出效应，逐渐向高技术含量产业转型升级。

第二，基础研究与自身需求相结合。依托技术先进国技术优势，与本国实际需求相结合，根据市场反映情况，开展"接地气"的项目合作，着力解决本国民生、环境、水资源、卫生、农业等领域问题。

第三，大力培育具有国际化视野的本土人才。非洲拥有全球最年轻的人力资本，科学研究动力足，资源丰富。各国应该改变以往"经济技术援助"思维，向"技术转移生产"方向转变。而这一转变的推动力是具有国际化视野的本国人才，需要各国注重技术培训的同时，大量派遣留学生学习他国先进技术。

（2）"一带一路"亚洲国家科技创新合作的政策建议。亚洲国家占据"一带一路"近2/3的数量，是"一带一路"倡议重要的组成部分，亚洲文明对科技的重视和发展对世界科技进步起到重要作用。亚洲各国科技合作在促进人类科技进步上举足轻重。沿线亚洲国家继往开来，应在以下三方面继续作为。

第一，在文明互鉴交流中，开展科技交流，在开放融会中，构建科技命运共同体。四大文明古国中亚洲占据三个，三大文明对其他国家的文化影响深远，文化认同度高，各国应该在这种文明互鉴交流的基础上，秉持开放融会的精神，在积极开展亚洲内部科技合作的同时，学习借鉴西方发达国家科技进步经验，综合提升亚洲国家科技实力，一道构建亚洲科技命运共同体。

第二，瞄准世界前沿，亚洲科技强国应该在人工智能、5G/6G网络、自动驾驶、智能机器人、新能源、纳米等领域合力走向世界前列。亚洲作为世界科技发展最具活力的区域，在世界科技进步中发挥着举足轻重的作用，亚洲强国依托地缘优势在新兴技术领域应合力攻克，在世界前沿技术高地取得一席之地。并使相关前沿技术在改善人类生存条件方面率先得到应用。

第三，以重大研究计划带动各领域的科技合作，合力建设亚洲科技创新中心。亚洲地缘辽阔、环境复杂，在全球生态系统中起到重要作用。亚洲环境、民生、资源问题依然困扰着各国，各国应以共同关切的重大问题，共同设立研究计划，联合各方力量积极解决，带动各领域科技合作。同时，亚洲各国应该在开放合作中，合力建立继美欧之后的又一科技创新中心。

（3）"一带一路"欧洲国家科技创新合作的政策建议。作为世界两大科学中心之一，欧洲科技发展经验表明科研协作与相互促进是科技快速发展的关键。"一带一路"沿线欧洲国家既有西欧发达国家也有东欧转型经济体，如何在优越的环境中，通过科技创新合作提升自身竞争水平，本书提出以下三点建议。

第一，继续深化欧盟科技共同体理念，协调各国科研资源配置，开展重大科技合作研究计划。欧盟成员国应该在开展本国研究的同时，积极参与推动欧盟科技一体化实施，协调本国研究与共同研究的关系。同时，非欧盟国家应该积极开展与区域内其他国家在技术成果转化应用方面的合作交流。

第二，寻求最具活力的市场，开展技术商业化应用合作。欧洲国家科技创新能力强，科技成果转化应用是实现科技商业价值的有效手段，欧洲国家应该主动在全球市场活力较强的国家举办科技交流活动，寻求科技商业化应用场景，实现科技创新价值转换，刺激科技创新不断产出。

第三，积极融入区域内科技强国主导的战略性新兴产业研发活动，开拓在前沿技术领域的研发水平。区域前沿技术研发优势对区域内技术水平滞后国具有边缘化效应，技术落后国应该利用好区域内技术强国研发活动可能带来的溢出效应，积极参与其主导的前沿技术研发合作，寻求技术进步。

(4)"一带一路"美洲国家科技创新合作的政策建议。"一带一路"沿线美洲国家，具有经济社会发展水平高、工业基础强等特点，同时一些国家仍然处于经济转型和产业升级的关键时期，各国科技发展对经济社会的支撑或带动作用明显。各国如何保持优势、创新科技发展模式成为关注焦点。为此本书提出三点建议。

第一，依靠北美科学中心在本区域的地缘优势，寻求弥补自身科技短板的合作契机。借助国际具有科研性质的NGO，加大与其资源共享力度，提升在非核心技术的低成本应用能力。同时，依托北美科技领跑的地缘优势，积极寻求与技术强国合作研发，通过资源或价值交换，实现相对先进技术就近转移。

第二，学习借鉴区域内科技强国在科技政策、人才培育与吸引、国际合作项目开展等方面成功经验，挖掘本国科技潜力，促进本国科技合作地位提升。区域内一些发达国家通过科技政策顶层设计、人才模式创新、国际合作等形式提升本国科研实力的经验值得区域内其他国家借鉴，有利于其他国家发掘自身潜力，促进科研人员良性流动，进而缩减区域内技术差距。

第三，扩大科技合作区域范围，避免"近亲繁殖"。北美科技实力强，科研合作围绕美国、加拿大的现状一时难以改变，南美国家科研"抱团"现象严重。这种合作形式对解决区域内共同关切的重大问题具有较强的现实意义，但过度的聚合不利于整个区域的科研多样化发展，区域间知识流动与共享能力削减对全球创新要素流动具有抑制作用。

（5）"一带一路"大洋洲国家科技创新合作的政策建议。"一带一路"大洋洲国家大多发展水平依然较低，各国发展差异较大，除新西兰为发达工业化国家外，其他国家科技发展受外国投资、援助影响较大。为此，本书提出如下三点建议。

第一，加大自身科研能力，逐渐减少对外依赖。大洋洲国家应该利用自身优势，大力发展科学研究能力，在若干领域有所作为。降低因过度依赖国外援助带来的国内研究能力缺失风险。

第二，加强公共领域科技能力建设，争取国外技术转移。沿线国家公共领域科技能力建设在争取国外技术援助方面具有较大作用，各国应该依托公共领域科技能力提升，争取国外先进适用性技术的转移应用，在解决公共关切的重大问题上有所作为。

第三，加强区域内外协调沟通，依托科技合作应对自然灾害。沿线各国依托科技应对突发灾害（旱灾、台风）的能力较弱，各国应该协调区域内科技能力较强的新西兰、澳大利亚等国在科技合作应对方面的联动作用，以共同科技进步促进区域可持续发展。

7.2.3 针对中国同"一带一路"国家科技创新合作的政策建议

（1）中国同"一带一路"不同收入国家科技创新合作的政策建议。前文研究表明，中国同"一带一路"沿线不同收入国家间科技合作数量均相对较高，中国对沿线国家科研影响力不断提升，不同收入组国家各自情况差异较大，中国如何协调与这些国家间的双边或多边科技合作值得深思。为此，本书提出以下六点建议。

第一，营造科技创新合作的互通理念，寻求中国创新驱动发展与沿线国家发展愿景、规划、政策的对接发展。科技创新促进经济社会发展的认识要深入沿线国家人心，各国均认识到科技创新的重要性，将相关方面的政策对接,有利于各国建立优势互补、资源共享、开放平等的科技合作体系。

第二,保持对低收入国家技术合作援助力度不减的同时,加强在较高技术领域合作研发,提升对沿线国家服务业出口力度。同时,与沿线国家科技合作应强化科技合作对公共产品或服务的提供能力,要践行大国使命,为其提供不同程度的民生改善、环境优化、政府效能提升、社会秩序恢复、教育升级等,能够为沿线国家民众切实利益带来好处。

第三,与沿线发达国家或科技强国合作推进前沿技术标准的制定,推动5G科技对经济发展的带动作用。同时,加强本国基础研究投入,在核心技术和"卡脖子"技术方面潜心沉淀并制定长期的发展路径。科技合作应强调发挥各国科技创新合作的互补性,弱化竞争性。加强同沿线国家在知识产权各领域的合作沟通,营造有利于各国科技合作和社会发展的知识产权生态体系。做好法律服务工作,明确各国知识产权界限,制定知识产权保护规则,如做好对欧盟的 GDPR 等条例的合规性应对。

第四,发挥联合实验室、科技园区等科技合作标志性、示范性工程在与沿线国家合作中的引领和模范作用,促进适用性技术的推广应用,推广有关科技应用、项目融资等方面的经验。加强智库合作,在"一带一路"沿线国家内开展学术研讨会,为沿线科技合作提供技术和政策引领。成立联合科研基金,推动重要领域科学研究和重点项目创新合作。

第五,推动科技合作转移平台建设,优化科技供需识别方案。技术平台建设对技术供需方对接起到关键作用,但对双方识别是技术中介服务机构的一大难题,应该创新识别方案,利用大数据、现有技术聚集平台等手段对识别方案进行优化。同时,还应对技术对接的后续工作进行跟踪服务,做到技术的切实落地生根。共享中国科技发展成就,建设更加开放和多边的世界科技体系,以实际行动,构建沿线国家科技命运共同体。

第六,吸引并培养开展"一带一路"沿线国家科技交流合作的优秀人才。科技人力资源尤其是与沿线国家开展科技交流的优秀人才是推动中国同其他沿线国家科技合作的主要动力。中国应坚持吸引和培育两手抓的科技人力发展模式,具体为吸引国际人才尤其是"一带一路"沿线国家的高层次人才来华工作、培训、交流或学习的同时,加快中国本土科技人才的国际化培养。

(2)中国同"一带一路"不同区域国家科技创新合作的政策建议。"一带一路"涉及众多区域,各个区域科技创新能力差异较大。为使中国与各区域科技合作稳步推进，推动区域内科技合作模式创新，使区域科技发展与中国科技发展在合作中相互促进，本书提出如下三点建议。

第一，突出与重点区域内重点国别合作的引领作用。抓好六大经济走廊建设契机，加强同东南亚、南亚、中亚、东亚、北非、中东欧区域间不同层次的科技合作，依托这些区域较好的科技发展环境，积极开展与区域内科技强国间的科技交流活动，通过建立联合实验室、组织研讨会、建设科技园区等手段，加快科技成果转化应用，并能辐射推广。

第二，依据各区域内资源禀赋情况和自身发展导向，差异化地布局科技合作的空间形态。发挥各区域科技资源比较优势，与非洲国家在医疗卫生、基础设施建设，与东盟、南亚国家在农业、海洋、自然灾害，与中亚国家在能源、工业，与中东欧国家在高新技术、生物医药、能源化工等领域开展合作。做到科技合作导向明确，各方优势互补，合作成果共享。

第三，推进中国本土区域与"一带一路"邻接区域间的科技合作，并以内部区域联动推动外部区域联动合作。中国本土区域有东北、西北、长三角、京津冀、粤港澳大湾区等，这些区域间依托各自优势科技联动，推动与"一带一路"邻接区域间科技合作，加快相关合作经验在沿线区域间示范推广，实现区域间科技合作联动。如西北地区特色文化、农业、中医药产业与中亚国家合作，长三角、珠三角对沿线国家制造业、高新技术投资等。

总之，在世界多极化、经济全球化、文化多样化、社会信息化深入发展的今天，各国发展你中有我，我中有你，只有不断探索寻找更加适合沿线各国需求、优势互补、特色鲜明的科技合作模式才能构建起更加细化、具体、可操作、务实的科技创新合作共同体。中国作为"一带一路"倡议主要推动国，还应将科技合作硬联通的经济效益与民心文化软联通的社会效益相结合，大力倡导科技人文交流，掌握"一带一路"沿线国家科技需求的同时，深知民心所盼。同时，"一带一路"是中国贡献、世界共建工程，中国应站在共建国的角度讲好"一带一路"科技合作故事。科技合作障碍是各国科技发展历程中的必经之路，应正视并积极应对。

第 8 章

结论与展望

8.1 研究结论

本书基于权威评价机构数据、文献和专利挖掘数据、调研数据等对"一带一路"沿线国家科技合作模式及其影响进行了探索性研究。整体研究框架按照"一带一路"科技创新合作现状及问题、科学论文合作反映的模式特征、技术合作呈现的类别和个体差异、科技合作主体多样性合作模式的选择影响、不同类别下研究对象的策略选择等。同时,本书对"一带一路"沿线国家科技创新合作模式的影响因素分别进行了科学合作和技术合作下的效应研究,提出不同影响环境下沿线科技创新合作的应对。本书工作创新可精简为三点:一是研究对象覆盖研究时间节点内"一带一路"沿线全部国家,研究范围更加全面,结论覆盖面更广;二是研究构建了符合"一带一路"科技创新合作模式探究实际需要的理论框架,为本书进一步分析奠定基础;三是全面的分析视角和更具针对性的研究结果,基于现有评价数据、科学合作数据、技术合作数据、主体合作调研数据的多维度分析,包括对沿线国家科技创新合作现状、问题、障碍、影响、对策等的分析,能够在学术层面补充当前国内对"一带一路"科技合作的研究的不足。同时,分类别、区域的国别研究使研究结果更具针对性。本书具体研究结论如下。

(1)"一带一路"沿线国家科技创新合作理论分析框架构建。基于国际科技合作的内涵、动因、运行机制的深入分析,构建"一带一路"沿线国家科技创新合作模式研究的理论框架。研究框架明确了本书研究的方法、理论依据、数据来源、具体研究内容和预期研究成果等。

（2）基于权威评价的"一带一路"沿线国家科技发展及创新合作特征。基于国际权威评价机构的评价数据，对沿线国家科技竞争力及科技创新合作特征进行初步摸底，发现沿线国家科技发展水平差异大，科技合作的问题障碍等不尽相同，同类型国家上述情况具有相似性。

（3）基于科学合作的"一带一路"沿线国家科技创新合作及影响。基于 Web of Science 的论文合作数据，构建全样本的大数据挖掘分析平台，在此基础上从总体规模、影响力、主导性、网络特征、机构、学科、资助和影响多个维度对沿线国家科学合作的共性和个性特征进行研究。发现了基于上述维度的差异化模式表现。

（4）基于技术合作的"一带一路"沿线国家科技创新合作及影响。基于国内全面的专利数据挖掘、分析平台 patsnap，构建基于专利合作的"一带一路"技术合作分析框架。沿用科学合作的部分指标，从技术合作整体情况、质量特征、合作倾向、网络演化、领域特征、机构参与模式、产学研合作情况、技术合作影响等视角发现了沿线国家技术合作程度和水平存在较大差异，各合作主体在网络中集聚特征、地位、参与网络的形式均不同，这与各国技术活跃程度、资源拥有、技术实力等存在较大关系。同时，不同国家受技术合作影响因素的作用大小不同，取决于各国在相关指标上的差异性。

（5）基于合作主体的"一带一路"沿线国家科技创新合作及影响。基于前文相关研究结论，采用问卷调查、访谈等方法对"一带一路"沿线国家科技合作的推动主体进行实证调研分析。发现不同主体在基于意愿、能力、资源、关系、环境等维度的影响程度不一，进而得出技术合作的路径选择策略存在差异。根据主体影响差异特征，本书总结出各主体技术合作的一般模式。

（6）"一带一路"沿线国家科技创新合作高质量发展的策略研究。依据数据挖掘和实际调研结果，针对不同类别国家提出推动"一带一路"沿线国家科技合作的主要策略。策略选择强调差异性，分类别。同时，针对中国同不同类别国家开展科技创新合作的现实要求，提出不同维度可借鉴的具体建议。

本书期望对"一带一路"沿线国家当前科技合作状况呈现更加全面、透彻和准确的判定，研究成果为沿线国家科技合作对象选择、模式优化、机制建设等提供理论借鉴和实践指导。同时，在中国推动共建"一带一路"倡议的支撑方面，提出科技合作在各项合作中应发挥的引领和示范作用，并从不同视角、不同主体、合作网络影响等方面构建协作推动机制的要点、方法、政策等提供支撑性方案。

8.2 研究不足与展望

诚然，虽然本书对"一带一路"沿线国家科技创新合作开展了较为详细的研究，取得了一定的阶段性成果，但受限于研究过程的复杂性、资料获取的难度性、研究方法的局限性等，本书研究依然存在诸多不足，具体如下。

（1）研究范围较大，研究对象涉及较多，研究的深度有待继续挖掘。将来针对"一带一路"沿线国家中某些代表性国家或区域进行深入研究，如对金砖国家，新兴经济体，阿拉伯国家，非洲、东南亚、东欧等区域国家的更具体研究将是笔者关注的重点。

（2）针对企业、科研院所、基地的调研或访谈不够全面，技术参与主体可能在认知或理解上存在差异，调查范围可能不够全面等，使得反映问题过于片面。日后若能深入到"一带一路"沿线国家实地考察学习，将极大地纠正、完善和提升相关研究对沿线国家科技创新合作模式的认识。

（3）科技合作的度量指标存在局限性。本书用合作论义表征科学合作，专利合作表征技术合作，同时调研合作主体的实际合作情况，这些科技合作表征对象依然存在局限性。如不能全面反映企业技术合作的详尽内容、主体合作中的技术示范和应用、技术合作人员的交流培训等。上述内容有待在后期研究中通过多渠道深入挖掘。

参 考 文 献

［1］杨圣明、王茜：《马克思世界市场理论及其现实意义——兼论"逆全球化"思潮的谬误》，载《经济研究》2018 年第 6 期。

［2］唐宜红、符大海：《经济全球化变局、经贸规则重构与中国对策——"全球贸易治理与中国角色"圆桌论坛综述》，载《经济研究》2017 年第 5 期。

［3］赵玉华：《中国社会主义对外开放思想发展研究》，兰州大学，2019 年。

［4］Henry Kissinger, *World Order：Reflections on the Character of Nations and the Course of History*. London：Penguin Books, 2014, pp. 9 - 10.

［5］陈志敏：《国家治理、全球治理与世界秩序建构》，载《中国社会科学》2016 年第 6 期。

［6］冯昭奎：《科技革命发生了几次——学习习近平主席关于"新一轮科技革命"的论述》，载《世界经济与政治》2017 年第 2 期。

［7］Pao M L, Global and Local Collaborators：A Study of Scientific Collaboration. *Information Processing & Management*, Vol. 28, No. 1, 1992, pp. 99 - 109.

［8］王春法：《科技全球化浪潮中的发展中国家》，载《世界经济与政治》2001 年第 9 期。

［9］刘云、陶斯宇：《基础科学优势为创新发展注入新动力——英国成为世界科技强国之路》，载《中国科学院院刊》2018 年第 5 期。

［10］郑光凤：《世界技术不平衡及其对经济增长的影响研究》，湖北大学，2016 年。

［11］OECD, Frascati Manual. 2015 - 10 - 08, http：//www.oecd.org/sti/frascati-manual - 2015 - 9789264239012 - en.htm.

［12］Haley R, Book Reviews：The Metrics of Science and Technology. *Journal of Technology Transfer*, Vol. 28, No. 1, 2003, pp. 87 - 94.

［13］WEF, The Global Competitiveness Report. 2018 – 10 – 13, https：//www. weforum. org/reports/ the-global-competitiveness-report – 2018.

［14］IMD, World Competitiveness Yearbook 2018. 2018 – 05 – 30, https：//www. imd. org/wcc/wor-ld-competitiv-eness-center-rankings/world-competitiveness-yearbook-ranking.

［15］WIPO. Global Innovation Index. 2018 – 07 – 10, https：//www. wipo. int/edocs/pubdocs/en/wi-po_pub_gii_2018. pdf.

［16］Djogo M and Stanisic N, Is the Global Competitiveness Report the Right Measure of Macroeconomic Competitiveness. *Social Science Electronic Publishing*, Vol. 34, No. 1, 2016, pp. 91 – 117.

［17］吴辰：《从〈洛桑年鉴〉看中国科技的国际竞争力》，载《科技管理研究》2004年第4期。

［18］方卿：《科技出版国际竞争力研究》，武汉大学出版社2008年版。

［19］王珏：《我国科技期刊国际竞争力评价研究》，武汉大学，2010年。

［20］王碧云：《大学科研创新力评价及中国提升策略研究》，武汉大学，2016年。

［21］丁敬达、邱均平：《科研评价指标体系优化方法研究——以中国高校科技创新竞争力评价为例》，载《科研管理》2010年第4期。

［22］邱均平、马凤：《中国高校在建设世界一流大学过程中的进步和问题——基于2011年〈世界一流大学与科研机构学科竞争力评价〉的分析》，载《中国高教研究》2012年第1期。

［23］李兴伟：《科技政策与国际竞争力刍议》，中央党校，2006年。

［24］李庆：《科技创新政策的转移、转移网络和竞争力研究》，中国科学技术大学，2017年。

［25］李春景、杜祖基：《芬兰科技政策演进与科技竞争力发展研究》，载《科学学与科学技术管理》2006年第12期。

［26］王艳：《二战后美国科技政策的演变以及对我国的启示》，载《世界科技研究与发展》2000年第1期。

［27］王忠福：《俄罗斯科技体制转型与科技创新研究》，辽宁大学，2013年。

［28］杨武、田雪姣：《中国高技术产业发展的科技创新驱动效应测度研究》，载《管理学报》2018年第8期。

［29］郑代良：《改革开放以来中国高新技术产业政策研究》，华中科

技大学，2011年。

［30］由雷：《中国产业科技竞争力评价指标与方法研究文献综述》，载《技术经济与管理研究》2017年第10期。

［31］［美］汉斯·摩根索：《国家间政治：权力斗争与和平》，徐昕等译，北京大学出版社2006年版。

［32］Waltz K N, *Theory of International Politics*. Wokingham：Addison - Wesley Publishing Company，1979.

［33］［美］亚历山大·温特：《国际政治的社会理论》，秦亚青译，上海人民出版社2014年版。

［34］简新华、余江：《市场经济只能建立在私有制基础上吗？——兼评公有制与市场经济不相容论》，载《经济研究》2016年第12期。

［35］翟冉冉：《列宁社会主义对外经济关系思想研究》，兰州大学，2007年。

［36］Beaver D B D and Rosen R，Studies in Scientific Collaboration - Part II. Scientific Co - Authorship，Research Productivity and Visibility in the French Scientific Elite，1799 - 1830. *Scientometrics*，Vol. 1，No. 2，1979，pp. 133 - 149.

［37］Price D，*Little Science*，*Big Science*. New York：Columbia University Press，1986.

［38］Schott T，Ties between Center and Periphery in the Scientific World - System：Accumulation of Rewards，Dominance and Self - Reliance in the Center. *Journal of World - Systems Research*，Vol. 4，No. 2，1998，pp. 112 - 144.

［39］Wagner C S，Six Case Studies of International Collaboration in Science. *Scientometrics*，Vol. 62，No. 1，2005，pp. 3 - 26.

［40］郭关玉：《国际合作理论视野下的中国—欧盟合作：动因和条件》，华中师范大学，2006年。

［41］赵德森、黄晓晖、秦超：《中国对东盟技术转移的动机与模式研究》，载《技术经济与管理研究》2015年第11期。

［42］谢舜、刘凯：《中国—印尼科技合作的内在动因及其实现路径——基于区域公共产品供给视角的分析》，载《广西民族大学学报（哲学社会科学版）》2016年第1期。

［43］丁仕潮：《中国研究型大学国际化动因、模式与绩效研究》，中国科学技术大学，2014年。

［44］王黎萤、张迪：《不同模式科技型中小企业专利合作网络构建及影响因素研究》，载《科研管理》2019年第4期。

［45］苗红、刘海丽、黄鲁成等：《基于专利合作网络的北京国际科技合作分析》，载《情报杂志》2014年第10期。

［46］Ramani S V, Technology Cooperation between Firms of Developed and Less - Developed Countries. *Economics Letters*, Vol. 68, No. 2, 2004, pp. 203 - 209.

［47］Marshall A, Principles of Economics. *Political Science Quarterly*, Vol. 31, No. 77, 1961, pp. 430 - 444.

［48］Jacobs J, *The Economy of Cities*. New York: Random House, 1969, pp. 1018 - 1020.

［49］Baptista R, *Clusters, Innovation, and Growth: A Survey of the Literature*. Oxford: Oxford University Press, 1998, pp. 13 - 51.

［50］Hervasoliver J L and Alborsgarrigos J, The Role of the Firm's Internal and Relational Capabilities in Clusters: When Distance and Embeddedness Are Not Enough to Explain Innovation. *Semiconductors*, Vol. 74, No. 5, 2013, pp. 654 - 665.

［51］Guillain R and Huriot J M, The Local Dimension of Information Spillovers: A Critical Review of Empirical Evidence in the Case of Innovation. *Canadian Journal of Regional Science*, Vol. 24, No. 4, 2001, pp. 376 - 381.

［52］Lane P J and Lubatkin M, Relative Absorptive Capacity and Interorganizational Learning. *Strategic Management Journal*, Vol. 19, No. 5, 1998, pp. 461 - 477.

［53］Rallet A and Torre A, Is Geographical Proximity Necessary in the Innovation Networks in the Era of Global Economy? *Geojournal*, Vol. 49, No. 4, 1999, pp. 373 - 380.

［54］Torre A and Gilly J P, Debates and Surveys: On the Analytical Dimension of Proximity Dynamics. *Regional Studies*, Vol. 34, No. 2, 2000, pp. 169 - 180.

［55］Almeida J A S, Pais A A C C and Formosinho S J, Science Indicators and Science Patterns in Europe. *Journal of Informetrics*, Vol. 3, No. 2, 2009, pp. 134 - 142.

[56] Braun T and Glänzel W, International Collaboration: Will it be Keeping Alive East European Research? *Scientometrics*, Vol. 36, No. 2, 1996, pp. 247 – 254.

[57] Thorsteinsdottir O H, External Research Collaboration in Two Small Science Systems. *Scientometrics*, Vol. 49, No. 1, 2000, pp. 145 – 160.

[58] 童婷、孙辉:《拓展新时期拉美科技合作——以中国科学院对拉美地区科技合作为例》,载《中国科学院院刊》2018 年第 9 期。

[59] [215] 陶蕴芳、李慧:《国际科技合作中的中西文化磨合研究》,载《科技管理研究》2008 年第 12 期。

[60] 尹希果、李后建、印国樱:《欠发达地区国际科技合作的环境依赖分析——来自重庆的证据》,载《科研管理》2013 年第 3 期。

[61] 任孝平、杨云、周小林等:《我国国际科技合作政策演进研究及对新时期政策布局的思考》,载《中国科学院院刊》2020 年第 5 期。

[62] 路亚洲:《全球化背景下中美农业科技合作模式与机制研究》,中国农业科学院,2012 年。

[63] Beaver D D, Reflections on Scientific Collaboration (and Its Study): Past, Present, and Future. *Scientometrics*, Vol. 52, No. 3, 2001, pp. 365 – 377.

[64] 王文平:《基于科学计量的中国国际科技合作模式及影响研究》,北京理工大学,2014 年。

[65] Center A F S, International Research Collaboration. *Social Studies of Science*, Vol. 9, No. 4, 1979, pp. 481 – 497.

[66] Subramanyam K, Bibliometric Studies of Research Collaboration: A Review. *Journal of Information Science*, Vol. 6, No. 1, 1983, pp. 33 – 38.

[67] Price D J, *Science Since Babylon*. New Haven: Yale University Press, 1961.

[68] 赵红州、蒋国华:《科学计量学的历史和现状》,载《科学学研究》1984 年第 4 期。

[69] 赵红州:《关于科学学的几个问题》,载《情报科学》1980 年第 2 期。

[70] Beaver D B D and Rosen R, Studies in Scientific Collaboration. *Scientometrics*, Vol. 1, No. 2, 1979, pp. 133 – 149.

[71] Melin G and Persson O, Studying Research Collaboration Using Co –

Authorships. *Scientometrics*, Vol. 36, No. 3, 1996, pp. 363 – 377.

[72] 刘云、朱东华:《基础学科国际合作特征的科学计量分析》,载《科学学研究》1997年第1期。

[73] Okubo Y, Miquel J F, Frigoletto L, et al., Structure of International Collaboration in Science: Typology of Countries Through Multivariate Techniques Using a Link Indicator. *Scientometrics*, Vol. 25, No. 2, 1992, pp. 321 – 351.

[74] Melkers J and Kiopa A, The Social Capital of Global Ties in Science: The Added Value of International Collaboration. *Review of Policy Research*, Vol. 27, No. 4, 2010, pp. 389 – 414.

[75] Ortega J L and Aguillo I F, Institutional and Country Collaboration in an Online Service of Scientific Profiles: Google Scholar Citations. *Journal of Informetrics*, Vol. 7, No. 2, 2013, pp. 394 – 403.

[76] Olmeda – Gómez C, Perianes – Rodriguez A, Ma A O, et al., Visualization of Scientific Co – authorship in Spanish Universities. *Aslib Proceedings*, Vol. 61, No. 1, 2009, pp. 83 – 100.

[77] Chinchilla – Rodríguez, Benavent – Pérez, de Moya – Anegón, et al., International Collaboration in Medical Research in Latin America and the Caribbean (2003 – 2007). *Journal of the Association for Information Science & Technology*, Vol. 63, No. 11, 2012, pp. 2223 – 2238.

[78] OECD, 2008 Compendium of Patent Statistics. Paris: OECD Directorate for Science, Technology and Industry, 2009.

[79] Cincera M and Reinhilde V, Assessing the Foreign Control of Production of Technology: The Case of a Small Open Economy. *Scientometrics*, Vol. 66, No. 3, 2006, pp. 493 – 512.

[80] Singh J, Distributed R&D, Cross – Regional Knowledge Integration and Quality of Innovative Output. *Research Policy*, Vol. 37, No. 1, 2008, pp. 77 – 96.

[81] 刘凤朝、马荣康、孙玉涛:《中国专利活动国际化的渠道与模式分析》,载《研究与发展管理》2012年第1期。

[82] 王元地、刘凤朝:《国家创新体系国际化实现模式与中国路径——基于中、德、日、韩的案例》,载《科学学研究》2013年第1期。

[83] [165] 王文平、刘云、蒋海军:《基于专利计量的金砖五国国

际技术合作特征研究》,载《技术经济》2014年第1期。

[84] Niosi J and Bellon B, The Global Interdependence of National Innovation Systems: Evidence, Limits, and Implications. *Technology in Society*, Vol. 16, No. 2, 1994, pp. 173 – 197.

[85] Guellec D, The Internationalisation of Technology Analysed with Patent Data. *Research Policy*, Vol. 30, No. 8, 2001, pp. 1253 – 1266.

[86] Ma Z and Lee Y, Patent Application and Technological Collaboration in Inventive Activities: 1980 – 2005. *Technovation*, Vol. 28, No. 6, 2008, pp. 379 – 390.

[87] Salton G and Bergmark D, A Citation Study of Computer Science Literature. *IEEE Transactions on Professional Communication*, Vol. 22, No. 3, 1979, pp. 146 – 158.

[88] Sneath P H A and Sokal R R, *Numerical Taxonomy*. San Francisco: Freeman, 1973.

[89] [159] Luukkonen T, Tijssen R J W, Persson O, et al., The Measurement of International Scientific Collaboration. *Scientometrics*, Vol. 28, No. 1, 1993, pp. 15 – 36.

[90] Newman M E J, The Structure of Scientific Collaboration Networks. *Proceedings of the National Academy of Sciences of the United States of America*, Vol. 98, No. 2, pp. 404 – 409.

[91] Kretschmer H, Author Productivity and Geodesic Distance in Bibliographic Co – Authorship Networks, and Visibility on the Web. *Scientometrics*, Vol. 60, No. 3, 2004, pp. 409 – 420.

[92] 韩涛、谭晓:《中国科学研究国际合作的测度和分析》,载《科学学研究》2013年第8期。

[93] 王继民、王若佳、曾兰馨等:《1996~2015年"一带一路"沿线国家科研合作网络的演化分析》,载《图书情报工作》2017年第16期。

[94] 张明倩、柯莉:《"一带一路"跨国专利合作网络及影响因素研究》,载《软科学》2018年第6期。

[95] 浦墨、袁军鹏、岳晓旭等:《国际合作科学计量研究的国际现状综述》,载《科学学与科学技术管理》2015年第6期。

[96] Leydesdorff L, Wagner C, Han W P, et al., International Collaboration in Science: The Global Map and the Network. *Profesional De La Infor-*

macion, Vol. 22, No. 1, 2013, pp. 87 – 94.

［97］Ronald S B, Structural Holes and Good Ideas1. *American Journal of Sociology*, Vol. 110, No. 2, 2004, pp. 349 – 399.

［98］Katz J S and Martin B R, What is Research Collaboration? *Research Policy*, Vol. 26, No. 1, 1997, pp. 1 – 18.

［99］Glänzel W, Schubert A, Czerwon H, A Bibliometric Analysis of International Scientific Cooperation of the European Union (1985 – 1995). *Scientometrics*, Vol. 45, No. 2, 1999, pp. 185 – 202.

［100］Bozeman B and Corley E, Scientists' Collaboration Strategies: Implications for Scientific and Technical Human Capital. *Research Policy*, Vol. 33, No. 4, 2004, pp. 599 – 616.

［101］Leta J and Chaimovich H, Recognition and International Collaboration: The Brazilian Case. *Scientometrics*, Vol. 53, No. 3, 2002, pp. 325 – 335.

［102］马志云、刘云、白旭：《科学基金创新研究群体科研产出特征的文献计量分析》，载《中国科学基金》2018年第3期。

［103］侯健敏、党兴华：《研发合作及技术转移影响区域创新能力路径研究》，载《科学学与科学技术管理》2010年第9期。

［104］Catherine L and Bart V L, The Impact of Collaboration on the Technological Performance of Regions: Time Invariant or Driven by Life Cycle Dynamics? *Scintometrices*, Vol. 80, No. 3, 2009, pp. 845 – 865.

［105］Negassi S, International R&D Spillovers and Economic Performance of Firms: An Empirical Study Using Random Coefficient Models. *Applied Economics*, Vol. 41, No. 8, 2009, pp. 947 – 976.

［106］Sawada Y, Matsuda A, Kimura H, On the Role of Technical Cooperation in International Technology Transfers. *Journal of International Development*, Vol. 24, No. 3, 2012, pp. 316 – 340.

［107］孙希有：《流量经济新论：基于中国"一带一路"战略的理论视野》，中国社会科学出版社2015年版。

［108］陈文玲：《"一带一路"建设开启新全球化伟大进程》，载《人民论坛·学术前沿》2017年第8期。

［109］王跃生：《世界经济结构重建与全球经济增长——兼论"新孤立主义"与"新经济全球化"》，载《中国高校社会科学》2017年第3期。

[110] Chesbrough H, *Open Innovation: The New Imperative for Creating and Profiting from Technolog*. Boston: Harvard Business School Press, 2003.

[111] [130] Romer P M, Increasing Returns and Long-Run Growth. *Journal of Political Economy*, Vol. 94, No. 5, 1986, pp. 1002-1037.

[112] Romer P M, Endogenous Technological Change. *Nber Working Papers*, Vol. 98, No. 98, 1989, pp. 71-102.

[113] Helpman E and Howitt P, *Recent Developments in Growth Theory*. London: Edward Elgar Publishing, 2006.

[114] Borensztein E, Gregorio J D, Lee J W, How Does Foreign Direct Investment Affect Economic Growth? *Journal of International Economics*, Vol. 45, No. 1, pp. 115-135.

[115] Aghion P and Howitt P, Market Structure and the Growth Process. *Review of Economic Dynamics*, Vol. 1, No. 1, 1998, pp. 276-305.

[116] Grossman G M and Helpman E, *Innovation and Growth in the Global Economy*. Massachusetts: MIT Press, 1991.

[117] Holmes T J and Schmitz J A, A Gain from: Trade from Unproductive to Productive Entrepreneurship. *Journal of Monetary Economics*, Vol. 47, No. 2, 2001, pp. 417-446.

[118] 赵文军、于津平：《贸易开放、FDI与中国工业经济增长方式——基于30个工业行业数据的实证研究》，载《经济研究》2012年第8期。

[119] 张勋、万广华：《中国的农村基础设施促进了包容性增长吗？》，载《经济研究》2016年第10期。

[120] 文雁兵：《包容性增长减贫策略研究》，载《经济学家》2015年第4期。

[121] 陈红蕾、覃伟芳：《中国经济的包容性增长：基于包容性全要素生产率视角的解释》，载《中国工业经济》2014年第1期。

[122] 杨永聪、申明浩：《外贸包容性增长对地区创新能力的影响——基于省级空间面板数据的分析》，载《国际贸易问题》2015年第5期。

[123] George G, Mcgahan A M, Prabhu J, Innovation for Inclusive Growth: Towards a Theoretical Framework and a Research Agenda. *Journal of Management Studies*, Vol. 49, No. 4, 2012, pp. 661-683.

[124] 邵发军：《习近平"人类命运共同体"思想及其当代价值研

究》，载《社会主义研究》2017年第4期。

［125］胡鞍钢、李萍：《习近平构建人类命运共同体思想与中国方案》，载《新疆师范大学学报（哲学社会科学版）》2018年第5期。

［126］李爱敏：《"人类命运共同体"：理论本质、基本内涵与中国特色》，载《中共福建省委党校学报》2016年第2期。

［127］［荷］雷德斯多夫：《科学计量学的挑战》，乌云译，科学技术文献出版社2003年版。

［128］朱钟棣：《当代国外马克思主义经济理论研究》，人民出版社2004年版。

［129］Aghion P and Howitt P, *Technical Progress in the Theory of Economic Growth*. London：Palgrave Macmillan，1995.

［131］陈安国、周立：《发展中国家技术成长历程的新探索》，载《科学管理研究》2002年第4期。

［132］傅利平：《从后发优势看我国的技术引进》，载《天津大学学报（社会科学版）》2000年第2期。

［133］童书兴：《发达国家发展科技和提高国际竞争力的共同趋势》，载《世界经济》1994年第11期。

［134］玄兆辉、曹琴、孙云杰：《世界科技强国内涵与评价指标体系》，载《中国科技论坛》2018年第12期。

［135］穆荣平、樊永刚、文皓：《中国创新发展：迈向世界科技强国之路》，载《中国科学院院刊》2017年第5期。

［136］柳卸林、丁雪辰、高雨辰：《从创新生态系统看中国如何建成世界科技强国》，载《科学学与科学技术管理》2018年第3期。

［137］张志强、田倩飞、陈云伟：《科技强国主要科技指标体系比较研究》，载《中国科学院院刊》2018年第10期。

［138］Blomstrom M and Kokko A, Foreign Direct Investment and Spillovers of Technology. *International Journal of Technology Management*，Vol. 22，No. 5/6，2001，pp. 435 – 454.

［139］Lee G, The Effectiveness of International Knowledge Spillover Channels. *European Economic Review*，Vol. 50，No. 8，2006，pp. 2075 – 2088.

［140］许鸿文：《FDI技术外溢的机制与影响因素分析》，华中科技大学，2013年。

［141］Wunsch – Vincent S，Kashcheeva M，Zhou H，International Patenting by Chinese Residents: Constructing a Database of Chinese Foreign - Oriented Patent Families. *China Economic Review*, Vol. 36, 2015, pp. 198 - 219.

[142] Beaver D B and Rosen R, Studies in Scientific Collaboration: Part I - The Professional Origins of Scientific Co - Authorship. *Scientometrics*, Vol. 1, No. 1, 1978, pp. 65 - 84.

[143] Beaver D B and Rosen R, Studies in Scientific Collaboration: Part II - Scientific Co - Authorship, Research Productivity and Visibility in the French Scientific Elite, 1799 - 1830. *Scientometrics*, Vol. 2, No. 1, 1979, pp. 133 - 149.

[144] Beaver D B and Rosen R, Studies in Scientific Collaboration: Part III - Professionalization and the Natural History of Modern Scientific Co - Authorship. *Scientometrics*, Vol. 3, No. 1, 1979, pp. 231 - 245.

[145] Katz J S and Martin B R, What Is Research Collaboration? *Research Policy*, Vol. 26, No. 1, 1997, pp. 1 - 18.

[146] Haustein S, Tunger D, Heinrichs G, et al., Reasons for and Developments in International Scientific Collaboration: Does an Asia - Pacific Research Area Exist from a Bibliometric Point of View? *Scientometrics*, Vol. 86, No. 3, 2011, pp. 727 - 746.

[147] Toivanen H and Ponomariov B, African Regional Innovation Systems: Bibliometric Analysis of Research Collaboration Patterns 2005 - 2009. *Scientometrics*, Vol. 88, No. 2, 2011, pp. 471 - 493.

[148] 王贤文、刘则渊、侯海燕：《全球主要国家的科学基金及基金论文产出现状：基于 Web of Science 的分析》，载《科学学研究》2010 年第 1 期。

[149] 张古鹏：《小世界创新网络动态演化及其效应研究》，载《管理科学学报》2015 年第 6 期。

[150] Zucker L G, Darby M R, Armstrong J S, Intellectual Capital and the Firm: The Technology of Geographically Localized Knowledge Spillovers. NBER Working Paper, No. w4946, 1994.

[151] Katz J S, Geographical Proximity and Scientific Collaboration. *Scientometrics*, Vol. 31, No. 1, 1994, pp. 31 - 43.

[152] Friedman T L, The World Is Flat: A Brief History of the Twenty -

First Century. *International Journal*, Vol. 9, No. 1, 2007, pp. 67 – 69.

［153］Kyungjoon L, Brownstein J S, Mills R G, et al., Does Collocation Inform the Impact of Collaboration? *PLoS ONE*, Vol. 5, No. 12, 2010, p. e14279.

［154］Schubert A and Braun T, International Collaboration in the Sciences 1981 – 1985. *Scientometrics*, Vol. 19, No. 1, 1990, pp. 3 – 10.

［155］郭淑芬、张俊：《中国内地31个省市科学合作强度及影响因素分析》，载《南京工业大学学报（社会科学版）》2016年第2期。

［156］隆连堂、姜照华、刘则渊等：《中国区域知识生产合作强度的定量分析》，载《科技进步与对策》2006年第1期。

［157］Savanur K and Srikanth R, Modified Collaborative Coefficient: A New Measure for Quantifying the Degree of Research Collaboration. *Scientometrics*, Vol. 84, No. 2, 2010, pp. 365 – 371.

［158］Liao C H and Yen H R, Quantifying the Degree of Research Collaboration: A Comparative Study of Collaborative Measures. *Journal of Informetrics*, Vol. 6, No. 1, 2012, pp. 27 – 33.

［160］梁立明、沙德春：《985高校校际科学合作的强地域倾向》，载《科学学与科学技术管理》2008年第11期。

［161］Liang L and Zhu L, Major Factors Affecting China's Inter – Regional Research Collaboration: Regional Scientific Productivity and Geographical Proximity. *Scientometrics*, Vol. 55, No. 2, 2002, pp. 287 – 316.

［162］Caniëls M C J and Verspagen B, Barriers to Knowledge Spillovers and Regional Convergence in an Evolutionary Model. *Journal of Evolutionary Economics*, Vol. 11, No. 3, 2001, pp. 307 – 329.

［163］Scherngell T and Barber M J, Spatial Interaction Modelling of Cross – Region R&D Collaborations: Empirical Evidence from the 5th EU Framework Programme. *Papers in Regional Science*, Vol. 88, No. 3, 2009, pp. 531 – 546.

［164］Mayer T and Zignago S, Notes on CEPII's Distances Measures. *MPRA Paper*, 2006.

［166］梁梦洁、张明倩：《专利合作技术领域比较优势存续期研究——基于中国与"一带一路"专利数据》，载《华东经济管理》2019年第10期。

［167］王萧萧、朱桂龙：《产学合作提升专利质量了吗？》，载《科学

学研究》2019 年第 8 期。

［168］陈欣:《"一带一路"沿线国家科技合作网络比较研究》,载《科研管理》2019 年第 7 期。

［169］Narin F, Noma E, Perry R, Patents as Indicators of Corporate Technological Strength. *Research Policy*, Vol. 16, No. 2, 1987, pp. 143 – 155.

［170］Marco A C, Sarnoff J D, Charles A W, Patent Claims and Patent Scope. *Research Policy*, Vol. 48, No. 9, 2019, pp. 1 – 17.

［171］Yang G C, Li G, Li C Y, et al., Using the Comprehensive Patent Citation Network (CPC) to Evaluate Patent Value. *Scientometrics*, Vol. 105, No. 3, 2015, pp. 1319 – 1346.

［172］李牧南、褚雁群、王流云:《专利质量的不同维度指标与托宾 Q 值的关系测度》,载《科学学研究》2019 年第 7 期。

［173］胡谍、王元地:《企业专利质量综合指数研究——以创业板上市公司为例》,载《情报杂志》2015 年第 1 期。

［174］Sterzi V, Patent Quality and Ownership: An Analysis of UK Faculty Patenting. *Research Policy*, Vol. 42, No. 2, 2013, pp. 564 – 576.

［175］Burke P F and Reitzig M, Measuring Patent Assessment Quality – Analyzing the Degree and Kind of (In) Consistency in Patent Offices' Decision Making. *Research Policy*, Vol. 36, No. 9, 2007, pp. 1404 – 1430.

［176］Wagner R P, Understanding Patent Quality Mechanisms. *University of Pennsylvania Law Review*, Vol. 157, No. 6, 2009, pp. 2135 – 2173.

［177］Trappey A J C, Trappey C V, Wu C Y, et al., A Patent Quality Analysis for Innovative Technology and Product Development. *Advanced Engineering Informatics*, Vol. 26, No. 1, 2012, pp. 26 – 34.

［178］Gambardella A, Harhoff D, Verspagen B, The Value of European Patents. *European Management Review*, Vol. 5, No. 2, 2008, pp. 69 – 84.

［179］Lerner J, The Importance of Patent Scope – An Empirical Analysis. *The RAND Journal of Economics*, Vol. 25, No. 2, 1994, pp. 319 – 333.

［180］Neuhausler P and Frietsch R, Patent Families as Macro Level Patent Value Indicators: Applying Weights to Account for Market Differences. *Scientometrics*, Vol. 96, No. 1, 2013, pp. 27 – 49.

［181］Lanjouw J O and Schankerman M, Patent Quality and Research

Productivity: Measuring Innovation with Multiple Indicators. *The Economic Journal*, Vol. 495, No. 114, 2004, pp. 441 – 465.

[182] Chen Y S and Chang K C, The Relationship between a Firm's Patent Quality and its Market Value – The Case of US Pharmaceutical Industry. *Technological Forecasting and Social Change*, Vol. 77, No. 1, 2010, pp. 20 – 33.

[183] 曹霞、李传云、林超然:《基于新能源汽车的专利合作网络演化研究》,载《科研管理》2019 年第 8 期。

[184] 刘雅琴、余谦:《新能源汽车专利合作网络的结构特征及演化分析》,载《北京理工大学学报(社会科学版)》2019 年第 6 期。

[185] 马志云、刘云:《应对气候变化关键技术创新差异的时空格局——以"一带一路"沿线国家为例》,载《中国人口·资源与环境》2017 年第 9 期。

[186] 李翀:《我国对外开放程度的度量与比较》,载《经济研究》1998 年第 1 期。

[187] 孙红军、王胜光:《创新创业平台对国家高新区全要素生产率增长的作用研究——来自 2012—2017 年 88 个国家高新区关系数据的证据》,载《科学学与科学技术管理》2020 年第 1 期。

[188] Wittmann C M, Hunt S D, Arnett D B, Explaining Alliance Success: Competences, Resource, Relational Factors, and Resource – Advantage Theory. *Industrial Marketing Management*, No. 38, 2009, pp. 743 – 756.

[189] Yang J Q and Lee H, Identifying Key Factors for successful Joint Venture in China. *Industrial Management & Data Systems*, Vol. 102, No. 2, 2002, pp. 98 – 109.

[190] 洪勇、苏敬勤:《后发国家产业技术追赶模式研究》,载《科学学与科学技术管理》2008 年第 12 期。

[191] 俞立平、李守伟、刘骏:《出口对高技术产业引进技术的影响机制研究》,载《中国软科学》2016 年第 3 期。

[192] 盛斌、黎峰:《"一带一路"倡议的国际政治经济分析》,载《南开学报(哲学社会科学版)》2016 年第 1 期。

[193] 魏澄荣:《"一带一路"国际科技合作模式和路径研究》,载《亚太经济》2017 年第 6 期。

[194] Wagner C S, Six Case Studies of International Collaboration in Sci-

ence. *Scientometrics*, Vol. 62, No. 1, 2005, pp. 3 – 26.

[195] 叶乘伟:《当代国际科技合作模式研究》,广西大学,2005年。

[196] 宋江飞、张劲松:《广西经济社会发展中的国际科技合作模式初探》,载《中国城市经济》2010年第10期。

[197] 刘秋生、赵广凤、彭立明:《国际科技合作模式研究》,载《科技进步与对策》2007年第2期。

[198] Wang C H, Chang C H, Shen G C, The Effect of Inbound Open Innovation on Firm Performance: Evidence from High – Tech Industry. *Technological Forecasting and Social Change*, Vol. 99, 2015, pp. 222 – 230.

[199] Beaver D and Rosen R, Studies in Scientific Collaboration: Part Ⅱ – Scientic Co – Authorship, Research Productivity and Visibility in the French Scientific Elite, 1799 – 1830. *Scientometrics*, Vol. a, No. 1, 1979, pp. 133 – 149.

[200] Beaver D and Rosen R, Studies in Scientific Collaboration: Part Ⅲ – Professionalization and the Natural History of Modern Scientific Co – Authorship. *Scientometrics*, Vol. b, No. 1, 1979, pp. 231 – 245.

[201] Stichweh R, Science in the System of World Society. *Social Science Information*, Vol. 35, No. 2, 1996, pp. 327 – 340.

[202] 陈耀、连远强:《战略联盟研究的理论回顾与展望》,载《南京社会科学》2014年第11期。

[203] Wernerfelt B, A Resource-based View of the Firm. *Strategic Management Journal*, Vol. 5, No. 2, 1984, pp. 171 – 180.

[204] Price D, *Little Science*, *Big Science*. New York: Columbia University Press, 1986.

[205] Wagner C S and Leydesdorff L, Mapping the Network of Global Science: Comparing International Co – Authorships from 1990 to 2000. *International Journal of Technology and Globalisation*, Vol. 1, No. 2, 2005, pp. 185 – 208.

[206] 陈健雄、徐翔:《国际技术合作的动因及其理论解释》,载《国际经济合作》2009年第12期。

[207] Andrevski G, Brass D J, Ferrier W J, Alliance Portfolio Configurations and Competitive Action Frequency. *Journal of Management*, Vol. 42, No. 4, 2016, pp. 811 – 837.

[208] 徐二明、徐凯:《资源互补对机会主义和战略联盟绩效的影响研究》,载《管理世界》2012年第1期。

［209］Thorsteinsdottir O H, External Research Collaboration in Two Small Science Systems. *Scientometrics*, Vol. 49, No. 2, 2000, pp. 145 – 160.

［210］Heimeriks K H and Duysters G, Alliance Capability as a Mediator between Experience and alliance Performance: An Empirical Investigation into the Alliance Capability Development Process. *Journal of Management Studies*, Vol. 44, No. 1, 2007, pp. 25 – 49.

［211］宋振华:《"一带一路"战略下的国际科技合作研究综述》,载《昆明理工大学学报(社会科学版)》2017年第1期。

［212］于贵芳、温珂、方新:《信任水平、合作关系与创新行为:社会交换理论视角下公立科研机构创新行为的影响因素研究》,载《科学学与科学技术管理》2020年第2期。

［213］Ponds R, The Limits to Internationalization of Scientific Research Collaboration. *The Journal of Technology Transfer*, Vol. 34, No. 1, 2009, pp. 76 – 94.

［214］尹希果、李后建:《基于SEM的欠发达地区国际科技合作环境因素研究》,载《中国科技论坛》2009年第12期。

［216］Braun T and Glanzel W, International Collaboration: Will it be Keeping Alive East European Research. *Scientometrics*, Vol. 36, No. 2, 1996, pp. 247 – 254.

［217］Zitt M, Bassecoulard E, Okubo U, Shadows of the Past in the International Cooperation: Collaboration Profiles of the Top Five Producers of Science. *Scientometrics*, Vol. 47, No. 3, 2000, pp. 627 – 657.

［218］Matthiessen C W and Schwarz A W, The Top – Level Global Research System, 1997 – 1999: Centres, Networks and Nodality. An Analysis Based on Bibliometric Indicators. *Urban Studies*, Vol. 39, No. 5 – 6, 2002, pp. 903 – 927.

［219］Vertinsky L, Patents, Partnerships, and the Pre – Competitive Collaboration Myth in Pharmaceutical Innovation. *The Journal of Technology Transfer*, No. 2, 2015, pp. 8 – 9.

［220］彭静:《中国高等学校国际合作与交流的现状及趋势研究》,载《重庆大学学报(社会科学版)》2010年第2期。

［221］黎小兰:《国际科技合作模式与对策研究》,江苏大学,2008年。

［222］任孝平、杨云、南方等:《中国计量科学研究院国际科研合作

现状评价研究》，载《中国计量大学学报》2018 年第 4 期。

［223］李延瑾：《高校开展国际科技合作与交流的认识及思考》，载《研究与发展管理》1997 年第 2 期。

［224］邢丽红、杨培真：《国际合作对高校科技工作的作用》，载《科技管理研究》1998 年第 4 期。

［225］吴彬江：《科学研究全球化背景下的高校国际科技合作》，载《教育教学管理》2007 年第 1 期。

［226］袁光顺、朱东华：《基础性研究国际合作与交流效益评价研究》，载《科研管理》2005 年第 5 期。

［227］李柏洲，周森：《科研院所创新行为与区域创新绩效间关系研究》，载《科学学与科学技术管理》2015 年第 1 期。

［228］Bercovitz J, Feldman M, Feller I, et al., Organizational Structure as a Determinant of Academic Patent and Licensing Behavior: An Exploratory Study of Duke, Johns Hopkins, and Pennsylvania State Universities. *Journal of Technology Transfer*, Vol. 26, No. 1 – 2, 2001, pp. 21 – 35.

［229］Siegel D S, Waldman D A, Atwater L E, et al., Commercial Knowledge Transfers from Universities to Firms: Improving the Effectiveness of University – Industry Collaboration. *Journal of High Technology Management Research*, Vol. 14, No. 1, 2003, pp. 111 – 133.

［230］王小勇、宁建荣、张娟：《国内外关于技术转移机构研究综述》，载《科技管理研究》2009 年第 1 期。

附　　录

附录 A　"一带一路"沿线国家企业科技合作模式调查问卷

您好，非常感谢您在百忙之中抽出时间填写这份问卷，此问卷是针对"一带一路"沿线国家企业科技合作模式的学术性调查问卷。请根据真实感受和实际情况进行填写，所有调查结果仅作学术研究使用，请您放心填写！祝您工作顺利，万事如意！

一、基本信息

企业名称			
企业成立时间			
企业性质	□转制型企业 □私营企业 □港澳台投资企业	□国有企业 □合资企业 □其他企业	□集体所有制企业 □外商投资企业
所处行业领域	□战略性新兴产业 □其他产业 □其他（请填写）	□传统产业	□民生产业
企业规模 （员工数）		近三年销售额 （万元）	
完成或实施中的"引进来"主要合作方式	□专利技术的许可或转让 □外国专家技术咨询和技术服务 □计算机软件出口 □合资生产 □成套设备或关键设备引进 □人才引进 □其他（请填写）	□商标许可 □合作生产 □生产线引进 □国际合作联盟	

续表

完成或实施中的"走出去"主要合作方式	□建立海外研发中心或研发分支机构 □建立技术应用推广示范基地 □开展对外技术援助 □参加重大工程或海外研发 □创新人才交流 □开展海外并购 □在境外创办合资公司或参股 □通过展览展会、对接交流活动拓展国际市场 □其他（请填写）
当前对国际科技合作的主要需求	□技术引进需求 □技术输出需求 □合作渠道需求 □展览对接需求 □信息需求 □资金需求 □人才需求 □培训需求 □其他（请填写）
开展国际合作的目标	□解决关键技术瓶颈 □引进具有重大应用前景的前瞻技术 □填补国内技术空白 □引进国际战略需求的关键技术、装备 □解决国家科技计划/重大专项难点、瓶颈 □获得自主知识产权 □提高自主研发能力 □加快新产品研发，提高优势产品市场竞争力 □引进海外优秀人才 □分享国际前沿科技成果 □其他（请填写）

二、"一带一路"沿线国家科技合作模式调查

请根据贵企业"一带一路"科技合作的实际情况，填写 1~10 之间的任意数值，1 表示不同意，10 表示同意。

序号	问题	得分
1	贵企业存在外方科研经费的获取和分摊情况	
2	贵企业存在外方人才交流与培训情况	

续表

序号	问题	得分
3	贵企业存在引进海外人才情况	
4	贵企业存在外方科研团队交流情况	
5	贵企业存在外方设备设施的获取或共享情况	
6	贵企业存在外方信息交换和共享情况	
7	贵企业存在外方思想观念的获取或共享情况	
8	贵企业存在外方技术经验的获取或共享情况	
9	贵企业存在外方工艺方案的获取或共享情况	
10	贵企业存在外方联合研发情况	
11	贵企业存在委托外方研发情况	
12	贵企业存在外方成果转化情况	
13	贵企业存在外方技术联盟共建情况	
14	贵企业存在外方联合实验室共建情况	
15	贵企业存在外方跨国并购情况	

三、"一带一路"沿线国家科技合作模式的影响调查

请您根据当前企业科技合作的实际情况，在每个题目右侧选择一个相应答案画√。其中，1表示非常不同意，2表示不同意，3表示中立，4表示同意，5表示非常同意。

序号	问题	非常不同意→非常同意
1	贵企业科技合作以获取知识为动机	1 2 3 4 5
2	贵企业科技合作以获取互补性资源为动机	1 2 3 4 5
3	贵企业科技合作以转移技术为动机	1 2 3 4 5
4	贵企业自身资源基础较为欠缺	1 2 3 4 5
5	贵企业对异质性和互补性资源的需求不断增长	1 2 3 4 5
6	贵企业拥有充分沟通和交流的能力	1 2 3 4 5
7	贵企业拥有快速辨别和收集新知识的能力	1 2 3 4 5
8	贵企业拥有吸收和理解新知识的能力	1 2 3 4 5

续表

序号	问题	非常不同意→非常同意
9	合作双方有先前合作,对合作方有信任感	1 2 3 4 5
10	合作双方组织文化、管理方式、制度规则上较为类似	1 2 3 4 5
11	合作双方科技水平上存在差异	1 2 3 4 5
12	贵企业所处的政治环境较为稳定	1 2 3 4 5
13	贵企业所处的经济环境较为稳定	1 2 3 4 5
14	贵企业所处的社会环境较为稳定	1 2 3 4 5
15	贵企业从外部获取的新知识和新能力不断增加	1 2 3 4 5
16	贵企业从外部获取的互补性资源不断增加	1 2 3 4 5
17	贵企业与外部之间的技术转移持续增长	1 2 3 4 5

附录 B "一带一路"沿线国家科研机构科技合作模式调查问卷

您好,非常感谢您在百忙之中抽出时间填写这份问卷,此问卷是针对"一带一路"沿线国家科研机构科技合作模式的学术性调查问卷。请根据真实感受和实际情况进行填写,所有调查结果仅作学术研究使用,请您放心填写!祝您工作顺利,万事如意!

一、基本信息

科研机构名称	
科研机构成立时间	
科研机构性质	□事业型研究单位　　　　□大专院校 □其他(请填写)
完成或实施中的"引进来"主要合作方式	□人员交流和联合培养 □合作研发 □共建联合研究机构 □其他(请填写)
完成或实施中的"走出去"主要合作方式	□建立海外研发中心或研发分支机构 □建立技术应用推广示范基地 □开展对外技术援助 □参加重大工程或海外研发 □创新人才交流 □参加国际学术会议 □其他(请填写)
当前对国际科技合作的主要需求	□技术引进需求 □技术输出需求 □合作渠道需求 □信息需求 □资金需求 □人才需求 □培训需求 □其他(请填写)

续表

开展国际合作的目标	□解决关键技术瓶颈 □引进具有重大应用前景的前瞻技术 □填补国内技术空白 □引进国际战略需求的关键技术、装备 □解决国家科技计划/重大专项难点、瓶颈 □获得自主知识产权 □提高自主研发能力 □加快新产品研发，提高优势产品市场竞争力 □引进海外优秀人才 □分享国际前沿科技成果 □其他（请填写）

二、"一带一路"沿线国家科研机构科技合作模式调查

请根据贵科研机构"一带一路"科技合作的实际情况，填写1~10之间的任意数值，1表示不同意，10表示同意。

序号	问题	得分
1	贵科研机构存在外方科研经费的获取和分摊情况	
2	贵科研机构存在外方人才交流与培训情况	
3	贵科研机构存在引进海外人才情况	
4	贵科研机构存在外方设备设施的获取或共享情况	
5	贵科研机构存在外方思想观念的获取或共享情况	
6	贵科研机构存在外方技术经验的获取或共享情况	
7	贵科研机构存在外方联合研发情况	
8	贵科研机构存在委托外方研发情况	
9	贵科研机构存在外方联合实验室共建情况	
10	贵科研机构存在外方成果转化情况	
11	贵科研机构存在外方技术联盟共建情况	

三、"一带一路"沿线国家科研机构科技合作模式的影响调查

请您根据当前科研机构科技合作的实际情况，在每个题目右侧选择一个相应答案画√。其中，1表示非常不同意，2表示不同意，3表示中立，4表示同意，5表示非常同意。

序号	问题	非常不同意→非常同意
1	贵科研机构科技合作以获取知识为动机	1　2　3　4　5
2	贵科研机构科技合作以获取互补性资源为动机	1　2　3　4　5
3	贵科研机构科技合作以转移技术为动机	1　2　3　4　5
4	贵科研机构对异质性和互补性资源的需求不断增长	1　2　3　4　5
5	贵科研机构拥有充分沟通和交流的能力	1　2　3　4　5
6	贵科研机构拥有快速辨别和收集新知识的能力	1　2　3　4　5
7	合作双方有先前合作，对合作方有信任感	1　2　3　4　5
8	合作双方科技水平上存在差异	1　2　3　4　5
9	贵科研机构所处的政治环境较为稳定	1　2　3　4　5
10	贵科研机构所处的经济环境较为稳定	1　2　3　4　5
11	贵科研机构所处的社会环境较为稳定	1　2　3　4　5
12	贵科研机构获取新知识和新技能不断增加	1　2　3　4　5
13	贵科研机构获取互补性资源增加	1　2　3　4　5
14	贵科研机构合作研发的频率持续增加	1　2　3　4　5
15	贵科研机构技术转移的频率持续增加	1　2　3　4　5

附录 C "一带一路"沿线国家基地科技合作模式调查问卷

您好,非常感谢您在百忙之中抽出时间填写这份问卷,此问卷是针对"一带一路"沿线国家基地科技合作模式的学术性调查问卷。请根据真实感受和实际情况进行填写,所有调查结果仅作学术研究使用,请您放心填写!祝您工作顺利,万事如意!

一、基本信息

基地名称	
基地成立时间	
基地所处行业领域	□战略性新兴产业　□传统产业　□民生产业 □其他产业 □其他(请填写)
完成或实施中的"引进来"主要合作方式	□人员交流和联合培养 □合作研发 □共建联合研究机构 □专利技术的许可或转让 □外国专家技术咨询和技术服务 □合资生产 □成套设备或关键设备引进 □生产线引进 □国际合作联盟 □其他(请填写)
完成或实施中的"走出去"主要合作方式	□建立海外研发中心或研发分支机构 □建立技术应用推广示范基地 □开展对外技术援助 □参加重大工程或海外研发 □创新人才交流 □开展海外并购 □在境外创办合资公司或参股 □参加国际学术会议 □通过展览展会、对接交流活动拓展国际市场 □其他(请填写)

续表

当前对国际科技合作的主要需求	□技术引进需求 □技术输出需求 □合作渠道需求 □展览对接需求 □信息需求 □资金需求 □人才需求 □培训需求 □其他（请填写）
开展国际合作的目标	□解决关键技术瓶颈 □引进具有重大应用前景的前瞻技术 □填补国内技术空白 □引进国际战略需求的关键技术、装备 □解决国家科技计划/重大专项难点、瓶颈 □获得自主知识产权 □提高自主研发能力 □加快新产品研发，提高优势产品市场竞争力 □引进海外优秀人才 □分享国际前沿科技成果 □其他（请填写）

二、"一带一路"沿线国家基地科技合作模式调查

请根据贵基地"一带一路"科技合作的实际情况，填写 1～10 之间的任意数值，1 表示不同意，10 表示同意。

序号	问题	得分
1	贵基地开展过对接会、研讨会、技术论坛、技术创新展	
2	贵基地建立技术成果信息平台、服务平台、投资平台及技术交易平台	
3	贵基地开展过人才引进与培训	
4	贵基地开展过人才和团队交流	
5	贵基地开展过设备设施共享情况	
6	贵基地开展过外方信息共享情况	
7	贵基地开展过联合研发	
8	贵基地开展过委托研发	

续表

序号	问题	得分
9	贵基地参与过联合实验室共建	
10	贵基地开展过国家成果转化	
11	贵基地参与过技术联盟共建	

三、"一带一路"沿线国家基地科技合作模式的影响调查

请您根据当前基地科技合作的实际情况，在每个题目右侧选择一个相应答案画√。其中，1表示非常不同意，2表示不同意，3表示中立，4表示同意，5表示非常同意。

序号	问题	非常不同意→非常同意
1	基地内部重视经费投入	1 2 3 4 5
2	基地内部重视各创新主体的协同	1 2 3 4 5
3	基地内部重视信息平台的建设	1 2 3 4 5
4	基地内部重视管理模式的创新和完善	1 2 3 4 5
5	基地所处的政治环境较为稳定	1 2 3 4 5
6	基地所处的经济环境较为稳定	1 2 3 4 5
7	基地所处的社会环境较为稳定	1 2 3 4 5
8	基地在国际对接渠道拓展方面的效果提升	1 2 3 4 5
9	基地在国际技术转移方面的效果提升	1 2 3 4 5
10	基地在国际资源共享方面的效果提升	1 2 3 4 5
11	基地在国际联合研究方面的效果提升	1 2 3 4 5